（典藏版）

百部国学传世经典

中华国学经典盛宴／获取先贤核心智慧

心经 坛经

【唐】玄奘　慧能／著
张　楚／主编

漓江出版社

图书在版编目(CIP)数据

心经·坛经/(唐)玄奘,(唐)惠能著;张楚主编. --桂林:漓江出版社,2018.7
(百部国学传世经典)
ISBN 978-7-5407-8474-4

Ⅰ.①心… Ⅱ.①玄… ②惠… ③张… Ⅲ.①佛经②禅宗—佛经—中国—唐代
Ⅳ.①B942②B946.5

中国版本图书馆CIP数据核字(2018)第160648号

心经·坛经 XINJING TANJING

作　　者【唐】玄奘　惠能　著
主　　编 张　楚

出 版 人 刘迪才
出 品 人 张　谦
策划编辑 陈植武　林晓鸿
责任编辑 李淑娟
装帧设计 林晓鸿　宋双成
责任监印 杨　东

出版发行 漓江出版社有限公司
社　　址 广西桂林市南环路22号
邮　　编 541002
发行电话 010-85893190　0773-2583322
传　　真 010-85890870-814　0773-2582200
网　　址 http://www.lijiangbook.com

印　　制 北京飞达印刷有限责任公司
开　　本 710mm×1000mm　1/16
印　　张 28
字　　数 399千字
版　　次 2018年9月第1版
印　　次 2023年1月第3次印刷
书　　号 ISBN 978-7-5407-8474-4
定　　价 45.00元

前言

中华民族有着数千年的文明历史，创造了光辉灿烂的古代文化，其中中国传统国学是我国辉煌灿烂的文化典籍的核心部分，它博大精深、源远流长，显示出中华文化的深厚根基，给人类留下了丰富的精神财富。它是我们炎黄子孙的文化精髓，它塑造了我们中华民族的民族精神，是培育民族精神的重要资源。它开启心智，滋润生命，陶冶人格，塑造灵魂。

开卷有益，忙碌的人们闲暇之时，应该用传统国学来陶冶自己的情操，开阔自己的心胸，提高自己的人文修养，用先人的哲思来涤荡自己忙碌的心灵。我们应该坚持阅读的爱好，在潮流文化的强大攻势下，让传统文化永驻我们的心田。“复兴国学，从根本上讲，是复兴中华民族的自尊心、自信心。”我们要甄选传世经典著作中最经典的部分来读，要以开放的胸襟和燃烧的激情去承接古人的经典大论与哲思华章，以自豪而不狂妄、执着而不僵化的精神风貌来直面当今社会的竞争与挑战。

为了弘扬中国传统文化，帮助读者深刻了解我们的历史与文化，用经典历史文学知识陶冶情操、提高文化修养，同时使国学得到承传，得以弘扬光大，我们精心编排了本丛书。为了便于读者理解和领会古代先贤的思想与精神，我们在文章中选取了与正文相契合的插画，将插画与正文有机地结合在一起，可大大增加读者的阅读趣味。

本丛书选取了国学经典著作中很多优秀的作品及资料，博采各类经典作品的长处，并有所创新，以使得本丛书风格迥异、卓然超群，相信会给读者带来全新感受。

由于时间仓促，书中难免有不尽之处，恳请读者朋友们提出宝贵意见，在此深表谢意。

惠能没有任何伎俩，
不用断除百般思想；
面对外境心数起灭，
菩提又会怎样增长？

智慧解析

关于卧轮机缘，其大意在《定慧品》和《坐禅品》中已经谈过。有的同学对这个问题还有不清楚的地方，借这则机缘再谈一下。卧轮禅师可能得了定，有了一点功夫，可以切断一切分别思维，达到了“对境心不起”——不动心了。这有什么不对呢？为什么六祖还要批评他呢？六祖认为，思想本来是活的，本来就是自性。“何期自性能生万法”，硬要把它压下去，自己把自己捆起来，怎么行。禅宗是绝对反对百不思、百不想的，因为这是断灭见，是邪见。念头是谁起的呢？如果承认人人都有佛性，这个念头离开了这个佛性吗？禅宗认为，这个念头就是这个自性，就是这个佛性。再者，一切法空，这个一念也是空的，既然是空的，取掉它干什么呢？水中月，镜中花嘛，又怎么个取法呢？又何必去取呢？禅宗对付念头与教下的方法是有区别的，教下是对治法，禅宗不对治，念头就是自己，一切法空，还能起什么妄念？一切法都是自己，还起什么妄念？认识了这些问题，妄念就起不来，尽管起了妄念，若明白它是空，不起作用，这个妄念就悄悄过去了，如雁影过潭一样。真的对治它时，却恰恰是妄念又在动了。

顿渐品第八

一

经文

时，祖师居曹溪宝林，神秀大师在荆南玉泉寺。于时两宗盛化，人皆称南能北秀，故有南北二宗顿渐之分。而学者莫知宗趣。师谓众曰：“法本一宗，人有南北，法即一种，见有迟疾。何名顿渐？法无顿渐，人有利钝，故名顿渐。”

然秀之徒众，往往讥南宗祖师：“不识一字，有何所长？”

秀曰："他得无师之智①，深悟上乘，吾不如也。且吾师五祖，亲传衣法，岂徒然哉？吾恨不能远去亲近，虚受国恩②。汝等诸人毋滞于此，可往曹溪参决③。"一日，命门人志诚曰："汝聪明多智④，可为吾到曹溪听法。若有所闻，尽心记取，还为吾说。"

注释

①无师之智：无师智，无师独悟之佛智也。

无师智，出《法华譬喻品》。《法华要解》曰："无师即不由他悟者也。"《法华句解》曰："不因开示，自能解了，名无师智也。"

《大日经疏·一》："如是自证之境，说者无言，观者无见，不同手中苍摩勒果，可转授他人也。若可以言语授人者，释迦菩萨蒙定光佛授决之时，即可成佛。何故具修方便，要待无师自觉，方名佛耶？"

②虚受国恩：见《宋高僧传·八神秀传》："秀乃往江陵当阳山居焉。则天太后闻之，召赴都。肩舆上殿，亲加跪礼，内道场丰其供施；时时问道，勒于住山置度门寺，以旌其德。时王公以下京邑士庶，竞至礼谒。"

《僧史略》："唐神秀自则天召入，历四朝，号国师。"

③参决：谓参见受决也。

④智：深明事理也。凡多计虑谋略技巧者，皆谓之智。

译文

当时，六祖大师居住在曹溪的宝林寺，而神秀大师则居住在荆南的玉泉寺。在这个时候，两宗都弘化极盛，人人都称作南能北秀，因此有了南顿北渐二宗的分别。然而，一般的学者都不了解这两宗的旨趣。六祖大师便对大众说道："佛法本是一个宗教，只是因为人有南北的分别；佛法本来只是一种，只是因为见性有迟速的不同。怎样叫作顿教或者渐教呢？佛法却并无顿与渐的分别，不过是人的根器有锐利和迟钝，所以才有那顿与渐的名称。"

然而，神秀的门徒，常常讥笑南宗的祖师道："一个字也不认识，还有什么可取的长处呢？"

神秀却说道："他已经得到了无师自悟的佛智了，深深地证悟到了最上乘的境地，我是不如他啊！而且我的师父五祖，亲自传授了衣法给他，岂是空洞的呢？我恨不能远道前往去亲近他，在这里枉受国家对我的恩宠！你们不要滞留在这里，可以前往曹溪参访决疑！"有一天，神秀命令他的门徒志诚说："你天资聪明而富于才智，可以为我到曹溪去听法。倘若听到什么说法，要尽心力好好地记取，回来再讲给我听。"

智慧解析

五祖名下著名的弟子，除了得到达磨衣钵的六祖外，还有十来位大师，其中最了不起的是神秀。神秀除了在最根本一着上比六祖差，因而没有得到衣钵，但在平常人看来，几乎样样都比六祖强。神秀相貌好，学问好，修行

好，福报也好，曾得到武则天的礼敬，武则天把他迎入宫内供养，亲自行跪拜礼，长安洛阳两京，不知有多少王公大臣拜在他的门下。他寿缘又长，活了一百多岁，弟子又多，全是中原一带名都大邑寺庙里的住持，所以影响极大，声势显赫。神秀圆寂后，唐玄宗时著名的宰相张说亲自给他制碑文，说他“身长八尺，秀眉大耳，应王伯之象，合圣贤之度”“诏请而来，趺坐觐君，肩舆上殿，屈万乘而稽首，洒九重而宴居”，而且被推为“两京法主，三帝国师”。你看，多大的气派、多大的场面啊！

相比之下，六祖就寒酸多了，虽然在五祖那里得了衣钵，但十六年来东躲西藏，不断有恶人来骚扰。后来出世说法，也仅仅在岭南曹溪。现在广东开放得早，内地人认为广东洋气、气派，但在唐代那里几乎还是蛮荒之地，乃至六祖被人称为“獦獠”——蛮子。六祖的形象当然远远不如神秀，下层劳苦民众，日晒雨淋打柴为生，形象当然不可能好到那里，又没有文化，字都不识。六祖开法后，虽然得到韶州那位韦刺史的拥护，但场面与神秀比，就差远了。这么大的差异，但仅仅几十年之间，六祖的法——南宗顿教遍行于天下，而神秀的法——北宗渐教却湮没无闻。这里原因何在呢？道理很简单，六祖的法就是比神秀高，高得多，而且干净彻底，简便易行，所以人们乐于奉行。在《顿渐品》中，也可以较为清楚地看到这一点。神秀本人对六祖也是推崇的，甚至还向武则天推荐过，也曾派弟子前去向六祖学习。

二

经文

志诚禀命至曹溪，随众参请，不言来处。时祖师告众曰："今有盗法之人，潜在此会。"

志诚即出礼拜，具陈其事。师曰："汝从玉泉来，应是细作[1]。"

对曰："不是。"

师曰："何得不是？"

对曰："未说即是，说了不是。"

师曰："汝师若为示众？"

对曰："常指诲大众，住心观静，长坐不卧。"

师曰："住心观静，是病非禅。长坐拘身，于理何益？听吾偈。"曰：

生来坐不卧，死去卧不坐；

一具臭骨头，何为立功课？

志诚再拜曰："弟子在秀大师处，学道九年，不得契悟[②]。今闻和尚一说，便契本心。弟子生死事大，和尚大慈，更为教示[③]。"

师云："吾闻汝师教示学人戒定慧法，未审汝师说戒定慧行相如何？与吾说看。"

诚曰："秀大师说：诸恶莫作名为戒，诸善奉行名为慧，自净其意名为定。彼说如此，未审和尚以何法诲人？"

师曰："吾若言有法与人，即为诳汝。但且随方解缚[④]，假名三昧。如汝师所说戒定慧，实不可思议；吾所见戒定慧又别。"

志诚曰："戒定慧只合一种，如何更别？"

师曰："汝师戒定慧接大乘人，吾戒定慧接最上乘人，悟解不同，见有迟疾。汝听吾说，与彼同否？吾所说法，不离自性。离体说法，名为相说[⑤]，自性常迷。须知一切万法，皆从自性起用[⑥]，是真戒定慧法。听吾偈。"曰：

心地无非自性戒，

心地无痴自性慧，

心地无乱自性定，

不增不减自金刚，

身去身来本三昧。

诚闻偈，悔谢，乃呈一偈曰：

五蕴幻身，幻何究竟？

回趣真如，法还不净。

师然之。复语诚曰："汝师戒定慧，劝小根[7]智人；吾戒定慧，劝大根[8]智人。若悟自性，亦不立菩提涅槃，亦不立解脱知见[9]；无一法可得，方能建立万法。若解此意，亦名佛身，亦名菩提涅槃，亦名解脱知见。见性之人，立亦得，不立亦得。去来自由，无滞无碍[10]。应用随作，应语随答，普见化身，不离自性，即得自在神通，游戏三昧[11]，是名见性。"

志诚再启师曰："如何是不立义？"

师曰："自性无非、无痴、无乱，念念般若观照，常离法相，自由自在，纵横尽得，有何可立？自性自悟，顿悟顿修，亦无渐次，所以不立一切法。诸法寂灭，有何次第？"

志诚礼拜，愿为执侍，朝夕不懈。

注释

①细作：见《左传杜注》："谍者日游侦，谓之细作，又谓之间谍。"见庄公二十八年及宣公八年传注。

②契悟：与本心契合而开悟也。

③教示：教诲指示也。

④随方解缚：见《禅源诸诠·上》："宿生何作？薰得此心，自未解脱，

欲解他缚。”

案：随方解缚，随方便而解被缚人之缚也。故禅宗无定说法，要在当机解缚。

⑤相说：着相之说。

⑥自性起用：万法惟心，离自性外，无戒定慧，故云起用。

⑦小根：可受小乘教之根性也。《唯识述记·一本》：“令小根等，渐登圣位。”

⑧大根：大乘之机根也。《法华玄义·一》：“令大根从不融向于融。”

⑨解脱知见：见《行宗记·一上》：“五分法身者，戒、定、慧从因受名。解脱、解脱知见，从果受号。由慧断惑，惑无之处名解脱。出缠破障，反照观心，名解脱知见。”

⑩无滞无碍：见《坐禅仪注》：“自在者所往优游，而无碍滞。”《庄子·大宗师》：“古之真人不知悦生，不知恶死，其出不欣，其入不距，翛然而往，翛然而来而已矣。不忘其所始，不求其所终，受而喜之，忘而复之。是之谓不以心捐道，不以人助天，是之谓真真人。”

《传灯录》：“襄州居士庞蕴，字道元。有女灵照。居士将入灭，令灵照出视日午否。照曰：‘日中矣，而有蚀也。’居士出看，照登父坐合掌而逝。居士笑曰：‘我女锋捷矣。’于是更延七日。州牧于公顿问疾，居士谓曰：‘但愿空诸所有，慎勿实诸所无。好住世间，皆如影响。’枕公膝而化。”

⑪自在神通，游戏三昧：见《璎珞经》：“天然之慧，彻照无碍，故名神通。”

《圆觉经释》：“游戏三昧者，菩萨得是三昧，于一切三昧中出入迟速，皆得自在。譬如众兽战时，若见狮子，卒皆怖慑。狮子戏时，自在无所畏难。”

《大智度论·七》：“菩萨欲广度众生故，行种种百千三昧。问曰：‘但当出生此三昧，何以故复游戏其中？’答曰：‘菩萨心生诸三昧，欣乐出入自在，名之为戏，非结爱戏也。戏名自在，如狮子在鹿中，自在无畏，故名为戏。是诸菩萨于诸三昧有自在力，能出能入，亦复如是。余人于三昧中，能自在入，不能自在住、自在出。有自在住，不能自在入、自在出。有自在出，不能自在住、自在入。有自在入、自在住，不能自在出。有自在住、自在出，不能自在入。是诸菩萨，能三种自在，故言游戏出生百千三昧。'又五十，'游戏诸神通者，先得诸神通，今得自在游戏，能至无量无边世界。菩萨住七地中时，欲取涅槃，尔时有种种因缘，及十方诸佛拥护，还生心欲度众生，好庄严神通，随意自在。乃至无量无边世界中无所挂碍，见诸佛国，亦不取佛国相。'"

译文

志诚接受了神秀的命令到了曹溪，他跟随着大家参礼请教，也不说明自己从什么地方来。那时候，六祖就告诉大众说道："现在有想暗中偷盗佛法的人潜伏在这次法会中。"

志诚听了，连忙从大众中走出来向六祖顶礼叩拜，将自己前来求法的因由完全说了出来。六祖大师说："你从玉泉寺来，应该算是间谍细作了。"

志诚回答说："我不是。"

大师说："怎么说不是呢?"

志诚说："没有说明来意以前可以说是，既说明了也就不是了。"

大师说："你师父是怎样开示大众的呢?"

志诚答说："家师常指教大家要心住一处而观看自己的清净，长久地静坐而不倒卧。”

大师说：“住心一处而观看清净之法，这是毛病而并不是禅意；常久地静坐而徒然地拘缚自身，在禅理中又有什么益处呢？听我说首偈句。”偈为：

生来常常坐而不卧，

死去却是长卧不坐；

原只是一具臭骨头，

为什么要立这功课？

志诚再向六祖顶礼说：“弟子在神秀大师那里，修学佛道已经九年了，却未得契心开悟。现在听和尚这么一说，就能够契合自己的本心。弟子自己感到生与死的事情最大，希望和尚能够发大慈悲，再给我教诲指示！”

大师说：“我听说你师父教导开示弟子以持戒、入定、开慧的方法。不知道你师父说那持戒、入定、开慧的行为法相是怎么样的？你说给我听听看！”

志诚说：“神秀大师说，一切恶事不可以去做就叫作持戒，一切善事一定要奉行就叫作开慧，自己清净自己的心意就叫作入定。他所说的是这样的。不知道大师您是用什么方法来教诲大众的呢？”

大师说：“我若说有方法说给人，那就是欺骗了你。只是为了随顺方便来解除束缚，托个假名字叫作个三昧。如你师父所说的持戒、入定与开慧，实在是不可思议的啊。但我对持戒、入定、开慧的见解，则又是另一回事。”

志诚说道：“持戒、入定、开慧只应该有一种，怎么说还有别的呢？”

大师说道：“你师父所说的持戒、入定与开慧，接引的是大乘人；我的持戒、入定与开慧，接引的是最上乘的人。彼此所解所悟的境界不同，见识也有迟钝与迅速的差别。你听我所说和他所说的有相同的么？我所说的法门，不离自己的心性。离开了自然的性体而说法，就叫作着相说法，自然本性就常常受到迷惑了。要知道一切法都是从自然本性中生起的妙用，这是真正持戒、入定和开慧的方法。再听我说首偈句。”偈为：

自己心地无过失即自性戒，

自己心地无痴念即自性慧，

自己心地无散乱即自性定，

不增不减的自性坚如金刚，

自身自由去来皆本三昧。

志诚听了偈句后，便向六祖悔罪谢恩，又呈上了一首偈颂说：

五蕴假合成幻身，幻法怎会是究竟？

回趣自性入真如，倘犹着法还不净。

大师称许他说得是，再对志诚说道：“你师父说的持戒、入定、开慧，是劝那些小根智人的方法；我说的持戒、入定、开慧，是劝说那些大根智人的方法。如果能够觉悟明见自然本性，也就不必建立什么‘菩提’与‘涅槃’，也就不必建立解放摆脱的知识见解了。要到实在没有一法可得的境界，才能够在自然本性上建立起万种法门。如果能够解悟得了此意，也就名为‘佛身’，也就名为‘菩提’‘涅槃’了，也就名为‘解放摆脱的知识见解’了。已经见识本性的人，要立这些佛法名称也可以，不立也可以。去去来来，自由自在，没有停滞，没有挂碍。应用起来随即动作，应对语言随口回答；普遍现出一切化身，而不离开自然本性，就获得了自在神通和游戏三昧了。这就叫作见识本性。”

志诚再问六祖：“怎么样才是不立的意义呢？”

大师说：“自然本性中没有不是、没有痴迷、没有散乱。一念一念都用智慧来观察返照，永远离开一切法的形相执着，便能自由自在。纵横三际十方都能悠然自得，还有什么可以建立的呢？而况自然本性皆由自己去觉悟，顿时开悟而顿时修证，也不需要渐次的阶梯，所以不必建立一切方法。一切方法本来都常自寂灭，还有什么次第可以依循呢？”

志诚顶礼拜谢，发愿为六祖执事服侍，早晚不曾有过懈怠。

智慧解析

禅宗有关戒定慧的主张，在前面已经多次提到过。神秀对此的解释又如何呢？神秀说：“诸恶莫作名为戒，诸善奉行名为慧，自净其意名为定。”不要认为只有六祖才代表禅宗，神秀也是禅宗的大师，也是五祖的弟子，他的见解虽然还不能与六祖相比，但在当时已经是极其高明的了。大家知道，“诸恶莫作，众善奉行，自净其意，是诸佛教”是佛的一首偈语，可以说是对全部佛教的教、理、行、果的精要概括。神秀把这个偈子用来作为对戒定慧的理解，的确也恰到好处。前面曾说过“祖师禅”和“如来禅”，神秀这几句，可以说是对“如来禅”的最佳表述。神秀北宗之禅，就是“如来禅”。如法修行，次第而进，所以又称为“渐门”。“如来禅”可以说是佛教内正统的修持方法。稳妥可靠，与教下也没有多大的分歧，一般学佛的人都走的这个路子，也可以取得成就。

但六祖大师这里却是“祖师禅”，其特点是直彻本源，因果一如，建立在万法皆空的基础上。正如六祖所说：“亦不立菩提涅槃，亦不立解脱知见；无一法可得，方能建立万法。”恶性本空，作与不作全没交涉；善性亦空，行与不行全没交涉；性非净秽，净与不净全没交涉，乃至“法本法无法，无法法亦法”，自性就是菩提涅槃，本来就“不生不灭，不垢不净，不增不减”，戒定慧又与此何干呢！所以，只要直下见性，一了百了，而不计其他。所以六祖说：“自性无非、无痴、无乱，念念般若观照，常离法相，自由自在，纵横尽得，有何可立？自性自悟，顿悟顿修，亦无渐次，所以不立一切法。诸法寂灭，有何次第？”这样立足于自性自悟，顿悟顿修的法，所以称之为南宗顿门。

顿悟的依据是菩提与烦恼本为一体，差别只是相上的。从体性上来讲，烦恼也是它，菩提也是它，排除了烦恼，等于就排除了菩提，所以说“烦恼即菩提”。你如果坚信这点，敢于这样下手，你学禅宗就可以见功效，得受用。一些这样用功并有些经验和效益的人都有这种感受：原来那种种杂念全是自己，自己对自己还有贪求吗？需要去排除吗？久而久之，烦恼也好，杂念也好就淡了下去，不那么起作用了，如能再进一步，见了本性，那烦恼就断了。断的一刹那，是顿；悟的一刹那，是顿。这就是禅宗的方便。禅宗的方便就是直截了当，不必去绕圈子。顿悟成佛的道理就只这么浅，你本来就是佛嘛，只不过倒立着，倒过来就行了嘛。所以许多祖师见了参访的人一来就心里着急。这么现成的事，为什么老弄不清楚呢？云门大师初参睦州陈尊宿，头次去，一敲门，睦州不开门，问他：“你来干吗？”云门说：“弟子远道来参，乞师指示门径。”睦州把门一开，看了他一眼，嘭地就把门关上了。就这样，云门接连敲了三天的门。第三天，睦州刚把门开了一条缝，云门就抢了进来，睦州把他向门外一推，说："你研究古人的脚板印干什么!"说完把门狠狠一关，硬是把云门的一只脚砸断。这一下，云门终于大彻大悟了。祖师为什么要下棒喝等这么强烈的钳锤？他心里着急啊！这么现成的事，你怎么还不悟呢？两个耳光一打，或许你还清醒些。给你说法，说开示，讲道理，这些饱参饱学之人，肚子里装的还少吗？再说上一通，更怕把你迷住了出不来，你说该怎么办？云门虽然少了一只脚，成了跛子，但一提到这个事情，他却非常感谢他的老师。就这么一砸，他得到了永恒的东西，不用说一条腿，割脑袋也值得。

三

经文

僧志彻，江西人，本姓张，名行昌，少任侠。自南北分化，二宗主虽亡彼我，而徒侣竞起爱憎。时北宗门人，自立秀师为第六祖，而忌祖师传衣为天下闻，乃嘱行昌来刺师。

师心通[①]，预知其事，即置金十两于座间。时夜暮，行昌入祖室，将欲加害。师舒颈就之，行昌挥刃者三，悉无所损。

师曰："正剑不邪，邪剑不正，只负汝金，不负汝命。"

行昌惊仆，久而方苏，求哀悔过，即愿出家。师遂与金，言："汝且去，恐徒众翻害于汝。汝可他日易形而来，吾当摄受[②]。"行昌禀旨宵遁，后投僧出家，具戒精进[③]。

注释

①心通：他心通也。六通中第三，名知他心通。

《法界次第·中·六通门》："三、知他心通。修他心智者，若于深禅定中，发得他心智，即能知六道众生心、心数种种所缘念事。是为他心通也。"

《般若经》："三、他心通。能如实知十方沙界，他有情类，心、心所法。谓遍知他贪嗔痴等心，离贪嗔痴等心，乃至聚心散心、小心大心、寂静不寂静心、解脱不解脱心，皆如实知。"

②摄受：又云摄取。以慈悲心摄取众生也。

《胜鬘经》："愿佛常摄受。"

唐《华严经·二十八》："普能摄受一切众生。"

③精进：勤也，勇猛修善法断恶法也。

《慈恩上生经疏》："精谓精纯，无恶杂故。进谓升进，不懈怠故。"

《华严大疏》曰："精进，练心于法，名之为精。精心务达，目之谓进。"

精进，为小乘七十五法中大善地法之一，又为大乘百法中善之一。

译文

志彻比丘，江西人，俗家姓张，名行昌，少年时曾豪侠放任。自从南北两宗分开弘法教化以来，两派宗主神秀法师和惠能大师虽然都没有彼此你我的争执，但是他们的徒众却竞相生起了尊爱自家而憎恨他宗的心理。当时，北宗的门下弟子，自己推立神秀大师为第六代祖师，而担心五祖传衣钵给六祖的事被天下人所闻知，于是嘱咐行昌前来行刺惠能大师。

大师有以心知心的神通，预先得知了此事，就准备十两黄金放在座位中间。一天夜幕，行昌进入了六祖的室内，正要行刺暗杀。大师却从容地伸过脖颈来迎接他的刀刃，行昌砍了三刀，却完全没有损伤到惠能大师。

大师说道："正道之剑不会邪恶，邪恶之剑不会行正道，我只是欠过你的金钱债，不曾欠下你的人命债。"

行昌惊恐得僵倒在地，好久方才苏醒过来，向着六祖哀求忏悔改过，立即希望跟随出家。六祖大师于是给了他黄金，对他说道："你暂且回去吧，只怕徒众闻知后反而会加害于你。你以后可以改装易容再来，我会接受你的。"

行昌禀承了大师的旨意，深夜遁逃而去；后来投奔僧人出了家，接受戒规，精进修行。

智慧解析

像四祖道信大师那样，法上要通透明白。唐太宗下了四次诏来召见，第四次下的是死诏，不来割头。可是四祖说：头就给你吧，我还是不进王宫。这样谁也没办法。

宋朝帮岳飞主战的金山寺道月禅师，秦桧派了何立去金山寺捉拿他，道月禅师正在讲经，何立在旁边伺机而动，结果道月禅师说了个"何立从东来，我往西方去"的偈子就坐化了。

把生死丢在一边的故事很多，在此不再一一列举。

“预知其事，即置金十两于座间。”当年蒙客取银十两安置六祖的老母亲，现在又因果报应还人家。

“时夜暮，行昌入祖室，将欲加害。师舒颈就之，行昌挥刃者三，悉无所损。”行昌拿刀砍了六祖三次，竟然砍不动。

禅宗这几个祖师都是有神通的：达磨祖师在少林寺后山面壁九年，最后“只履西归”；二祖被人诬告，“将头临白刃，犹若斩春风”，四祖在吉安被贼兵围困，他让城里被围困的居民一起念“摩诃般若波罗密”，贼兵看见四边城角全是天兵天将，吓得四散而逃……

虽然禅宗的祖师都是有神通的，但是没有多少人提。平常心的道法，在百姓日常生活中能够流露出来的才能用得起来。

如果一个人生下来对天不敬、对地不恭，对父母的责任也不加理会，不敬家庭和社会，跑出来就修道修出个神通，算什么呢？一定尽自己做人的本分，尽足、尽够了，不欠了，再去修，否则就是颠倒，这种情况只适合极个别的人。神通也不是不好，但有一定的偏差性在里面，今天这个时代恰恰这些东西满足了人的贪欲，这种满足人贪欲的求法，是对佛法的致命伤害。

“师曰：‘正剑不邪，邪剑不正，只负汝金，不负汝命。’行昌惊仆，久而方苏。”砍了三刀砍不倒，大半夜，又没有灯，说了那么十六个字，还都押韵，行昌当时就昏倒了，然后“久而方苏”，这真的是把他给吓晕了。

“求哀悔过，即愿出家。”这是有善根的人，然后，六祖的方便真的很厉害。

“师遂与金，言：‘汝且去，恐徒众翻害于汝。汝可他日易形而来，吾当摄受。’”你拿着钱赶紧走，我倒没关系，徒众知道你来害我，恐怕反过来会加害你，改天“易形而来”，再来出家，来了我还摄受你。所以六祖的方便智，真的很厉害的。

“行昌禀旨宵遁，后投僧出家，具戒精进。”

四

经文

一日，忆师之言，远来礼觐。师曰：“吾久念汝，汝来何晚？”

曰：“昨蒙和尚舍罪，今虽出家苦行，终难报德，其惟传法度生乎！弟子常览《涅槃经》，未晓常无常义，乞和尚慈悲，略为解说。”

师曰：“无常者，即佛性也；有常者，即一切善恶之法分别心也。”

曰：“和尚所说，大违经文。”

师曰：“吾传佛心印[①]，安敢违于佛经？”

曰：“经说佛性是常，和尚却言无常；善恶之法乃至菩提心，

皆是无常，和尚却言是常，此即相违，令学人转加疑惑。”

师曰：“《涅槃经》，吾昔听尼无尽藏读诵一遍，便为讲说，无一字一义不合经文。乃至为汝，终无二说。”

曰：“学人识量浅昧，愿和尚委曲开示。”

师曰：“汝知否？佛性若常，更说什么善恶诸法、乃至穷劫无有一人发菩提心者？故吾说无常，正是佛说真常之道②也。又，一切诸法若无常者，即物物皆有自性，容受生死，而真常性有不遍之处。故吾说常者，正是佛说真无常义③。佛比为凡夫外道执于邪常，诸二乘人于常计无常，共成八倒④。故于涅槃了义教中，破彼偏见，而显说真常真乐真我真净。汝今依言背义，以断灭无常，及确定死常，而错解佛之圆妙最后微言⑤，纵览千遍，有何所益？”

行昌忽然大悟，说偈曰：

因守无常心，佛说有常性；
不知方便者，犹春池拾砾。
我今不施功⑥，佛性而现前；
非师相授与，我亦无所得。

师曰：“汝今彻也，宜名志彻。”

彻礼谢而退。

注释

①心印：见《传心法要・上》：“迦叶已来，以心印心，心心不异。印着空，即印不成文；印着物，即印不成法。故以心印心，心心不异。”

②真常之道：佛性若常，则众生早已成佛。更不必说三藏十二部经以化度之。然何以历久而无有一人发菩提心者？盖就恶人一方面而论，可说佛性无常；放下屠刀，立地成佛，可说佛性有常。佛以人执着佛性为无

常，故说有常；六祖以志彻执着佛性为有常，故说无常。故六祖谓“吾说无常，正是佛说真常之道也”。

③真无常义：自性不生不灭，故自性不受生死。苟一切诸法若为无常，即物物之自性，皆各受生死矣。物物之自性既容受生死，则真常性之不生不死者，将有不遍之处。故六祖谓一切善恶诸法皆有常，即自性不生不死之故。佛以人执着一切善恶诸法分别心为有常，故说无常；六祖以志彻执着一切善恶诸法分别心为无常，故说有常。然自性往往为一切有为法所汩没，亦可谓之无常。故曰：“吾说常者，正是佛说真无常义也。”

④八倒：凡夫二乘各有四倒，故成八倒。于生死之无常无乐无我无净，执为常乐我净，此凡夫四倒也；于涅槃之常乐我净，执无常无乐无我无净，此二乘四倒也。凡夫谓之有为之四倒，二乘谓之无为之四倒。断有为四倒为二乘，断有为无为之八倒为菩萨。见《大乘义章·五末》。

⑤圆妙最后微言：见《四教仪集解》下：“三谛圆融，不可思议，名为圆妙。”

《佛遗教经》：“是我最后之所教诲。”《云栖补注》云：“最后者，犹曰著述家所谓绝笔也。”

微言，谓深妙之意旨也。

《汉书·艺文志》：“仲尼没而微言绝，七十子丧而大义乖。”

世尊说法四十九年，《涅槃经》最后，故云最后微言。

⑥不施功：忽得见性，本不假功用。

永嘉禅师《证道歌》："觉即了，不施功。"弘德禅师注云："觉悟了彻底人，获无功用智，与有为功行不同也。"

译文

有一天，行昌想起了大师的言语，就从很远的地方前来礼拜参见。大师说："我很久之前就在想念你了，你怎么来得这么晚呢?"

行昌说："过去承蒙大师宽恕了罪过，现在虽然出家勤修苦行，也始终难以报答大师的恩德。唯有追随大师您去弘传佛法广度众生吧！弟子出家以来常常阅读《涅槃经》，可是不能明白常和无常的意义。乞请大师大发慈悲，略为我解说一下。"

大师说："所谓的无常，也就是佛的本性；所谓的有常，就是一切善良罪恶等各种法门的分别心啊。"

行昌说道："大师您所讲说的，完全违背经文啊。"

大师说："我是传授佛教心灵印证的，怎么敢违背佛说的经义呢?"

行昌说："经文说佛性是恒常的，而大师您却说是无常；善良与罪恶等各种法门乃至于菩提觉悟之心都是不能恒常的，大师您却说这是恒常。这就和经文大相违背了，这使学生我对这问题更加疑惑不解了。"

大师说："《涅槃经》，我过去曾听无尽藏比丘尼诵念过一次，并且为她解说过，没有一字一义不合乎经文。至于现在为你说的，也没有两种不同的说法。"

行昌说："学生我见识浅薄又愚昧，希望大师您仔细地为我开发指示一下！"

大师说："你知不知道，佛的本性如果恒常，还说什么善良与罪恶各种法门呢？甚至于还要说什么穷尽长劫的时间，却没有一个人发下什么菩提心呢？所以我说佛性没有恒常，正是佛所说的真实恒常的道理啊。再说，一切事物没有恒常，是说各种事物都具有其自然的本性，各自去接受生存与死亡，而真实恒常的本性也就有了不能遍及的地方了。所以，我所说的恒常，正是佛所说的真正无常的意义。佛都是因为凡夫外道颠倒执着偏邪的恒常，二乘人又把真实恒常当成了无常，共同造成了八种颠倒的见解，所以在《涅槃经》的圆满了义教导中，破除他们的偏颇见解，而明白地说出了涅槃所具有的真正恒常、真正快乐、真正自我、真正清净四种德性。你现在仅仅依照了言语文字而违背了真正的意义，执着以有断灭的现象为无常，以确定僵死为恒常，而错解了佛最后开示的妙谛。这样纵使阅读千遍经文，又有什么益处呢?”

行昌听了忽然大悟，说了一首偈句：

因有执守无常的心，所以佛说涅槃常性。

不知道方便法的人，犹如春池里拾石砾。

我现在不做任何功，真佛本性便现眼前；

若不是师父相授与，我自己也是无所得!

大师说：“你现在已经大彻大悟了，名字应该叫作志彻。”

志彻听了，便顶礼拜谢而退。

智慧解析

无常是佛教里惯见的概念，特别在小乘佛教里。小乘佛教所讲的三法印，就把整个佛教的要点都包括了。为什么叫“印”呢？因为这是判断是不是佛教的标准。“诸行无常”，凡是有作为的事情都是无常的，没有不变的，这是第一个法印；“诸法无我”，一切法无自性，都是因缘所生的，都是空的，找不出一个实在的东西，故无我，这是第二个法印；“涅槃寂净”，要想在无常的生死烦恼中得到解脱，要想得到永恒的寂静、安宁，就只有佛所指示的涅槃，这是第三个法印。佛说诸行无常，你却说诸行有常，那就违背了法印，是外道；佛说诸法无我，你却说有我，也就违背了法印，是外道；佛说涅槃寂静，你说没有涅槃、没有寂静，也违背了法印，是外道；或者认为除了涅槃之外，而别有寂静，同样是外道。

所以无常这个问题，是佛教里极为重要的概念。在大乘佛教里，特别是《涅槃经》里，这个说法就不同了。小乘佛教修行，其修行的指导思想，最基本的就是“四念住”。在“四念住”中，一是观身不净，二是观受是苦，三是观心无常，四是观法无我。四念住要你把心放在里面，作为修行的基础。众生身不净，但众生认为是净，这是颠倒见；众生所受皆苦，但众生认为有乐，这是颠倒见；众生心行无常，但众生认为有常，这是颠倒见；一切法无我，而众生认为有我，这是颠倒见。这就是众生的净、乐、常、我四颠倒见，而四法印就是对治这四个颠倒见的。

但是到了大乘佛教，特别是《涅槃经》里提出了“涅槃四德”，恰恰就是众生这四个颠倒见中的常、乐、我、净，就是说，涅槃是有常的、快乐的、有我的、干净的，这四条是正的，不是颠倒的。“涅槃四德”恰恰与众生的四颠倒见相反而对立。二乘人就是根据四念住来修，把四颠倒见当作牛鬼蛇神而必须铲除。但是到了大涅槃的境界，你给他们讲常乐我净这四德，他们往往听不进去，并且十分反感，这样，二乘人进入大乘就困难了。

《涅槃经》里所讲的大乘妙谛，讲的常乐我净，在六祖这里，却又翻上一层境界。六祖说：“无常者，即佛性也；有常者，即一切善恶诸法分别心也。”

六祖对此又作了个颠倒，当然引得行昌惊讶，认为六祖所讲的“大违经文”。但是这里是不能死啃书本的，佛法高妙之处就是圆融无碍，六祖大师的一言一行，无不显现着这种精神。“佛性若常，更说什么善恶诸法。”佛性若是死寂一团，没有生机和变化，那么，说善，谁在善呢？恶，谁在恶呢？如果佛性是常，是不变的，那么众生就永远没有份了，发菩提心也没有用了。要知道，发菩提心就是无常。从前我造孽，没有发菩提心，但我今天向善，发了菩提心。如果佛性是常，那我以前就应发菩提心，但这个菩提心是今天发的，不是以前的。发菩提心的原因是什么呢？因为有佛性，那么这个佛性以前没有发菩提心，但今天发了，佛性知道以前作恶不对，今天要改恶向善了。你说这个佛性是常还是无常？要知道，六祖这里是对机，在《行由品》中六祖答印宗法师问时，六祖的根本看法是佛性超越了常与无常。超越了常与无常，这个佛性才是真的，才是活的，才是超越了分别思量的。

不变的常是死常，变化了才是常，所以六祖说佛性无常，恰恰深刻地阐述了佛性真常的道理。无常是佛性的一种作用，常也是佛性的一种作用，执着于一边是不对的，作用是活的，要应酬无碍，必须有所变化，应该无常。这个无常，并没有离开本体，也离不开本体，如果从孤立和静止来看，是难以想通的。但你把这一切放在全体上看、整体上看，一切都迎刃而解了。

六祖说：“有常者，即一切善恶诸法分别心也。”你看到的那种种无常，实际上就是常，一切法都是常。不是说一切法空，一切法无自性吗？怎么又说一切法是常呢？六祖认为，既然这一切不是佛性，那什么才是佛性呢？佛性之外还有什么别的东西吗？这一切又全在佛性之外吗？当然不是，一切善恶诸法全是佛性，我们的语言、行为全是佛性。如果认为外面另有一个常，另有一个佛性要修，那完了，你就永远解脱不了。这个道理的确很高很难，因为这是"向上全提"之事。

五

经文

有一童子，名神会[1]，襄阳高氏子。年十三，自玉泉来参礼。

师曰："知识远来艰辛，还将得本来否？若有本则合识主，试说看！"

会曰："以无住为本，见即是主。"

师曰："这沙弥争合取次语！"

会乃问曰："和尚坐禅，还见不见？"

师以柱杖打三下，云："吾打汝痛不痛？"

对曰："亦痛亦不痛。"

师曰："吾亦见亦不见。"

神会曰："如何是亦见亦不见？"

师云："吾之所见，常见自心过愆，不见他人是非好恶，是以亦见亦不见。汝言亦痛亦不痛如何？汝若不痛，同其木石；若痛，则同凡夫，即起恚恨。汝向前见、不见是二边，痛、不痛是生灭。汝自性且不见，敢尔弄人？"

神会礼拜悔谢。

师又曰："汝若心迷不见，问善知识觅路[2]。汝若心悟，即自见性，依法修行。汝自迷不见自心，却来问吾见与不见。吾见自知，岂代汝迷？汝若自见，亦不代吾迷。何不自知自见，乃问吾见与不见？"

神会再礼百余拜，求谢过愆，服勤给侍，不离左右。

一日，师告众曰："吾有一物，无头无尾，无名无字，无背无面，诸人还识否？"

神会出曰："是诸佛之本源，神会之佛性。"

师曰："向汝道无名无字，汝便唤作本源佛性。汝向去有把茆盖头[3]，也只成个知解宗徒。"

祖师灭后，会入京洛[4]，大弘曹溪顿教，著《显宗记》，盛行于世，是为荷泽禅师。

师见诸宗难问，咸起恶心，多集座下，愍而谓曰："学道之人，

一切善念恶念，应当尽除。无名可名[5]，名于自性；无二之性，是名实性[6]。于实性上建立一切教门，言下便须自见。”诸人闻说，总皆作礼，请事为师。

注释

①神会：见《高僧传·三集·八》：“释神会，姓高，襄阳人也。年方幼学，闻岭南曹溪惠能禅师盛扬法道，乃效善财南方参问。裂裳裹足，以千里为跬步之间耳。及见，能问会曰：‘从何所来？’答曰：‘无所从来。’能曰：‘汝不归去。’答曰：‘一无所归。’能曰：‘汝太茫茫。’答曰：‘身缘在路。’能曰：‘由身未到。’答曰：‘今已得到，且无滞留。’居曹溪数载。后遍寻名迹，开元八年敕配住南阳龙兴寺，续于洛阳大行禅法。肃宗皇帝诏入内供养，敕将作大匠，并功齐力，为造禅宇于荷泽寺中。上元元年，嘱别门人，避座望空顶礼；归方丈，其夜示灭。受生九十三岁矣，即建午月十三日也。迁塔于洛阳宝应寺，敕谥大师曰真宗，塔号般若焉。”

②觅路：向善知识问见自性之路，而使心悟。

③艸盖头：言取茅作草庵，盖在头上，以蔽风雨也。

④京洛：即洛阳。周平王始都于此，东汉继之，故曰京洛。

⑤无名可名：见《老子》："道可道，非常道。名可名，非常名。"《笔削记·二》："须知虽立真如之名，名即无名。无名之名，故曰假名。"

⑥实性：又名实相。《证道歌注》："实相即一切众生本有灵觉之心也。此心自无量劫来，至于今日，本自清净，本自圆满，本自具足，本自灵妙，廓若太虚，明如皎月，与他三世诸佛同体无异。"

译文

有一个童子，名字叫作神会，是襄阳高家的儿子。十三岁的时候，从荆南的玉泉寺来参见礼拜六祖。大师说："善知识啊！从遥远的地方而来，受尽了艰辛，还认识事物 的本来面目吗？如果还认识就应该认得本体，你不妨试着说说看！"

神会说："以无所执住的心为根本，见到的就是本体。"

大师说："你这个小沙弥怎么可以这样轻率地讲话呢？"

神会乃问道："大师坐禅的时候，还见得不见得呢？"

大师用拄杖打了他三下，说道："我打你的时候痛不痛呢？"

神会回答："也痛也不痛。"

六祖说："那我见了，也没有见。"

神会问："什么叫见了？又没见？"

大师说："我所见得的，是常常见到自己内心里的过失，但是看不见别人的是非与好坏，所以说是见了，也没有见。你说也痛也不痛又是怎么样的呢？你如果不痛，就和木头、石头一样了，如果痛，就同一般凡夫俗子一样，会生起嗔恨恚怒了。你前面问的见与不见是两种偏见，痛与不痛是可以生灭的有为法。你连自己的自然本性都没有见到哩，怎么敢这样来欺弄人呢？"

神会听了，就顶礼叩拜，忏悔谢罪。

大师又说："你若是心中迷惑而不能自见本性，可以向那善知识问取见性的道路。如果心有所觉悟，就能够自己见到自然本性，便会依照方法修行了。你既然自己迷惑而看不见自己的心性，却反来问我看见和看不见，我看见的只有我自己知道，岂能够代替得了你心中的迷惑呢？你如果能够自己看见自然本性，也不能够代替我心中的迷悟！为什么不去自己知道、自己看见，而要来问我看见与看不见呢？"

神会听了，再向六祖致礼了一百多次，恳求悔谢自己的罪过，从此便服侍殷勤，不离大师身边左右。

有一天，大师对大众说道："我有一样东西，没有头也没有尾，没有名也没有字，没有后背也没有前面。你们还认得么？"

神会挺身而出说："这就是诸位佛陀的本源，也是我神会的佛性。"

六祖说："像你说没有名没有字了，你还叫他本源佛性。你以后有个茅篷能够存身，也仅仅称得上是一个知识解说的宗徒而已。"

六祖大师寂灭之后，神会便进入京城洛阳，大大地弘扬了曹溪顿悟的宗教，著作有《显宗记》，盛传流行于世间。这就是那位荷泽禅师。

大师眼看诸种宗派都来难问佛法，都生起了邪恶之心，而且很多这样的人都集合在自己的座下，所以他便怜悯地对他们说道："学道的人，一切善念、恶念，都应当一概尽行除却。这种境界是没有名字可以命名的，所以假名之为'自性'。这独一无二的自然本性，就叫作真实的本性；在真如实性上建立一切教法门类，便须在教法言下立即自己见到自然本性！"各种宗派的人听说了之后，都虔诚地顶礼，请求事奉六祖为师。

智慧解析

神会是禅宗史上重要的人物。前面曾经提到禅宗南北二宗的分立，神秀的北宗，在当时比六祖的南宗，无论势力、影响都大得多。六祖圆寂后二十年间，神会在洛阳传法，对六祖的法门大加弘扬，并与北宗的代表人物进行过多场辩论，影响极大，引起朝廷的猜忌，一度被赶到湖北一带。直到“安史之乱”时，洛阳长安两京沦陷，国家财政困难，而神会当时德高望重，对政府资助不少，得到唐肃宗的尊敬，迎入宫廷养，使六祖的南宗顿门，在力量和影响上超过了北宗渐门。后来，唐德宗又正式立神会为禅宗第七代祖师，这样一来，北宗就逐渐瓦解，而南宗独传，从这里可以看到神会的巨大贡献。

神会的体证如何呢？在宗宝本里的一些机缘中，神会与行思、怀让、永嘉玄觉相比，当然不行。从与六祖的答话中就可以看得出，那三位祖师是过来人，到六祖这儿来是求印证的。而神会虽然机敏，但毕竟停留在分别思维上，还谈不上见性，所以六祖说他“也只成个知解宗徒”。试举几个公案来看看：西塔和尚是仰山的弟子，后来到北方参临济，回来时仰山问他到哪儿去了，他说参临济去了。仰山问他：“回来干什么？”他说：“回来看和尚。”仰山说：“和尚的样子像不像驴？”他回答就很妙：“我看和尚不像佛。”仰山说：“那像什么呢？”他说：“若真的像个什么，那又与驴有什么区别呢？”这一下，仰山大吃一惊，说：

"凡圣两忘，情尽体露，我以这个方法验人二十年，还没有看见一人优胜于你，你好好保重吧。"以后仰山逢人便说他是肉身佛。注意"凡圣两忘，情尽体露"这八个字，西塔和尚这里，既没有凡情，也没有圣解，分别思维全都息了下去，处处都见本体，处处都表现着本体。而比较神会与六祖的答话，神会下的全是死语，全是在概念的两头打滚，不落在这边，就落在那边，只要落在概念里就是死语，一说合逻辑的话就是死语，并不是六祖门下，不是曹溪路上过来的人。只要细看神会的答话就知道，神会虽然当时只有十四五岁，还是个"童子"，书却看得不少，虽然几次答话都显得很机敏，而且合乎教下理数，但并没有开悟，所以六祖当时没有认可他，因为他概念思维太活跃了，还没有经历"言语道断，心行处灭"这一关。

下面再举个公案做个比较。赵州初参南泉，南泉问他："你从哪儿来？"赵州说："我从瑞像院来。"南泉又问："那你还看得见瑞像吗？"赵州说："不见瑞像，只见卧如来。"南泉当时是卧在床上接受赵州参访的。南泉又问："你是有主沙弥，还是无主沙弥？"这个问话刁钻得很，可赵州怎么回答的呢？他说："有主沙弥。"南泉再追一问："哪个是你主？"下面就可以见到赵州的功夫了，他说："现在是仲冬时节，天气冷得很，只希望老和尚贵体平安。"有人认为赵州是在拍马屁。

错了！赵州可不是俗人，他的禅风在唐代诸大师中是至高至雅的。他初见南泉的答话，可以说是不能再妙了。南泉所问赵州的，与六祖所问神会的差不多，而赵州的答话是活的，神会的答话是死的。神会的回答来自书本，赵州的答话来自内心的体验。所以赵州进一步问南泉："如何是道？"南泉回答："平常心是道。"赵州紧迫一问，说："还可趣向不？"南泉说："拟向即乖。"——进入分别思维的那个道就不是本来的道了。赵州又问："不去认识它，怎么知道是不是道呢？"记住南泉下面所说的，他说："道不属知，不属不知。知是妄觉，不知是无记。若真达不疑之道，犹如太虚，岂可强是非邪！"赵州这里就言下大悟。南泉禅师在这里和六祖一样，已经把话说透了，赵州悟了。

学习禅宗，就一定要记住六祖大师的话，要"常见自心过愆，不见他人是非好恶"，这样，才能真正排除干扰，潜心修道；再进一步，"一切善念恶念，应当尽除，无名可名，名于自性；无二之性，是名实性。于实性上建立一切教门，言下便须自见"。

护法品第九

一

经文

神龙元年上元日，则天中宗诏云：“朕请安秀二师[①]，宫中供养。万机之暇，每究一乘。二师推让云：‘南方有能禅师，密授忍大师衣法，传佛心印，可请彼问。’今遣内侍[②]薛简，驰诏迎请，愿师慈念，速赴上京。”

师上表辞疾，愿终林麓。

注释

①安秀二师：安，嵩岳慧安国师。秀，北宗神秀大师。

②内侍：官名，隋置内侍省，领内侍内常侍等官，皆以宦者为之。唐因其制，后人因沿称宦者为内侍。

译文

唐中宗神龙元年正月十五日，则天太后和中宗皇帝下诏书说："朕曾请慧安和神秀两位禅师到宫中来接受供养。在治理万机的闲暇时间，好常常参究佛教一乘的教理。但是两位师父都很谦逊地推让说：'南方有个惠能禅师，曾经秘密接受弘忍大师的衣法，是传授佛法心印的人，可以迎请他前来参问。'现在就派遣宫中的侍官薛简，奉诏书驰往迎请。愿禅师慈悲为念，迅速赶来京都。"

六祖却奏上书表称病谢辞，并表示愿意在山林终老一生。

智慧解析

唐代的几十位皇帝中，武则天是以敬佛闻名的。唐代皇帝大多信佛，但因政治需要，更加尊信道教，因为道教教主太上老君姓李，唐代皇帝自称是李老君的后人，所以往往把道教列在佛教之前。但武则天不姓李，她当上皇帝后要树立自己的权威，加上她曾一度出家当过尼姑，对佛教有相当的感情，所以她对佛教特别尊信。武则天与华严宗、禅宗有特殊的关系，她把华严祖师法藏迎入宫中讲《华严》，并亲自为《华严经》写序，敕封法藏为"贤首大师"。同时，她还把禅宗北宗大师神秀、慧安、智诜等迎入宫内供养。由于她几十年不断地宣传佛教，使唐代佛教在她的时代发展到了顶峰。

武则天对禅宗很感兴趣，经常向神秀等问法，可能也向神秀等询问世外高人，这时神秀就向武则天介绍了六祖，谈到了五祖传法的事情。从这里可以看出神秀是一位有道德、有修养的大师，他对五祖是尊敬的，对五祖传衣钵给六祖是没有什么意见的，对六祖也是推崇的。不然，他为什么会向武则天推荐六祖，并明言五祖的衣钵传给六祖而没有传给他这一事实呢？

六祖为什么要推辞武则天的礼请而不到京城去呢？一般人可能要说，到了京城，见了皇上，就可以弘扬禅宗啊！这是庸俗而简单的看法。

再说，六祖不到京城，不见武则天，没有他的道理吗？这里就可看到六祖的定力和功夫了，其中表现了六祖多大的智慧啊！你想，神秀在那里地位是那么高，势力是那么大，除了禅宗的心印衣钵这一点外，神秀无论学问、相貌、口辩、年纪、地位都比六祖强。六祖是南方人，政治上也没有本钱，而且他传的法与神秀有差别，到了洛阳一定会引起意想不到的矛盾和纷争。正如《坛经》所谈到的情况“二宗主虽亡彼我”，六祖与神秀本人之间虽不会有什么冲突，但“徒侣竞起爱憎”，下面的弟子们则早就剑拔弩张了。六祖在广东，北宗弟子尚敢多次来找麻烦，甚至派人行刺，那六祖到了他们的地盘上，会有什么后果呢？如果说六祖为法忘躯，必须到中原传法，就必然引起争斗，从大处讲，对佛法不好，毕竟都是五祖的传人，从小处讲，六祖未见得必胜，很可能失败，所以他不去。这是需要大智慧才能抉择的，稍有一点利禄的私心，能这样做吗？

这个世间什么都可以容忍，唯有一样东西忍不得。什么？俗不可耐！一个修道人、修行者，他的心向“俗不可耐”转化，完全把佛法推向了另一个地方，这也是佛教很可怕的走向。

二

经文

薛简曰：“京城禅德皆云：‘欲得会道[①]，必须坐禅习定；若不因禅定而得解脱者，未之有也。’未审师所说法如何？”

师曰：“道由心悟，岂在坐也？经云：‘若言如来若坐若卧，是行邪道。’何故？无所从来，亦无所去，无生无灭，是如来清净禅[②]；诸法空寂，是如来清净坐[③]。究竟无证，岂况坐耶？”

简曰："弟子回京，主上必问。愿师慈悲，指示心要④，传奏两宫，及京城学道者。譬如一灯，然百千灯，冥者皆明，明明无尽。"

师云："道无明暗，明暗是代谢之义。明明无尽，亦是有尽，相待立名。故《净名经》云：'法无有比，无相待故。'"

注释

①会道：体会大道也。

②如来清净禅：省曰如来禅，为《楞伽经》所说四种禅之一。如来所得之禅定，即首楞严定也。依此禅定，穷竟法身般若解脱三德秘藏之大涅槃，而起无作之妙用。

《楞伽经·二》："云何如来禅？谓入如来地得自觉圣智相三种乐住，成办众生不思议事，是名如来禅。"

《楞伽经注解·二》："如来禅者，即首楞严也。"

《禅源都序·上一》："若顿悟自性，本来清净，元无烦恼，无漏智性本来具足，此心即佛，毕竟无异。依此而修者，是最上乘禅，亦名如来清净禅，亦名一行三昧。此是一切三昧根本。若能念念修习，自然渐得百千三昧。达磨门下展转相传者，是此禅也。"

《证道歌》："顿觉了如来禅，六度万行体中圆。"

③如来清净坐：见《法华经·法师品》："如来座者，一切法是空。"

《法华大成·六》："法空即佛自证平等妙法，实相真空。离一切相，即一切法也。教坐如来座者，非是小乘人空座，不达法空。今既做佛，应坐法空之座，说一切诸佛权实之法，使悟无二无三，证一切诸佛实智之道，令入一相一味。所谓惟有一乘，余二非真。常寂灭相，终归于空也。法空安心，于诸法中得最自在，名之为座。坐此座者，终日说法，不见有法可说也。"

④心要：心者，心髓。要者，精要。为法门至极之名，又心性上精要之法义也。

译文

薛简说："京城里的禅师大德们都说：'想要体会到大乘的佛道，就必须坐禅修习定功；不是因为坐禅习定而得到解脱的，那是从来没有过的事情啊。'不知道大师您所说的法门是怎样的？"

大师说："道是从自心得到觉悟的，怎么能够说在坐不坐呢？佛经上说：'假使说如来佛或者坐或者卧的，这人就在行那邪门歪道。'为什么呢？因为没有来的地方，也没有去的地方，无生存也无寂灭，就是如来佛的清净禅；诸种法门皆是空寂，就是如来佛的清净坐。究竟的解脱是无法证取的，何谈坐不坐呢？"

薛简说："弟子回到京城去后，皇上必定要问我。希望大师慈悲为怀，指教开示心法要旨，使得奏闻皇太后及皇上两宫，并遍告京城中所有学道的人。这好比点一盏明灯，会辗转点燃百千盏灯，能使幽暗的地方都得到明亮，而明亮照耀无穷尽。"

大师说："道体上并没有明不明的分别，明亮与黑暗只是相互代谢的意思。明亮照耀而无穷尽，也仍然有个尽头，因为这二法只有互相对待才能建立名称。所以《净名经》上说：‘佛法没有可比拟，没有事物可以与之相对应的。’”

智慧解析

对于坐禅，佛教中历来认为，若想学道，必须坐禅习定，这是印度传来的一贯主张。神秀的北宗，就是讲究坐禅的。他们认为要解脱，要了生死，不坐禅习定是不可能的。而六祖的主张不同，六祖主张的是：“唯论见性，不论禅定解脱。”为什么呢？六祖说：“道由心悟，岂在坐也。”没有智慧，没有明心见性，你坐上千秋万载又有什么意义呢？六祖又引《金刚经》的道理说：“若言如来若坐若卧，是行邪道。”何以故呢？无所从来，亦无所去啊！从形式来看佛，从外表上来认识，那就不是正道，

佛的道理不在坐，不在卧，不在行，也不在住，不在生，不在死，不在这种种相上，你若在外在的形象上见佛，那就错了，你若能“见诸相非相，即见如来”。所以你看怀让接引马祖那一套手段，不是现身说法吗？佛、佛性是“无所从来，亦无所去”的，你在那儿坐禅习定，一方面执着于相，另一方面是企图有所来去，这当然不能说不是禅，但却是凡夫禅，哪怕你四禅八定都坐到家了，还是凡夫，智慧没有开嘛。你要想从坐禅中得到佛的知见，没有

般若怎么行。所以要牢记六祖这句话："道由心悟。"

在禅宗里，真正见性了，才知道过去用功都是白费，本来就是佛，用了那么多的工夫，得到的不外是"今日方知我是我"。五代时有个比丘尼的证道诗很能说明这个问题："尽日寻春不见春，芒鞋踏破垄头云；归来偶过桃花下，春在枝头已十分。"

无生无灭，并不是离开了生灭，世间的一切都在生都在灭。深入佛教后，见了道后，你就可见到生灭之中的那个不生不灭。"因缘所生法，我说即是空，亦为是假名，亦为中道义"。这是佛法的心要，千万要记住。一切都是有条件才构成的，条件消失了它就不存在了。有个"假名"就有它的作用，若离开"假名"另外还可以找个什么是找不到的。这个偈语把三藏十二部都包括在其中了。最后证悟了什么呢？"春在枝头已十分"，现成得很啊，用不着你去追求，用不着你去制造，春天本来就是在这儿嘛。

六祖关于明暗的开示也很精到，一般人总是把明暗对立起来，把烦恼菩提对立起来。但是"道无明暗，明暗是代谢之义"，你如果在明暗之中去寻道就错了。还是那一句，"一切万法不离自性"，明也是它，暗也是它。洞山的《宝镜三昧》中有两句可以作为六祖这里的注解：夜半正明，天晓不露。天黑了，万物都暗了，你的自性并没有暗，它正光明着哩！天亮了，阳光普照，你的自性也不会因之而明显了。为什么呢？这些明暗都是客尘，都是外境，都在自性中生灭，而这个自性动都未动。

三

经文

简曰："明喻智慧，暗喻烦恼。修道之人，倘不以智慧照破烦恼，无始生死[1]，凭何出离？"

师曰："烦恼即是菩提，无二无别。若以智慧照破烦恼者，此是二乘见解，羊鹿等机；上智大根，悉不如是。"

简曰："如何是大乘见解？"

师曰："明与无明，凡夫见二；智者了达，其性无二。无二之性，即是实性。实性者，处凡愚而不减，在贤圣而不增；住烦恼而不乱，居禅定而不寂。不断不常，不来不去，不在中间，及其内外。不生不灭，性相如如，常住[2]不迁，名之曰道。"

注释

①无始生死：如来藏无前际故，无明亦无有始。无明无始故，生死亦无始。

②常住：法无生灭变迁曰常住。

《楞严经》："皆由不知常住真心性净明体。"

译文

薛简说："明譬如智慧，暗譬如烦恼。修学佛道的人，倘若不用智慧之光来照破无明的烦恼，无始以来的生死存亡，要凭什么才能超离呢？"

大师说："无明烦恼就是菩提智慧，没有两样东西，它们本质相同，没有分别。假如说要用智慧之光来照破无明烦恼，这就是二乘人的见解，是羊车、鹿车所比喻的机缘；有上智的大乘根性人，全都不会是这样的见解。"

薛简问："那怎样才是大乘人的见解呢？"

大师说："光明和无明，凡夫看来是完全不同的两种，而明智的人却能明了通达，知道其本性没有两种。这没有两种的性休，就是真如实性。所谓的实性，就是处在凡夫愚人身上并不减少，处在圣人贤哲身上也不会增加。住在烦恼中而心不散乱，居在禅定中而不滞空寂。不是断灭亦不是恒常，没有到来也没有走去，不在中间以及内外之际。没有生存没有毁灭，性体本相一概如如。永远常住而不迁移，这才叫作道。"

智慧解析

“简曰：‘明喻智慧，暗喻烦恼。修道之人，倘不以智慧照破烦恼，无始生死，凭何出离？’”可见简的不服之心，因为在京城受到这些禅风的教化，可以想见当时的境况。

“师曰：‘烦恼即是菩提，无二无别。若以智慧照破烦恼者，此是二乘见解，羊鹿等机，上智大根，悉不如是。’”“烦恼即是菩提，无二无别”，后来有的祖师提出，“烦恼”是“菩提”，“菩提”可不可以就是“烦恼”呢？

曾经有人问赵州和尚说，你平时念佛吗？

他说，佛之一字，我不喜闻。

那个人说，你这个老和尚，既然是佛的弟子，为何不喜欢佛？

他说，因为他“扰乱人心，没有了期”啊！

当一个人体会到法无二法、没有对待之后，烦恼就是菩提，菩提就是烦恼。本身是一个东西的两个名。

“此是二乘见解，羊鹿等机”，《法华经》法华八喻，其中一喻三车喻中的羊鹿等车，是二乘对立的见解。

“凡夫见二；智者了达，其性无二。无二之性”。平常人们总以为有个贤圣的境，往往高推圣境，自甘堕落。就拿念佛来讲，信心不足，往生的不是很好，是因为自己不能承担。“住烦恼而不乱，居禅定而不寂”。

再看看了义的大乘经典《圆觉经》所说的：“居一切时，不起妄念。于诸妄心，亦不熄灭。住妄想境，不加了知。于无了知，不辨真实。”跟这两句话有什么差异呢？

“居禅定而不寂。”“禅定”本来是空寂的状态，但是这时也“不寂”。

“不断不常”，远离了二见。

“不来不去，不在中间，及其内外”，遍寻一切处，你找不到。

“不生不灭，性相如如”，就是原有的样子，如其本来。

“常住不迁，名之曰道”，用“不迁”再看“道”，称它道的本体也好，大用也好，相也好，都具足了。

道安禅师的四大高徒之一僧肇法师的《物不迁论》《真空论》《肇论》可以拿来一看。

明代的憨山大师，当年在五台山清凉桥打坐，总觉得水声有个动相，后来进入状态没有干扰了。一天解小手，忽然体会到《物不迁论》的“旋风偃岳而常静，江河竞注而不流”，即是不来不去、不生不灭、不增不减、不迁的状态，这完全是体会之法、实证之法。

四

经文

简曰：“师说不生不灭，何异外道[①]？”

师曰：“外道所说不生不灭者，将灭止生，以生显灭，灭犹不灭，生说不生。我说不生不灭者，本自无生，今亦不灭，所以不同外道。汝若欲知心要，但一切善恶，都莫思量，自然得入清净心体，湛然常寂，妙用恒沙。”

简蒙指教，豁然大悟。礼辞归阙，表奏师语。

其年九月三日，有诏奖谕师曰：“师辞老疾，为朕修道，国之福田。师若净名，托疾毗耶，阐扬大乘，传诸佛心，谈不二法。薛简传师指授如来知见，朕积善余庆，宿种善根，值师出世，顿悟上乘，感荷师恩，顶戴无已②。并奉磨衲袈裟，及水晶钵，敕韶州刺史修饰寺宇，赐师旧居为国恩寺。”

注释

①外道：见《俱舍玄义》：“学乖谛理，随自妄旨，不返内学，称为外道。”

②顶戴无已：顶，头顶。戴，着物于首也。无已，不止也。

译文

薛简说：“大师所说的没有生存、没有断灭，和外道所说的有什么不同呢？”

大师说：“外道们所说的没有生存、没有断灭，是将断灭来终止生存，将生存来显示断灭，断灭等于不断灭，生存也可说不生存。我所说的没有生存没有断灭，是说本来就没有生存，现在也就没有断灭，所以不同于外道所说的不生不灭。你如果要知道心法的要旨，只需对一切善良、罪恶等

法，都不要去思想度量，自然就会悟入到清净的心性本体中，湛然澄明恒常寂灭，妙用无量如恒河沙。”

薛简蒙受了指示教诲后，忽然开朗而大悟。于是礼谢辞别大师，回归朝廷，将大师的话语奏给了皇上。

同年的九月三日，又有诏书颁下奖励表扬大师说：“大师以老迈多病辞告，愿终身为朕而修行大道，真是国家的福田啊！大师犹如那维摩诘，假托疾病居住在毗耶城，阐发弘扬大乘佛法，传播诸佛的心性印证，谈论的是独一无二的法门。薛简回宫传播了大师所指教传授的如来知见，朕积累善因而多得喜庆，过去世里种下了善良的根基，今天正逢大师出世教化，得以顿悟上乘的妙理，感激大师的恩德，永为顶礼拥戴不尽！”同时，一并奉送磨衲袈裟一件及水晶钵一具，敕令韶州刺史重新修饰寺房，赐名六祖的新州故居为“国恩寺”。

智慧解析

印度哲学的《奥义书》《不二论吠檀多》等记载了他们的外道不生不灭是什么样的。“将灭止生”，正因为这样才有他们的苦行，但是用生的痛苦来显灭的解脱，灭了实际上就有个灭在安住，就变成生法了，所以说“生说不生”。

"我说不生不灭者，本自无生，今亦不灭。"他原本"无生"，当然就没有灭了。可以用经解经，《楞严经》所说："一切诸法，当处出生，随即灭尽。"

"所以不同外道。汝若欲知心要，但一切善恶，都莫思量。"为什么心体不能清净呢？因为人们一直在明暗、是非、善恶、代谢之法中用功。从生下来所做的一切都是在证明我对你错、我是你非，但是反过来，不思量一切善恶，又不是当傻瓜，非常清楚明白，"善能分别诸法相，于第一义而不动"。"善恶"的具体用法要知道，"善"的"恶"的，没有实性，其性本空，知道这个，当然就没有执取了。但要是在外用上没有"善恶"的分别，在世间就没法做了。

"其年九月三日，有诏奖谕师曰：'师辞老疾，为朕修道。'"中宗很会说话，"为朕修道"，因为普天之下，莫非王土，和尚也是皇帝的人。

"国之福田"，"福田"僧即是比丘僧，袈裟叫"福田"衣。三皈依也说，"皈依清净福田僧"。僧人就像稻田一样的，供养照顾就会种下种子，长出粮食。

"师若净名""净名"就是维摩诘长者。

"托疾毗耶"，这个出自《维摩诘经》。维摩诘长者本来没病，但是假装有病，开演了不二法门，由文殊菩萨问疾。二乘人包括弥勒菩萨、大智舍利弗都不敢去，因为被维摩诘长者训斥过。

"阐扬大乘"，这个比喻很好，把六祖推得很高，皇帝的诏书能这样嘉奖真是不简单。

"传诸佛心，谈不二法。薛简传师指授如来知见，朕积善余庆，宿种善根"，《金刚经》所说，"不于一佛二佛三四五佛而种善根，已于无量千万佛所种诸善根"。积善之家必有"余庆"，武则天很有福德。

"值师出世，顿悟上乘，感荷师恩，顶戴无已。并奉磨衲袈裟，及水晶钵，敕韶州刺史修饰寺宇，赐师旧居为国恩寺。"

付嘱品第十

一

经文

师一日唤门人法海、志诚、法达、神会、智常、智通、志彻、志道、法珍、法如等，曰："汝等不同余人，吾灭度后，各为一方师[1]。吾今教汝说法，不失本宗。

"先须举三科法门，动用三十六对，出没即离两边。说一切法，莫离自性。忽有人问汝法，出语尽双，皆取对法，来去相因。究竟二法尽除，更无去处。

"三科法门者，阴界入也。阴

是五阴，色、受、想、行、识是也。入是十二入，外六尘，色、声、香、味、触、法，内六门，眼、耳、鼻、舌、身、意是也。界是十八界，六尘、六门、六识是也。自性能含万法，名含藏识②。若起思量，即是转识③。生六识，出六门，见六尘，如是一十八界，皆从自性起用。

"自性若邪，起十八邪；自性若正，起十八正。若恶用即众生用，善用即佛用；用由何等，由自性有。

注释

①一方师：此师自指禅师而言。六祖谓各门人他日各为分化一方之禅师也。

唐释慧海曰："夫禅师者，撮其枢要，直了心源，出没卷舒，纵横应物，成均事理，顿见如来。拔生死深根，获现前三昧。若不安禅静虑，到这里总须茫然。随机授法，三学虽殊；得意忘言，一乘何异？故经云：'十方佛土中，惟有一乘法，无二亦无三，除佛方便说。但以假名字，引导于众生。'"

②含藏识：种子识，也即第八阿赖耶识。

③转识：第七末那识。

译文

有一天，惠能大师把他的门下弟子法海、志诚、法达、神会、智常、智通、志彻、志道、法珍、法如等人叫来，对他们说："你们和其他的徒众不同，我灭度以后，你们都是住持一方弘法教化的禅师。我现在教你们如何说法，才能不失本宗顿教法门的宗旨。

“说法时，应先举述三科法门，运用三十六对相对法，言语出口就要脱离两端，说一切法不要背离了自性。如果忽然有人向你问法，说话都要双句相对，彼此来去相互为因，最后把生灭、有无二法全部扫除干净，再没有其他可落执的处所。

“所谓的三科法门，就是阴、界、入三科。阴就是五阴，即是物色、感受、思想、行为、意识。入就是十二入，即外面的物色、声音、香气、味道、触觉、万法这六尘，和自己的眼睛、耳朵、鼻子、舌头、身体、意识六门。界就是十八界，即六尘、六门、六识三种相加。自然本性能够包含孕育万法，所以叫作包含蕴藏的意识。假如生起了分别的思想度量，那就是转动了意识。生起的六识，走出了六门，接触了六尘，这样的十八种境界，都是从那真如自性中生起妙用的。

“自性如果攀缘于邪恶，就会生起成十八种邪恶；自性如果保证正道，就会生起成十八种正道。若是邪恶地起用自然本性，那属于众生的起用；若是善良地起用自然本性，即所谓属于佛的起用。这些妙用都出自什么地方呢？皆是由于自然本性之中本来就有的啊。

智慧解析

三科法门是佛教对一切诸法的分类，是以缘起为根本宗旨认识世界的基本方法。惠能大师对弟子宣讲三科法门的道理，并且用禅宗特有的观念对它们做出了新的解释。佛和众生的分别，在三科法门中都能得到体现。

惠能大师召集法海、志诚、法达、智常、智通、志彻、志道、法珍、法如、神会十大弟子，嘱咐他们要“各为一方师”，在惠能灭度后继续弘扬南宗顿教法门。在宣讲佛法时怎样才能不失去本门的宗旨呢？为此惠能大师讲述了三科法门和三十六对法。利用三科法门和三十六对法，在任何时刻都要超越二元对立的立场，不落偏执。对人宣讲佛法，要一语双关，相对地看待一切，前言后语要相辅相成，从根本上消除二元对立的分别相，这样才能显出

南宗顿教的独特之处。

三科是佛教对万有一切法的分类，是以缘起为根本宗旨认识世界的基本方法。三科法门就是“五阴”“十八界”“十二入”，实际上是根据众生不同的根基而设置的不同的表述方式。

有的人把心法执为实有，就对他说五阴法；有的人把色身执为实有，就对他说十二入法；有的人执心、色两者为实有，就对他说十八界法。按照众生根性来说，为利根者说五阴法，为中根者说十二入法，为钝根者说十八界法。又按照众生欲望的不同，为欲望少的人说五阴法，为欲望不多不少的人说十二入法，为欲望多的人说十八界法。

三科法门的这样分类，能够很好地依据众生的根基，有针对性地破除我执，建立“无我”的观念。

五阴又叫作五蕴，指的是色、受、想、行、识等五种法的积聚。五阴是人生痛苦的一个来源。

佛教认为人生有八种苦：生苦，是出生时所受的痛苦；老苦，是年老时体弱的痛苦；病苦，是患病时所受的痛苦；死苦，是临死时的痛苦；爱别离苦，就是与所爱的人分离的痛苦；怨憎会苦，就是与不想见的人见面时的痛苦；求不得苦，就是求取什么东西而得不到时的痛苦；五阴炽盛苦，就是五阴的作用旺盛，掩盖了清净自性而产生的痛苦。

色：佛教中的色是物质的意思，构成世界和人身体的物质都是属于色。

受：受就是接受的意思，是由感觉器官眼、耳、鼻、舌、身与外界接触时所产生的各种感觉、感受、情绪。这些感觉大体上可以分为苦受、乐受、不苦不乐受三种。

想：想就是心的作用，心的思维活动。想有三善想和三恶想之分。

行：行是有目的的运动，指身、口、意的造作，意识、精神与生命的持续不断的生灭变化。狭义的行仅仅指意志活动，广义的行指色、受、想、识以外的一切有为法。

识：识是心识最根本的思量活动。唯识宗认为人有八识：眼识、耳识、鼻识、舌识、身识、意识、末那识、阿赖耶识。

佛陀为利根的众生说五蕴，对于智慧比较差的众生，佛陀则为他们演说十八界和十二入。

十八界就是：眼界、耳界、鼻界、舌界、身界、意界；色界、声界、香界、味界、触界、法界；眼识界、耳识界、鼻识界、舌识界、身识界、意识界。十二入又叫十二处，是外六尘和中六门的合称，外六尘又叫作六境，即色、声、香、味、触、法；中六门又叫作六根，即眼、耳、鼻、舌、身、意。

二

经文

“对法外境，无情五对：天与地对，日与月对，明与暗对，阴与阳对，水与火对，此是五对也。

“法相语言十二对：语与法对，有与无对，有色与无色对，有相与无相对，有漏与无漏[①]对，色与空对，动与静对，清与浊对，凡与圣对，僧与俗对，老与少对，大与小对，此是十二对也。

“自性起用十九对：长与短对，邪与正对，痴与慧对，愚与智对，乱与定对，慈与毒对，戒与非对，直与曲对，实与虚对，险与平对，烦恼与菩提对，常与无常对，悲与害对，喜与嗔对，舍与悭

对，进与退对，生与灭对，法身与色身对，化身与报身对，此是十九对也。”

师言：“此三十六对法，若解用，即通贯一切经法，出入即离两边。

“自性动用，共人言语，外于相离相，内于空离空。若全著相，即长邪见。若全执空，即长无明。执空之人有谤经，直言不用文字。既云不用文字，人亦不合语言；只此语言，便是文字之相。又云直道不立文字，即此不立两字，亦是文字。见人所说，便即谤他言著文字。

注释

①有漏与无漏：漏为烦恼之异名。贪嗔等之烦恼，日夜自眼耳等六根门漏泄流注而不止，故名漏。又漏者，漏落之义。烦恼能使人漏落于三恶道，故名漏。因之而有烦恼之法曰有漏，离烦恼之法曰无漏。

译文

“相互对待的诸法，外境无情方面有五对法：天和地相对，日和月相对，明和暗相对，阴和阳相对，水和火相对，这是五对相对法。

“法相语言方面有十二对法：语和法相对，有和无相对，有色和无色相对，有相和无相相对，有漏和无漏相对，色和空相对，动和静相对，清和浊相对，凡和圣相对，僧和俗相对，老和少相对，大和小相对，这是法相和语言的十二对相对法。

“自性起用方面有十九对法：长和短相对，邪和正相对，痴和慧相对，愚和智相对，乱和定相对，慈悲和狠毒相对，持守净戒和为非作歹相对，直和曲相对，实和虚相对，险和平相对，烦恼和菩提相对，常和无常相对，悲和害相对，喜和嗔相对，舍和悭相对，进和退相对，生和灭相对，法身和色身相对，化身和报身相对，这是十九对相对法。”

六祖说：“三十六对法如果懂得如何运用，就能使道贯穿于一切经法，而且进退都不执两边，脱离两个极端。

“真如自性随缘起用，和人言谈时，对外要能即于一切相而不执着一切相，在内要能即空而不执着空。如果完全着相，就会助长邪见。如果完全着空，就会增长无明。执着空见的人，有的诽谤佛经，肯定地说不用文字。既然说不用文字，那么人也不应该有语言，因为这语言本身就是文字的相。又说直指之道不立文字，就是这不立两个字，也是文字。又见到别人在说法，就诽谤别人的说法是执着于文字。

智慧解析

三十六对法是相互对照的一组现象，正因为有了相互对照，才能更清楚地显出它们的意义。这就好像黑暗不会自己显现黑暗，只有在明亮的对照下才显得黑暗；明亮也是这样，靠黑暗的对照才显得明亮，三十六对法都是这样的道理。

惠能大师说，三十六对法都是随宜方便而显现的。修行的人首先要了解诸法虚妄不实的本性，然后能够对三十六对法加以适当运用，就能贯通一切经法。如果能够了解万有一切法都不可立的本质，那么对外就能够摆脱色相的缠绕，对内就能够不生任何妄念。出入远离两边，当下就是中道观。

明白了这些，就知道了三十六对法其实是虚妄不实的。无论是空还是色，也无论是性还是相，乃至烦恼与菩提、法身与色身，一切对待都是假名的安立，安立这些假名的最终目的只有一个，那就是使得听法的人懂得一切诸法虚妄不实的道理。既然虚妄不实，那么一切对立的现象其实也是统一的，这就是《维摩诘经》所大力弘扬的“不二法门”。

三

经文

“汝等须知自迷犹可，又谤佛经；不要谤经，罪障无数。

“若著相于外，而作法求真；或广立道场，说有无之过患，如是之人，累劫不得见性。但听依法修行，又莫百物不思，而于道性窒碍。若听说不修，令人反生邪念。但依法修行无住相法施。汝等若悟，依此说，依此用，依此行，依此作，即不失本宗。

“若有人问汝义，问有将无对，问无将有对；问凡以圣对，问圣以凡对。二道相因，生中道义①。

“如一问一对，余问一依此作，即不失理也。设有人问：何名为暗？答云：明是因，暗是缘，明没即暗。以明显暗，以暗显明，来去相因，成中道义。余问悉皆如此。汝等于后传法，依此转相教授，勿失宗旨。”

注释

①二道相因，生中道义：见《大智度论·四十三》："常是一边，断灭是一边，离是二边行中道，是为般若波罗密。又复常无常、苦乐、空实、我无我等，亦如是。色法是一边，无色法是一边，可见法不可见法、有对无对、有为无为、有漏无漏、世间出世间等诸二法，亦如是。复次，无明是一边，无明尽是一边；乃至老死是一边，老死尽是一边；诸法有是一边，诸法无是一边，离此二边行中道，是为般若波罗密。菩萨是一边，六波罗密是一边；佛是一边，菩提是一边，离是二边行中道，是为般若波罗密。略说内六情是一边，外六尘是一边，离是二边行中道，是名般若波罗密。此般若波罗密是一边，此非般若波罗密是一边，离是二边行中道，是名般若波罗密。"

译文

"你们应该知道，自己执迷还罢了，还诽谤佛经。千万不可诽谤经法，否则将造下无量无边的罪业！

"如果外着于相，而造作有为法来寻求真道；或者到处建立道场，而辩论有无的过患，像这样的人，即使历经多劫也不可能明心见性。这样的人，只想依照正法修行，又不能什么都不想，这样反会造成佛道上的障碍。如果只是听人说法而不实地修行，反而会使人生起邪念。因此要依照正法修行，说法不要住相。你们如果能够悟解，并且依照这样去说、去用、去行、去作，就不会失了本宗的宗旨。

"如果有人问你法义：问'有'，就用'无'来答；问'无'，就用'有'来答；问'凡'，就用'圣'来答；问'圣'，就用'凡'来答。

就这样，二边对待法的相互为因而离却二边，就显出了中道义理。

“像这样一问一答，其余的问题也完全依照这样作答，就不会失却中道的理体了。假如有人问：什么叫作暗？就回答他说：明就是因，暗就是缘，光明消失了就黑暗。以光明来显现黑暗，以黑暗来显现光明，一来一回相互为因，而成中道义理。其余的问题都可以这样回答。你们今后传法，要依照这种方法转相教导、传授，不要失却顿门宗旨！”

智慧解析

惠能大师在开示了三十六对之后，又强调了行中道法的意义。假如有人问佛法，他问什么是“有”，说明他心里存在着“有”的观念，执着于“有”，这时就要以“无”来回答他，以此破除他的实有的妄执，让他明白，其实“有”是不可得的。倘若他问什么是“无”，表明他落入了对“无”的断见，就应该以“有”来回答他，这样才能使他离开有无两边，处于中道。

对于其他概念也是一样。假如他问什么是“凡”，就应当用“圣”来回答他；当他问什么是“圣”时，就告诉他什么是“凡”，使他知道，凡夫本没有自己的本性，所谓凡夫者即非凡夫，只是给它一个假名叫作凡夫。凡夫与圣者的区别，仅仅在于修证悟道的深浅，当凡夫见道证道之后，就能转凡成圣。

禅宗的公案中充满了这种行中道法的智慧。在《维摩诘经》里，维摩诘大士生病后，众菩萨向维摩诘大士问疾，对什么是“不二法门”众人展开了精彩的讨论。法自在菩萨说：“生”与“灭”是两个对立的观念，但实际上“法本不生，今则无灭”，真正的法其实没有生起，所以也就没有熄灭，生灭都是虚假的幻象而已，这就是在行中道法，已进入了不二法门。弗沙菩萨说，“善”与“恶”是两个对立的观念，但其实无论是“善”还是“恶”，都没有真实不变的自体，了解了这些就不会产生善与恶的对立念想。

任何对立的观念都是虚妄不实的，当执于一端时，就会落入偏见，破除偏见最好的方法就是行中道法。

四

经文

师于太极元年①壬子，延和七月，命门人往新州国恩寺建塔，仍令促工②。次年夏末落成。七月一日，集徒众曰：“吾至八月，欲离世间。汝等有疑，早须相问，为汝破疑，令汝迷尽。吾若去后，无人教汝。”

法海等闻，悉皆涕泣；惟有神会，神情不动，亦无涕泣。

师云：“神会小师③，却得善不善等，毁誉不动，哀乐不生。余者不得，数年山中，竟修何道？汝今悲泣，为忧阿谁？若忧吾不知

去处，吾自知去处，吾若不知去处，终不预报于汝。汝等悲泣，盖为不知吾去处。若知吾去处，即不合悲泣。法性本无生灭去来，汝等尽坐，吾与汝说一偈，名曰《真假动静偈》。汝等诵取此偈，与吾意同；依此修行，不失宗旨。”

众僧作礼，请师说偈。偈曰：

一切无有真，不以见于真；
若见于真者，是见尽非真。
若能自有真，离假即心真；
自心不离假，无真何处真？
有情即解动，无情即不动；
若修不动行[4]，同无情不动。
若觅真不动，动上有不动[5]；
不动是不动，无情无佛种。
能善分别相，第一义不动；
但作如此见[6]，即是真如用。
报诸学道人，努力须用意；
莫于大乘门，却执生死智。
若言下相应，即共论佛义；
若实不相应，合掌令欢喜。
此宗本无诤[7]，诤即失道意；
执逆诤法门，自性入生死[8]。

时，徒众闻说偈已，普皆作礼。并体师意，各各摄心[9]，依法修行，更不敢诤。乃知大师不久住世，法海上座，再拜问曰：“和尚入灭之后，衣法当付何人？”

师曰：“吾于大梵寺说法，以至于今，抄录流行，目曰《法宝

坛经》。汝等守护，递相传授，度诸群生。但依此说，是名正法。今为汝等说法，不付其衣。盖为汝等信根淳熟，决定无疑，堪任大事。然据先祖达磨大师，付授偈意，衣不合传。”偈曰：

吾本来兹土，传法救迷情；

一华开五叶⑩，结果自然成。

注释

①太极元年：太极，唐睿宗年号。元年岁壬子，兹岁正月改元太极，又五月改元延和。七月睿宗传位于太子隆基，八月玄宗改元先天也。盖一岁三改元，故云尔也。

②促工：促迫工人使勤作而早完工也。

③小师：受具足戒未满十夏者，曰小师。又弟子之称，又沙门谦下之称。

④不动行：长坐不卧之禅定也。

⑤动上有不动：即动摇上有不动摇。林子《坛经讥释》：“悟性之人，虽在于虚极静笃矣，然而动上亦有不动。而轮刀上阵，亦得见之者，不可不知也。然则何以谓之动上不动？《坛经》曰：‘性本不动故也。’”

⑥如此见：指不可如无情之不动，宜如善能分别诸法相，于第一义而不动。

⑦本无诤：顿教宗门本是无诤三昧。

《金刚般若经》："我得无诤三昧，人中最为第一。"《口诀》云："何名无诤三昧？谓阿罗汉心无生灭去来，惟有本觉常照，故名无诤三昧。"

⑧自性入生死：有诤则嗔，嗔则退失无生忍。失却无生忍，自性便入生死轮回，不能超三界矣。

《华严经》："有诤说生死，无诤即涅槃。"

⑨摄心：摄散乱之心于一也。

《佛遗教经》："常当摄心在心。"

⑩一华开五叶：一华，达磨指自己言；五叶指二祖至六祖五代而言也。或曰五叶谓六祖后，禅家分为临济、曹洞、沩仰、云门、法眼五宗之谶语，此说非是。观上文"衣不合传"之说，则与五叶之说相符也。若云五叶指五宗言，则遗却二祖下之五代矣。

译文

六祖大师于唐睿宗太极元年，即壬子年，也就是延和元年的七月，命令门下弟子前往新州地方的国恩寺建筑塔墓，并且叫人催促着早日完成工程。到了第二年夏末，也就全部落成了。七月一日，六祖集合起弟子门人并对他们说："我到八月的时候，就要离开这个世间了。你们如果有什么疑难的问题，要趁早来发问，我当为你们破除疑惑，使你们心中的迷妄尽除。若是我去世了，就没有人来教导你们了。"

法海等弟子听了六祖的话后，都伤心得流泪涕泣；只有神会一人，神色感情没有动摇，也没有流泪涕泣。

惠能大师说："神会你这小师父，却能够得到这亲善与不亲善都能平等的境界，毁谤或者赞誉都能不动摇，悲哀或快乐都不会生起。其他人都

做不到，这数年在山上，究竟修了个什么道行呢？你们现在悲伤涕泣，是为了什么人而忧伤呢？如果是忧伤我不知道自己的去处，而我自己却是知道去处的，我若是不知道自己的去处，就不会预先告诉你们了。你们悲伤涕泣，大概是因为不知道我的去处，你们若是知道了我的去处，就不应该悲伤涕泣了。佛法本性本来就没有生灭来去。你们都坐下来，我给你们说一个偈句，叫作《真假动静偈》。你们记诵得这首偈颂，要能够与我的心意相同；依照这首偈句去修行，就不会失却宗门的宗旨了。"

所有的僧众都向六祖行礼，请大师作上一首偈颂。偈子说：

一切万法没有实真，不要颠倒看作实真；
若是说见到了实真，如此见到全非实真。
如果能自心得实真，离开假心即是实真；
自心不能离开假相，既无真时何处实真？
有情本来就懂得动，木石无情才不会动；
若是偏修不动功行，就同木石愚顽不动。
如寻自心真实不动，动上自然有其不动；
不动若是愚顽不动，无情物却是无佛种。
能善于分别诸法相，于第一义上而不动；
只要能做这样识见，此见就是真如妙用。
告诉诸位学道的人，努力必须要用心意；
勿在于大乘宗门下，却仍执着生死之智。

彼此谈论若相呼应，就共同讨论佛法义；

若是实在不相呼应，亦应合掌令其欢喜。

这家宗门原本无诤，有诤辩就失真道意；

执迷违逆辩诤法门，心性便转入生与死。

当时，徒众听了六祖所说的偈颂以后，都向大师行礼。并且都能够体会到大师偈颂中的意思，人人都收摄了散乱的心，依照那正法来修行，更不敢有所诤辩。因为知道六祖大师不能久住于人世了，法海上座便再次拜问惠能大师："大师入灭之后，衣钵佛法将授付给什么人呢？"

大师说："我自从在大梵寺开始说法，一直到了今天，所说的都被记录流传通行了，题目就称为《法宝坛经》。你们都要守护此经，辗转互相传播教授，以普度一切众生。但能遵依此经而说法，就叫作顿教门中的正法。我现在只为你们传授说法，而不再传付祖师的衣钵。因为你们的信根都已经纯熟了，一定不会再有疑问了，都能够胜任弘法的大任。而且根据先祖师达磨大师传付教授的偈颂意思，衣钵已不应该再行传付了。"达磨的偈句是这样说的：

我本意来到这块土，是为传法救度迷情。

一花继续展开五叶，结果兴盛自然而成。

智慧解析

有的人会说，既然得了道，怎么不活过几百岁呢？怎么不长住于世间呢？说这种话的是外行，绝不是佛教徒。要知道，不生不灭就在这个生死之中啊！离开了这个生死，你是找不到什么涅槃的。佛住世八十年还要涅槃，何况其他！想长生不老就是邪见，是贪欲！六祖在生死中得了自在，所以敢说："吾自知去处，若吾不知去处，终不预报于汝。"没有把握，是要闹笑话的。下面举一则祖师圆寂时的公案，大家看看。

洞山良价禅师预知自己将要圆寂，便先通知大家某年某月某日他要圆寂，

圆寂时做的那个辞世偈就极好：

学者恒沙无一悟，过在寻他舌头路。
欲得忘形泯踪迹，努力殷勤虚空步。

偈子做完了，从从容容地剃发、沐浴、披衣，再向大家告别，于是坐化了。但弟子们舍不得他，哭声震天，并且从早哭到晚，一直哭到第二天。这时，洞山忽然睁开眼睛，批评他们说："你们这样像出家修行的人吗！真正修行的人是哀乐不入，心不附物。你们这样劳生惜死，真是太痴愚了。"于是吩咐庙上办"愚痴斋"，大家舍不得，过了七天才把斋办好。洞山与大家一起把斋吃完了，说："出家的人就是无事的人啊，到了临终出行的时候，千万不要哭闹。"说完，回到之前的地方，长坐而去。你看，这是多大的本事，绝不是一般夸夸其谈的人做得到的。这个公案，说明了什么呢？既是学佛，就必须知道三世因果，知道万法皆空的道理，要相信真有解脱之道。

回到前面说的，当时徒众听完偈语，都一起向六祖顶礼，并且都体会大师心意，人人收摄散乱的心，依照正法修行，更不敢有所争执。大家知道六祖不能久住世间，法海上座于是再礼拜大师，请问道："和尚灭度以后，衣钵将要传给什么人呢？"

惠能大师说："自从我在大梵寺说法，直到今天所说，记录流通，名为《法宝坛经》。你们守护此经，转相传授，度化一切众生。只要能依照此经说法，就叫作正法。我现在只为你们说法，不再传付祖衣。因为你们的信根都已纯熟了，决定不再存有疑虑，足以胜任弘法大事；而且根据达磨祖师传授的偈意，祖衣不应该再传。达磨祖师的偈语是这样说的：‘我来东土的本意，是为传法度迷情。一华开展为五叶，菩提道果自然成。’”

五

经文

师复曰：“诸善知识！汝等各各净心，听吾说法。若欲成就种智①，须达一相三昧，一行三昧。若于一切处而不住相，于彼相中不生憎爱，亦无取舍，不念利益成坏等事，安闲恬静，虚融澹泊，此名一相三昧。若于一切处，行住坐卧，纯一直心，不动道场②，真成净土，此名一行三昧。若人具二三昧，如地有种，含藏长养，成熟其实，一相一行，亦复如是。

“我今说法，犹如时雨，普润大地。汝等佛性，譬诸种子，遇兹沾洽，悉得发生。承吾旨者，决获菩提；依吾行者，定证妙果。听吾偈。”曰：

心地含诸种，普雨悉皆萌，

顿悟华情已，菩提果自成。

师说偈已，曰：“其法无二，其心亦然。其道清净，亦无诸相。

汝等慎勿观静，及空其心。此心本净，无可取舍，各自努力，随缘好去。”

尔时徒众作礼而退。

大师七月八日，忽谓门人曰：“吾欲归新州，汝等速理舟楫。”

大众哀留甚坚。

师曰：“诸佛出现，犹示涅槃，有来必去，理亦常然。吾此形骸，归必有所。”

众曰：“师从此去，早晚可回？”

师曰：“叶落归根，来时无口。”

又问曰：“正法眼藏，传付何人？”

师曰：“有道者得，无心者通。”

又问：“后莫有难否？”

师曰：“吾灭后五六年，当有一人来取吾首。听吾记曰：

头上养亲，口里须餐；遇满之难，杨柳为官。”

又云：“吾去七十年，有二菩萨③，从东方来，一出家，一在家，同时兴化，建立吾宗；缔缉伽蓝④，昌隆法嗣。”

注释

①种智：佛之一切种智也。知佛智一切种种之法，名一切种智。

《大智度论·二十七》：“一切种智是佛事。声闻辟支佛但有总一切智，无有一切种智。”

《大智度论·八十四》：“一切种智是诸佛智也。”

②不动道场：见《辅行·二》：“今以供佛之处名为道场。”

又学道之处曰道场。

《注维摩经·四》肇曰：“闲宴修道之处，谓之道场也。”

按：不动道场者，言不必在道场中有所举动，已得真成净土也。

③二菩萨：一出家指马祖道一禅师而言，一在家指庞蕴居士而言。或曰，一出家指黄檗禅师，一在家指裴休。

④缔缉伽蓝：缔，构造。缉，补葺。伽蓝，佛寺之别称。

《五分律》："伽蓝自瓶沙王施迦兰陀竹园为始也。园者，生植之所。佛弟子居之，取生植道本圣果之义也。"

伽蓝具云僧伽蓝，其义为众比丘之园。

译文

惠能大师又说："各位善知识啊！你们各自清净心意，再听我说法。若是想要成就佛的种智，就必须了达'一相三昧'和'一行三昧'。假如能够在一切处所而不执着于一切法相，在那相上而不生起怨憎或者喜爱，也没有执取和舍弃的心念，亦不顾虑自身的利益或成败等事，安静闲适而平静恬然，清虚冲融而淡泊无

为，这就叫作'一种法相的正定'；假如能够在一切处所，无论是行住坐卧，都怀着一颗纯一正直的心，不必在道场中别有举动造作，即已真实成就了净土，这就叫作'一种修行的正定'。如果一个人能够具有这两种正定，好像地上撒下种子，就会包含蕴藏而培养长成，它的果实进而成熟，'一相三昧'和'一行三昧'，也是这样的。

“我现在所说的法，譬如及时的雨，普遍地润泽了大地上的一切。你们的本有佛性，譬如一切种子，遇到了这雨的沾洽灌溉，都能发芽生长。凡是承接我的旨意的人，一定能够获证菩提正觉；依照我所说的行持的人，一定能够获证微妙正果。听我说首偈语。”偈语说：

心地含藏着诸种子，普获法雨而皆发萌。

顿悟华情如实以后，菩提妙果自然能成。

大师说了偈语以后，又说：“佛法没有二法，佛心也是一样的。佛道本来清净，并没有什么形相可以执着。你们千万不要去观看清静或者空掉自心！自己这个心本来清净，原无什么执取或者舍弃的。你们各自努力，好好地随缘而去吧。”

那时，徒众们都向六祖顶礼而后退出。

大师在七月八日那天，忽然告诉门人弟子说：“我想回新州去，你们快快给我准备好舟船！”

大家都悲哀地挽留着，非常坚决。

大师说：“诸位佛陀出现在世间，都会展示涅槃的形相。有来自然就会有去，真理总是这个样子的。我的这个肉体的形骸，回去的时候也一定要有个地方。”

大众都说：“大师从此一去，早晚还会回来吗？”

大师说：“叶落归根，回来时却已经没有路了。”

大家又问道：“真正的大法眼藏，传播交付给什么人了？”

大师说：“证悟了佛道的人会得到，无执着心的人会通达领会。”

又问道：“以后还有没有什么灾难呢？”

大师说：“我寂灭以后五六年的时候，应当有一个人前来取我的首级。听我说个预言来认记：

头上需要养亲人，口里却须进餐饭。

遇到满字所遭难，当时官吏姓杨柳。”

大师又说道：“我离去以后七十年，有两位菩萨会从东方前来，一位是出家僧人，一位是在家居士。他们同时兴盛教化，建立起我们这一宗派；修建佛寺伽蓝，昌盛兴隆传法的弟子。”

智慧解析

“三昧”又译为“三摩地”“三摩提”，是佛教的修行方法之一，意思是排除一切杂念，使心境平和。一行三昧就是在所有的时间、所有的地方，无论行、住、坐、卧，都修行直心。

修行并不是每天专门打坐、拜佛、诵经，而是在任何情况下都可以进行的，任何时刻都可以精进不懈。在生活中，行也是禅，坐也是禅，一举一动都可以成为禅。只要每时每刻念念不忘般若，随时告诉自己“我就是佛”，时时不忘外境的虚假不实，这样坚持下去就可以得定，就可以开悟。

所谓行“直心”，其实就是明心见性，“直心”就是本性。与直心相对应，被迷惑的心、充满了念想和思虑的心就是“曲心”，修行一行三昧就是要消灭“曲心”，回归清净无染的直心。

所谓“一相三昧”就是指无论在什么地方都不着相，远离一切相。一切好与坏、得与失、成与败等外相都是虚假的，如果把它们执着为真，就会带来种种烦恼。所以对一切外相都不要起憎恨心或喜爱心。

众生在世上受到种种烦恼和痛苦，死后还要在六道中流转不息，无法脱离，都是因为心里对外相的执着。如果能做到不计较利益得失等事情，对任何事情都能安然自得，淡泊宁静，那就会无忧无虑，没有烦恼，跳出轮回，到达涅槃寂静的境界。

一般所说的智慧是指聪明机智，但是如果证悟了诸法皆空的道理，就得到了“一切智”。一切智又叫根本智，这种智慧是让人得到解脱的根本智慧。证得了这种智慧，就可以见到善与恶、美与丑、凡与圣、生与死、烦恼与菩提等的空性，就可以做到不住色生心，不住声香味触法生心，那时候就自然会到达无取无舍、无爱无憎的境界。

一行三昧侧重于行为，而一相三昧更侧重于念头上，修一相三昧到了很高的境界，就可以很自然地做到一行三昧。在生活中修一行三昧，也有助于一相三昧境界的提升，所以一行三昧和一相三昧是相辅相成的两种智慧。

众生都有天生的清净自性，但人们平常的觉悟都被种种杂念、烦恼蒙蔽了，这些杂念就像灰尘一样，使得人们连自己都不认识了。如果达到了一行三昧和一相三昧的境界，就可以明心见性，明白生死大义和三世因果，使自己从种种烦恼中解脱出来。

新陈代谢的奥秘一般人不明白，新陈代谢就是生死，不过不那么明显而已。一睡一醒之中也有生死，念头的生灭也是生死，只不过这些大家是熟视无睹的，认为只有放进棺木才是死。人们平常的觉性都被种种杂念、烦恼遮障了，自己不认识自己，如果你照六祖所说的，达到了一行三昧和一相三昧，进而明心见性，你的那个身体的变化就大了。你的觉性，才会从浊乱的烦恼、杂念中澄清出来，这样，对生死、对三世因果就会看得清清楚楚，并且可以在自己的身体、业命中获得自由。

六

经文

问曰："未知从上佛祖应现已来，传授几代？愿垂开示。"

师云："古佛应世，已无数量，不可计也。今以七佛为始，过去庄严劫[1]：毗婆尸佛、尸弃佛、毗舍浮佛。今贤劫：拘留孙佛、拘那含牟尼佛、迦叶佛、释迦文佛，是为七佛。已上七佛今以释迦文佛首传：第一；摩诃迦叶尊者，第二、阿难尊者，第三、

商那和修尊者，第四、优波毱多尊者，第五、提多迦尊者，第六、弥遮迦尊者，第七、婆须蜜多尊者，第八、佛驮难提尊者，第九、伏驮蜜多尊者，第十、胁尊者，十一、富那夜奢尊者，十二、马鸣大士，十三、迦毗摩罗尊者，十四、龙树大士，十五、迦那提婆尊者，十六、罗睺罗多尊者，十七、僧伽难提尊者，十八、伽耶舍多尊者，十九、鸠摩罗多尊者，二十、阇耶多尊者，二十二、婆修盘头尊者，二十一、摩拏罗尊者，二十三、鹤勒那尊者，二十四、师子尊者，二十五、婆舍斯多尊者，二十六、不如蜜多尊者，二十七、般若多罗尊者，二十八、菩提达磨尊者，二十九、慧可大师，三十、僧璨大师，三十一、道信大师，三十二、弘忍大师，惠能是为三十三祖。从上诸祖，各有禀承。汝等向后，递代流传，毋令乖误。”

注释

①庄严劫：见《佛祖统记·三十一》：“过去庄严劫。此劫有成住壤空各二十小劫。”

译文

弟子们问道：“不知道过去的佛祖教化现世以来，传授经过了几代人呢？希望大师给予开示！”

大师说道：“古代的佛出现于世，已经无数无量了，不可以计算啊。现在就以七佛为开始吧，过去的庄严劫里有毗婆尸佛、尸弃佛和毗舍浮佛，今贤劫里有拘留孙佛、拘那含牟尼佛、迦叶佛和释迦文佛，这就叫作七佛，以上的七佛，以释迦牟尼佛为首传，依次传递：第一、摩诃迦叶尊

者，第二、阿难尊者，第三、商那和修尊者，第四、优波毬多尊者，第五、提多迦尊者，第六、弥遮迦尊者，第七、婆须蜜多尊者，第八、佛驮难提尊者，第九、伏驮蜜多尊者，第十、胁尊者，十一、富那夜奢尊者，十二、马鸣大士，十三、迦毗摩罗尊者，十四、龙树大士，十五、迦那提婆尊者，十六、罗睺罗多尊者，十七、僧伽难提尊者，十八、伽耶舍多尊者，十九、鸠摩罗多尊者，二十、阇耶多尊者，二十一、婆修盘头尊者，二十二、摩拏罗尊者，二十三、鹤勒那尊者，二十四、师子尊者，二十五、婆舍斯多尊者，二十六、不如蜜多尊者，二十七、般若多罗尊者，二十八、菩提达磨尊者，二十九、慧可大师，三十、僧璨大师，三十一、道信大师，三十二、弘忍大师，一直到我惠能时是第三十三代祖。上面所说的诸位祖师，都是各有禀承的。你们今后一代一代地递次流传，不要有什么错误啊！"

智慧解析

法海请教顿教法门的传承情况，惠能大师说从过去七佛以来的传法，一直到惠能这里共经历了四十代，其中达磨是西天第二十八祖，也是中土初祖，而惠能自己就是中土六祖。

禅宗认为真正的佛法要"传佛心印"，不能通过经书来传佛法，而应该通过机锋、公案、文字禅、默照禅等方法面对面传授，所以禅宗是特别注重衣钵传承的一个佛教宗派。神会在为惠能争法统时就大力宣扬南宗顿教才是达磨的正传，北宗的“师承是傍”，而称南宗才是达磨“南天竺一乘宗”的正传。这使得北宗从此渐渐走向衰落。各种灯录是禅宗特有的对于传法的记录，在《五灯会元》《景德传灯录》中，保留着传宗的详细记录。

七

经文

大师先天二年癸丑岁，八月初三日，于国恩寺斋罢，谓诸徒众曰：“汝等各依位坐，吾与汝别。”

法海白言：“和尚留何教法，令后代迷人得见佛性？”

师言：“汝等谛听，后代迷人，若识众生，即是佛性；若不识众生，万劫觅佛难逢。吾今教汝识自心众生，见自心佛性。欲求见佛，但识众生，只为众生迷佛，非是佛迷众生。自性若悟，众生是佛；自性若迷，佛是众生。自性平等，众生是佛；自性邪险，佛是众生。汝等心若险曲，即佛在众生中。一念平直，即是众生成佛。我心自有佛，自佛是真佛。自若无佛心，何处求真佛？汝等自心是佛，更莫狐疑。外无一物而能建立，皆是本心生万种法。故经云：‘心生种种法生，心灭种种法灭[1]。’

注释

①心生种种法生，心灭种种法灭：见《起信论疏·上》：“以无明力，不觉心动，乃至能现一切境等，故言心生种种法生。此则心随熏动，故云生也。若无明灭，境界随灭。诸识分别，皆灭无余。故言心灭种种法灭。此则心源还净，故云灭也。”

《大智度论·十二》：“复次，如一美色，淫人见之，以为净妙，心生染着。不净观人视之，种种恶露，无一净处。等妇见之，妒嗔增恶，目不欲见，以为不净。淫人观之为乐，妒人观之为苦，净行人观之得道。无豫之人观之，无所适莫，如见土木。若此美色实净，四种人观，皆应见净。若实不净，四种人观，皆应不净。以是故知好丑在心，外无定也。观空亦如是。”

译文

唐玄宗先天二年，即开元元年癸丑八月三日那天，六祖大师在新州国恩寺里斋饭吃罢后，便对诸位徒众说道：“你们各人依着位次坐下，我要和你们道别。”

法海说：“大师要留下什么教法，使后代执迷的人能得以见佛性呢？”

惠能大师说："你们用心听着！后代迷惑的人假如能够清楚地认识众生，也就识见佛性了；假如不能清楚地认识众生，即便永远寻佛也难遇难逢了。我现在教导你们认识自己心中的众生，并见识自己心中的佛性。想要识见佛，只有识见众生，因为是众生迷惑了自然本性的佛，而不是佛来迷惑了众生。自己的心性如果了悟了，众生亦就是佛了；自己的心性如果迷失了，佛亦就是众生了。自然本性若是平等，众生也就是佛；自然本性若是邪险，佛就是众生了。你们心里如果险恶邪曲不正，就等于佛在众生中；如果一念平等正直了，就等于众生成了佛。我们自己心中本来就有佛，这自然本性的佛才是真正的佛。自己倘若没有佛心，更到何处去觅真佛呢？你们自己的心性就是佛，再不要有所怀疑了！心外并无一物能够建立，万法都是从我们自己心里变生出来的。所以经中说：'心中起念则种种法生，心中念灭则种种法灭。'

智慧解析

自心自性是真佛，惠能大师对这一点多次加以强调，在涅槃的前夕，又一次告诉弟子，佛不在西方，佛在每个人的清净之心中。若要求佛，必须向清净自性里去寻找。

自心清净就是佛心，自性清净就是佛性，禅宗的根本要旨其实就这么直接明了。它抛弃了佛教其他宗派中烦琐不堪的修行方法、深奥难懂的概念体系，把所有的修行都归结在修心上。要成佛不需要经过累劫累世的艰苦修行，一旦回归到本来清净的自性中，众生立刻就是佛，禅宗这样做的前提就是自性中本来就有清净无污染的佛性。

众生在六道中轮回不息，承受着种种烦恼和痛苦，所有的烦恼和痛苦都不是外来的，而是众生自己造作的。一般的佛教认为这是众生以前造下的业力的结果，造力分身业、口业、意业三种。但是禅宗认为，一切业力都来自心中，这是众生当下的心性被污染的表现。禅宗与佛教其他宗派的基本区别之一，就在于对烦恼来源的理解。

有一个参禅者去拜访白隐禅师，请教什么是地狱，什么是极乐世界。白隐禅师不但不理他，还用最恶毒的话辱骂他。参禅者一开始还能忍受，可过了一段时间忍无可忍了，拿起木棒就打白隐禅师，并怒气冲冲地回骂。白隐禅师对面露凶相的参禅者说："你不是想知道什么是地狱吗？这就是地狱。"参禅者恍然大悟，忙使自己平静下来，跪倒在地请求白隐禅师原谅，白隐禅师笑着说："这就是极乐世界。"

天堂并不是在须弥山顶，地狱也不在地下多深的地方，天堂、地狱都在世间，更确切地说，天堂和地狱都在众生的心里。同样的道理，佛也不在西方极乐世界，而是在每个人的清净自性里。

懂得了自心是真佛的道理，就不会盲目地向外求佛。早期禅宗的寺院里甚至连佛殿都没有，因为佛殿里的佛像只是一些木偶罢了，怎么能代表佛呢？丹霞禅师曾经把佛像劈了生火取暖，并且说佛像里面没有舍利，那么真正的舍利在哪里呢？禅宗的回答是：真正的舍利在自己的心里。

八

经文

“吾今留一偈，与汝等别，名自性真佛偈。后代之人，识此偈意，自见本心，自成佛道。”偈曰：

真如自性是真佛，邪见三毒是魔王。

邪迷之时魔在舍，正见之时佛在堂。

性中邪见三毒生，即是魔王来住舍。

正见自除三毒心，魔变成佛真无假。

法身报身及化身，三身本来是一身。

若向性中能自见，即是成佛菩提因。

本从化身生净性，净性常在化身中。

性使化身行正道，当来圆满真无穷。

淫性本是净性因[①]，除淫即是净性身。

性中各自离五欲，见性刹那即是真。

今生若遇顿教门，忽悟自性见世尊。

若欲修行觅作佛，不知何处拟求真？

若能心中自见真，有真即是成佛因。

不见自性外觅佛，起心总是大痴人。

顿教法门今已留，救度世人须自修，

报汝当来学道者，不作此见大悠悠[②]。

师说偈已，告曰：“汝等好住，吾灭度后，莫作世情悲泣雨泪，受人吊问，身著孝服，非吾弟子，亦非正法。但识自本心，见自本性，无动无静，无生无灭，无去无来，无是无非，无住无往。恐汝等心迷，不会吾意，今再嘱汝，令汝见性。吾灭度后，依此修行，如吾在日。若违吾教，纵吾在世，亦无有益。”复说偈曰：

兀兀不修善，腾腾[③]不造恶，

寂寂断见闻[④]，荡荡心无著。

注释

①淫性本是净性因：淫欲染污之性，生自性清净法身之因地。

《维摩经·弟子品》："不断淫怒痴，亦不与俱。不坏于身，而随一相。不灭痴爱，起于明脱。"注，肇曰："断淫怒痴，声闻也。淫怒痴俱，凡夫也。大士观淫怒痴，即是涅槃。故不断不俱。"

《增一阿含·九》："盖屋不密，天雨则漏；人不惟行，漏淫怒痴。盖屋善密，天雨不漏；人能惟行，即无淫怒痴。"

②不作此见大悠悠：此见，指顿教法门而言。悠悠，悠忽度日，无精进功夫也。

③腾腾：自在无所为貌。

④寂寂断见闻：寂寂，安静貌。断见闻，断之于安静之中也。

译文

我现在留下一首偈颂，与你们告别，此偈叫作自性真佛偈。后代的人，如果了解了此偈的旨意，自然能够见到自然的本心，自然能够成就佛道了。"偈颂说：

真如自性是固有的真佛，邪见三毒是干扰的魔王。

邪迷时魔王以我心为舍，正见时真佛自坐在心堂。

性中起邪见三毒同时生，就是魔王到来住住心舍。

有正见自能除去三毒心，那魔王亦变成佛真不假。

不论是法身报身或化身，三身本来是出自一性身。

若向自性中能自见三身，就是即心成佛的智慧因。

本是从化身上生清净性，清净法性身常在化身中。

净性能使化身行于正道，将来报身圆满功德无穷。

淫性邪乱本以净性为因，除去淫欲就是净性法身。

性中无染各自远离五欲，见无染性瞬间见佛是真。

今生如能遇到顿教法门，忽悟自性亲见真佛世尊。

若想修行造作觅求成佛，不知要向何处打算求真？

如能在自心中自见其真，有此真性便是成佛之因。

倘不见自性而向外觅佛，起此心念者总是大痴人。

顿教法门现在已经传留，要度世人必须先行自修，

告诉你们及将来学道者，不作此见悟蹉跎空悠悠。

六祖说完了偈颂以后，告诉大众："你们以后要好好地安住，我灭度以后，不可和世情一样悲伤涕泣，堕泪如雨！如受人吊祭慰问，身上披着孝服，就不是我弟子，也不是如来的正法。只要能见识自己的本心，能见到自己的本性，就没有动也没有静，没有生也没有灭，没有去也没有来，没有是也没有非，没有住也没有往。唯恐你们仍然心中迷惑，不能够领会我的旨意，现在再叮嘱你们几句，使你们能够识见自然本性。我灭度以后，便可依这嘱咐修行，就好像我在世的日子一样。倘若违背我的教法，纵使我在这世间，对他也是没有什么益处。"所以再说一首偈语：

兀兀不动既不修善，腾腾任运了不造恶，

寂寂静中断灭见闻，荡荡空心无所执着。

智慧解析

惠能大师在入灭之前，最后一次强调了南宗顿教最根本的宗旨：自性见真佛，开示了《见真佛解脱颂》，并且说，后世迷失了自我的人，一旦领悟到这首颂的意义，就可以把握到自己的本性，从而能真正成就佛道。

所谓的“清净法身佛”“圆满报身佛”“千百亿化身佛”，其实都是一身，众生自身就是三身佛的合体。众生的本来自性是清净无染的，所以自己就是“清净法身佛”“圆满报身佛”，就在众生证得的智慧中，清净无分别的最终本性本来就寓含在这“千百亿化身佛”之中。只要一心清净无碍，三身佛立刻就归于一身。

顿悟成佛是惠能大师和南宗禅最有特色的地方，“今生若遇顿教门，忽悟自性见世尊。”一旦开悟，成佛就是很简单的事情，如果不明白顿悟之理，成佛就比登天还难，执迷不悟的人想通过累世的修行而成佛，就是不懂顿悟法门的表现。如果能在心中自己发现真正的本性，那么这真正的本性就引导自己成就佛道。自己不在心中寻求真佛，却向西方寻找，就是南辕北辙，离成佛会越来越远。

菩提达磨把顿教大法从西方传入中土，其目的是为了救度世人。而世人要想获得解脱，就必须自己修行，现在惠能大师把修行的道理讲解得很清楚了，想要解脱的人如果还不能按照这个道理修行，那就太虚度岁月了。

九

经文

师说偈已，端坐至三更，忽谓门人曰："吾行矣！"奄然迁化。

于时异香满室，白虹属地，林木变白，禽兽哀鸣。

十一月，广、韶、新三郡官僚，洎门人僧俗，争迎真身，莫决所之。乃焚香祷曰：香烟指处，师所归焉。

时香烟直贯曹溪。

十一月十三日，迁神龛[1]并所传衣钵而回。

次年七月出龛，弟子方辩以香泥上之。

门人忆念取首之记，仍以铁叶漆布，固护师颈入塔；忽于塔内

白光出现，直上冲天，三日始散。

韶州奏闻，奉敕立碑[2]，纪师道行。师春秋七十有六，年二十四传衣，三十九祝发，说法利生，三十七载。嗣法四十三人[3]，悟道超凡者莫知其数。达磨所传信衣，中宗赐磨衲宝钵，及方辩塑师真相，并道具[4]，永镇宝林道场。留传《坛经》，以显宗旨，兴隆三宝，普利群生者。

注释

①龛：塔也，塔下室也。此神龛非指塔与塔下室而言，乃指禅龛而言也。俗谓供佛之小室曰佛龛，亦其类也。

案：龛形如轿。三面合木，一面为户，禅者端坐于中习静。禅堂中恒置之。

②立碑：王维、柳子厚、刘禹锡及宋兵部侍郎晏殊等俱有碑记。晏殊碑记文今佚。

③四十三人：见《传法正宗记·七》："大鉴所出法嗣，凡四十三人。其一曰西印度旭多三藏者，一曰韶阳法海者，一曰庐陵志诚者，一曰匾檐山晓了者，一曰河北智隍者，一曰钟陵法达者，一曰寿州智通者，一曰江西志彻者，一曰信州智常者，一曰广州志道者，一曰广州印宗者，一曰清源山行思者，一曰南岳怀让者，一曰温州玄觉者，一曰司空山本净者，一曰婺州玄策者，一曰曹溪令韬者，一曰西京光宅慧忠者，一曰荷泽神会者，一曰韶阳祇陀者，一曰抚州净安者，一曰嵩山寻禅师者，一曰罗浮定真者，一曰南岳坚固者，一曰制空山道进者，一曰善快者，一曰韶山缘素者，一曰宗一者，一曰秦望山善现者，一曰南岳梵行者，一曰并州自在者，一曰西京成空者，一曰峡山泰祥者，一曰光州法净者，一曰清凉山辩才者，一曰广州吴头陀者，一曰道英者，一曰智本者，一曰清苑法真者，一曰玄楷者，一曰昙璀者，一曰韶州刺史韦据者，一曰义兴孙菩萨者。"

④道具：凡三衣什物一切资助学道之身之具名道具。

《华严经·入法界品·宝髻长者章》："修无分别功德道具。"

《释氏要览·中》："道具，《中阿含经》云：'所蓄之物，可资身进道者，即是增长善法之具。'《菩萨戒经》云：'资生顺道之具。'"

《天台别传》："衣钵道具，分为两份。"

译文

六祖说完了偈句后，就端正坐到那三更时分，忽然又对门下的弟子说："我去了啊！"忽然间就迁转坐化了。

当时，奇异的香气充满了室内，天空中白虹连到了地面，树木森林变成了白色，飞禽走兽也都发出了哀鸣。

开元元年十一月间，广州、韶州、新州三郡的官僚以及门下的出家和在家弟子，都争着迎请六祖大师的真身去供养，无法决定所去的地方。于是焚香祷告说：香烟指向的地方，就是师父的归所！

当时，香烟一直贯向曹溪方向。

是年十一月十三日，他们便把六祖坐化的神龛以及六祖当初承的衣钵等迁了回来。

次年七月二十五日，六祖的肉身出龛，弟子方辩用香泥涂上六祖的真身。

这时弟子们忆起六祖曾经说过"取头"的预记，于是先用铁片和漆布围护六祖的颈部，然后送入塔内供奉。六祖真身入塔时，塔内忽然出现一道白光，直冲天上，经过了三天以后才消散。

韶州刺史把六祖的事迹报告给朝廷，皇上就敕令立碑纪念六祖的道行。六祖大师世寿七十六岁，在二十四岁时受五祖衣钵，三十九岁时披剃受戒，说佛法利群生共有三十七年，得法嗣法的有四十三人，其他开悟真道超凡的就不知其数了。达磨祖师所传以为凭信的祖衣、唐中宗御赐的磨衲、宝钵以及方辩所塑的六祖法相，连同大师所用的道具等，永远作为宝林寺的镇寺之宝。流传《法宝坛经》，用以显扬顿教禅门的宗旨，兴隆佛、法、僧三宝，普遍利益一切众生。

智慧解析

禅宗的一切理论最终都落在人的自心上，对生死的看法也不例外。禅宗认为，生死与涅槃只是人生的两种境界：一心若迷，便永远会在六道中轮回；一心若开悟，便立刻脱离了生死。涅槃不需要脱离世间，只要自心清净，在世间照样可以涅槃。

禅宗认为，如果在日常生活中能没有种种妄念，就不会被世俗的快乐所迷惑，虽然人还在世间，但是已经出离了生死。人的身体只不过是因缘和合而成的一种假相，其自性都是空的。一般人认为死后身体会毁灭，但是在禅宗看来身体本来就空。《心经》上说，一旦向内心观照到一定的程度，就能发现五蕴皆空的真实本性，到了那个时候诸法不生不灭，再也没有了生与死的对立，因为在虚空中已经无所谓生死了。

正因为惠能大师明白生与死的真相，所以在预见自己即将入灭时十分平静，不但自己没有任何悲伤，而且仍然一如既往地嘱咐弟子弘法，以开示更多的人。

唐玄宗先天二年，惠能大师在新州国恩寺预见到自己即将入灭，便事先向弟子们嘱咐以后的各种事情。在嘱咐完弟子继续弘扬南宗顿教法门之后，惠能大师于八月三日三更时奄然迁化，当时寺里弥漫着奇异的香味，几天之后才散去；山崩地动，林木变白，似乎都在为惠能大师送行。三个月之后，新州的国恩寺、广州的法性寺、韶州的宝林寺都想把惠能大师的真身迎去供养，但最后真身还是回到了曹溪。人们把惠能大师的肉身放入龙龛里时，出现了直上云霄的白光，白光一直持续了三天才散开。

惠能大师虽然不识字，但是他对中国佛教的影响却是十分巨大的。禅宗的机锋公案、传灯录、法统的传承、丛林制度、亦农亦禅的宗风等都可以在他这里找到根据。因为其对佛教的巨大影响，惠能大师可称当之无愧的大思想家。

目录

心经

坛经

心 经

《心经》又被称作《般若波罗蜜多心经》，《般若心经》或《心经》是它的略称。全经仅仅只有一卷，260个字。是从《大品般若经》的600卷中提取出来的一节，被后世认为是整个般若经类的内容提要。该经曾被翻译成七种汉译本，其中最为有名的是后秦鸠摩罗什所译的《摩诃般若波罗蜜大明咒经》和唐朝玄奘法师所译的《般若波罗蜜多心经》。

《般若经》有《放光般若》《光明般若》《道行般若》《胜天般若》《胜天王般若》《文殊问般若》《金刚般若》《大品般若》《小品般若》八部经书。本书所用的《般若波罗蜜多心经》则由浅入深地将《大品般若》的义理精要全部概括了。真可谓是言简而义丰，词寡而旨深。古代学者皆认为读此经可以了解般若经类的基本精神。

经　文

观自在菩萨，行深般若波罗蜜多时，照见五蕴皆空，度一切苦厄。舍利子。色不异空，空不异色；色即是空，空即是色；受、想、行、识亦复如是。舍利子。是诸法空相，不生、不灭、不垢、不净、不增、不减。是故空中无色，无受、想、行、识；无眼、耳、鼻、舌、身、意，无色、声、香、味、触、法；无眼界乃至无意识界。无无明亦无无明尽，乃至无老死亦无老死尽。无苦、集、灭、道，无智亦无得。以无所得故，菩提萨埵依般若波罗蜜多故。心无挂碍；无挂碍故，无有恐怖，远离颠倒梦想；究竟涅槃，三世诸佛，依般若波罗蜜多故，得阿耨多罗三藐三菩提。故知般若波罗蜜多，是大神咒、是大明咒、是无上咒、是无等等咒。能除一切苦，真实不虚，故说般若波罗蜜多咒，即说咒曰：揭帝揭帝，般罗揭帝，般罗僧揭帝，菩提僧莎诃。

释题篇

题目

般若[1]波罗蜜多[2]心经[3]

注释

①般若：梵语的音译。或译为“波若”，意译为“智慧”。佛教用以指如实理解一切事物的智慧，为表示有别于一般所指的智慧，故用音译。大乘佛教称之为“诸佛之母”。这个般若，全是说心的妙用。上自佛，下至众生，无不由此而成佛道，了生死，度苦厄。论其性体，是不生不灭的金刚；论其相貌，却是无形无状的实相；论其妙用，乃是不可测知的圆通神妙。这个般若，是人人有份的，佛和众生都是平等的；不过佛是开了般若慧，众生则是有而不开，被无明蒙住。

②波罗蜜多：意为“度”“到彼岸”。亦即意在说明“度生死苦海，到涅槃彼岸”。所谓“彼岸”是对于“此岸”而言的。生死便喻“此岸”。它指三界内的众生由于妄念邪心而造业，因而不得不轮回于生生死死当中，永住于烦恼苦海中。只有修行才能摆脱轮回，永超生死地。

“三界”，指欲界、色界、无色界，共有二十八重天。下面六重为欲界。所谓“欲”，指的是男女、饮食、睡眠三者。中间的十八重为色界，居于此界当中者已经离于三欲，但又保存了“质碍色身”，仍然离不开物质元素。是故众生，虽然有色欲等，但已经不必非有“物质基础”了。至于那上面的四层属于无色界。居于此界的众生则没有形色，他们已经修成了“空”与“定”。较之此一境界更高的则是所谓“涅槃”。就佛教说，可以认为涅槃境界是一种比喻的说法，它仅指超出生死轮回世间，摆脱人生有限性和相对性。以传统说法，指的是因修道而超出三界的圣人，他已经处于一种不生不灭的状态，获得了不受垢染，永远安乐的寂灭之体。

“波罗”，佛教中的意思为彼岸。

③心经：“心经”的“心”，意为“核心”“纲要”“精华”，言下之意是说，此经集合了六百卷般若大经的“精要”而成。

由来

在佛教三千两百部经典中，以这部《般若心经》在华夏大地上流传最广。无论是在乡野，还是在闹市，都可以听到它的吟诵声。人们耳熟能详的“色不异空，空不异色；色即是空，空即是色”就是出自这部经书。为什么《心经》能在那么多的佛教经书中脱颖而出呢？这或许和它的传奇由来分不开。现在流传最广的一个故事版本是玄奘法师得到《心经》的过程：

相传，唐太宗时，有一位国师名叫玄奘法师，在家姓陈，十二岁时跟随

哥哥出家。出了家后，读一切佛家经典，有些经典是鸠摩罗什法师翻译的，有些经典是别的法师翻译的，他对其中的有些语句产生了怀疑，很想到印度去取经。

后来在四川成都挂单时，遇到一位老和尚，身生疥癞，人皆不敢近，唯有年轻的玄奘法师以一颗同情心来侍奉他，为他洗脓血、涂药。不久，这老和尚的疥癞痊愈了。老和尚非常感激他的调治之恩，无以为报，唯有一部经书，可以口传给他，就是这一部心经，一共二百六十字，念了一遍，玄奘法师便记在了心里，后来把它翻译了出来，一个字也没有更改；鸠摩罗什法师也曾翻译这部心经，名叫《摩诃般若波罗蜜大明咒经》，有如是我闻等语，但不及老和尚传给玄奘法师所说的那么简洁、流利、清楚，那位老和尚又是什么人呢？他就是观音菩萨。

玄奘法师后来到印度取经，经过八百里沙漠，上无飞鸟，下无走兽，中间无人，唯多鬼怪。每次遇到危难时，只要诵念此经，在迷路的时候，就会有人前来指引；没有食物的时候，眼前就会出现食物供他享用；而且在路上遇到的那些鬼怪念任何经都不能降服，但只要一念《心经》，所有邪魔鬼怪就会隐藏起来。倚仗着心经的功德神力，玄奘法师成功地到达印度，并在十五年后回到中土，专心翻译经典。

还有另一个版本，说的是玄奘法师在西去取经的路上经过一荒废寺庙，见一僧人卧病在床，无人照料，心下便生怜悯，于是留在僧人身边照料服侍。在照料期间的言谈中，僧人得知玄奘法师要前往天竺等国学法取经。该僧人感慨说："将自身置于不顾而一心求法，这样的人太少见了。但取经之路艰难

险阻，危险异常，你就这样上路是非常危险的。我这里有一部经书，如果你能持之西去取经，定能在路上将你守护周全。”就这样把《般若波罗蜜多心经》口授给了玄奘法师。

僧人病好后，玄奘法师准备第二天早晨开始上路。然而到了第二天早上，却不见了僧人的踪影，但玄奘法师还是打点行装上路了。

经历千难万险，玄奘法师终于到达了天竺的那烂陀寺。在围塔诵经的过程中，玄奘法师再次见到了那位僧人。僧人对玄奘法师说：“很高兴看到你凭借我当日教你的经法成功来到此地。我就是观世音菩萨，今后我将保佑你早日实现取经的目标。”说完腾入虚空不见了。

这就是《心经》的传奇来历。当然，关于《心经》的传说并不只有这些，但有一点可以肯定的是，在所有关于《心经》的故事中，都强调了它的无穷法力和神奇。看来《心经》的盛行，不只是因为它的言简意丰，还与它的传奇神力有关。

智慧解析

在佛教的三藏十二部为数近万的经典中，《心经》是一卷字数最少、内涵最深、流传最广的经典。《大般若经》20万颂、640万言的精要，全都浓缩在《心经》短短的260字中。《心经》是佛法的纲领。整个佛法以大乘佛法为主体、为中心，大乘佛法又以般若类经典为主体、为中心，般若类经典则以此

经为主体为中心，所以名为《心经》。

对中国文化产生巨大影响的《心经》，既是《大般若经》的精华，也是佛法的总纲领。《心经》中五蕴皆空、色空相即、诸法空相、了无所得的般若空观，深刻影响了禅宗破除五蕴执着、圆融真空妙有、体证澄明自性、彻见本来面目的思想。禅宗汲取《心经》精髓，并通过诗歌偈颂的形式，传达对《心经》般若空观的透彻之悟，流漾着玲珑透彻、色相俱泯的风致。般若空观剔除了感官的粘滞性，超越了物质声色的世界，以跃入澄明自在的审美情境，与禅的终极关怀合若符契，对于追求诗意的栖居的当代人文精神之人士，也具有深刻的启迪作用。

《心经》中的般若思想作为大乘佛教的理论基础，在佛教思想史上有着重要的地位。般若真空与涅槃妙有，构成了禅宗思想的两大源头。禅宗汲取《心经》精髓，深化了禅宗思想、禅悟思维，并通过诗歌偈颂的形式，传达对《心经》般若空观的透彻之悟，从而使得流宕着般若慧光的禅宗诗歌，呈现出玲珑透彻、色相俱泯的风致，成为禅林诗苑的妙胜景观。

《般若波罗蜜多心经》这个经名（或者叫经题）是由三个部分组成的，“般若”“波罗蜜多”“心经”。有的人把它理解为“般若波”“罗蜜多”“心经”；又有的人把它理解为“般若波罗蜜”“多心经”；还有的人把它理解为“般若”“波罗蜜多”“心”“经”。这样的理解都是不对的。“般若波罗蜜多”，是梵文音译，即古印度语的原来语音直接用同音汉字表达，此为译音不译义。“心经”，是梵文意译，即根据古印度语的原意用汉字表达，此为音义俱译。“般若波罗蜜多心经”之中的“般若”，意思近似于汉语中的智慧一词。不过这种智慧不是一般平凡人的那种智慧，般若智慧不是普通的智慧，是指能够了解道、悟道、修证、了脱生死、超凡入圣的这个智慧。这不是普通的聪明，这是属于道体上根本的智慧。所谓根本的智慧，就是超越一般聪明与普通的智慧，从而了解形而上生命的本源、本性。这不是用思想得到的，而是身心两方面整个投入求证到的智慧。这个智慧才是般若。所以“智慧”两个字，不能代表般若的整个含义。

"般若"两个字要解释成汉语，可以解释成许多字，但只有"通达世间法、出世间法，融通无碍，恰到好处，而又不执取诸法的大智慧"才能将其中包含的意义表达出来。因为世间法人事等都是佛法。佛是觉义，能觉悟世上一切人情世故。尽了人道，才可成佛。总之，入世出世，只是一心，颠倒烦恼，贪嗔痴迷，是六道众生的心；如能空净自在，不固执，便是佛、菩萨的心。所以离世法，便没有佛法；离了般若，便只有作孽受苦的份了。

"波罗蜜多"则说要度到彼岸，超脱生死轮回，到达究竟涅槃的彼岸。彼岸在这里只是一种比喻的手法，对证悟者来说，根本就不存在此岸和彼岸。如果非要说有的话，那么沉迷其中、乐而忘返则是此岸，破灭幻想、超越生死则视为彼岸。迷失此岸的根本缘由在于一心，只要一朝顿悟，便可正觉涅槃，到达彼岸。其中"波罗"是汉语彼岸的意思，"蜜多"是汉语到了的意思。因此"般若波罗蜜多"即观照诸法实相，而穷尽一切智慧之边际，度生死此岸至涅槃彼岸之菩萨的大智慧。

那么心是什么呢？"心"被许多学者认为含有两种意义：一是说因般若为诸佛之母，此经又是大般若经的心要，浓缩了六百卷大般若经的要义，不但展示了大般若经的中心思想，同时还阐明了般若真空的妙理，可以说是般若的核心，故称心。二是指真心。此真心，是万法之始，众义之宗；亦是诸佛所证，众生所迷。大般若经所诠释的毕竟空，以及本经所说的诸法空相，亦皆显示此真心。众生执着于真心，认为是真实的我，或是真实的法。我们通过整篇的了解，可以说"心"是个影子，不能说有，更不能说无。所以无形体，不过是六根（眼、耳、鼻、舌、身、意）和六尘（色、声、香、味、触、法）相对起了认识，即六识（眼识、耳识、鼻识、舌识、身识、意识）。心同外境集合而缘起的幻影，即名为幻心；心中起的道理，叫作幻法；抓住幻我成了幻见，于是成熟了，就有了六道生死。但造成这个生死的是幻心，要开般若智慧了脱生死还是要用这幻心；成到佛（涅槃），也是用这幻心，但既然知道是虚幻不真实的，那么就有了幻心所造成的幻法，一切人事、六道生死涅槃也一样都是虚幻不真实的。由此便可觉本来没有生死，都是虚妄造作。

既然没有生死，那么便用不着涅槃了，因此也就有了诸法空相、涅槃生死等空幻。然而又为什么分真心和妄心呢？这是对于初学的人来说的。其实心根本就没有，更是不可得的，又哪儿来的什么真和妄。然而幻心不去除的话，人事上一切的幻用就不可能作废，因此划分出了真心和妄心。真心指的是无心之心，什么叫无心之心呢？即不起念时，见闻觉知仍旧是了了，无分别，寂然不动的，这就是真心；假若一时起了念，将人事分别了出来，则可以心不颠倒，也不随波逐流，顿然归到无心本位，这指的还是真心。但如果念念逐流，便会渐入迷途，这便是妄心。通过以上阐述，我们可以看出第二种“心”的解释比较接近原文的意思。

“经”也可以理解成很多意思：如“路”，指示我们回归的真心之路；“法”，一切找回真心的方法；“贯”，贯通前后的义理；“契”，契合各人的机、各事的理，这几种解释都是解释得通的。现在二百六十个字的《心经》，是文字的般若，将指引我们观照般若的方法，我们依照此经去做的话，将可以求证实相般若的究竟。

因为这部心经告诉我们的就是觉悟的方法，用智慧来观照心是什么？苦厄又是什么？又怎样将心回归到清净寂灭的无心之心的本位，所以名为《般若波罗蜜多心经》。

五蕴皆空篇

经文

观自在菩萨[1]，行[2]深[3]般若波罗蜜多时[4]，照见[5]五蕴[6]皆[7]空[8]，度[9]一切[10]苦厄[11]。

注释

①观自在菩萨：即世人所说的观世音菩萨。

②行：心行，心中起种种妙观妙行的大用，做种种自利、利他二事业。

③深：释为有极深的修行功夫，已达到甚深境界。

④时：即时候。这个字很重要，显明到达了这个境界的时候，也正是达到果位的时候，已经可以断除一切烦恼，度尽苦厄，无牵无挂了。更

点明了下两句“照见五蕴皆空，度一切苦厄”之后的意境，说出了大自在的光景，因此不可将其忽略。

⑤照见：是观照彻见之义，即以般若智慧体察一切事物皆是因缘和合而成的。

⑥五蕴：实指色蕴、受蕴、想蕴、行蕴、识蕴五者。“蕴”旧译为阴或众。意义是积聚，五蕴即是五种聚合。

⑦皆：统统包尽无余，就是一切的意思。不但人空，法亦空，连照见亦空。因为照见亦是五蕴，所以称皆。

⑧空：此处所说的“空”并不等于“没有”，而是指一切事物都是在变化着的，是幻化不实的，其存在有如我们晚上做梦一样。意译为空无、空虚、空寂、空净、非有。

⑨度：超脱、渡过之意。指从此处渡经生死迷惑之大海，而到达觉悟之彼岸。出家为觉悟之第一步，故称出家为“得度”。

⑩一切：指将所有的一切包尽无余，凡有相、无相，人我、法我种种苦厄都蕴含在其内。

⑪苦厄：苦，是苦恼，能逼恼身心。厄，是灾厄，是指祸患险难。苦厄就是逼恼身心的苦恼灾厄，这些都是因执着于五蕴不空所致。

译文

观自在菩萨潜心修习般若波罗蜜多，功行已达到了极其深妙的地步。他的智慧就像明镜那样，一切事物都能显现在其中；他的智光就像太阳那

样，可以将所有事物都照见。而所谓的五蕴都是因缘和合而成的，也就是作为物质的色境、随境的感受、因感受而起的思念、内心的意志取向以及针对世间所有万物的认知活动和观念，在般若智慧的观照之下，全部显现出本有的空相。由于相空，从而破除了一切造业受苦的根源；由于破除了造业受苦的根源，因而也就没有了烦恼，业惑也就不再起了，从而也就可以将一切灾难与苦厄度脱了。

智慧解析

"观自在菩萨"："观"作"观照""审视""审察"等解。此处并非指用眼观察，而是以心去"审视"，以心去调动眼、耳、鼻、舌、身、意六根，取其妙用。"自"，作"自己"讲；"在"，即"存在"。自在并不是自由自在，或逍遥自在。无可无不可的自在不是自由，自由是不肯受拘束的，但环境不如你的意思，便苦了。独有自在，便到处能安，自然地不受环境所困，一切好坏随缘；乐亦不喜，苦亦不恼，知道它是本来空，自己是可以主宰的。这个自在，是指大自在，是不住于法，不住于相，一无所住，自性本空为自在。起心即是妄，自性本来清净，也没有来，也没有去，即是自在。"菩萨"是菩提萨埵的简称，能自己觉悟，再能觉悟人的谓之菩萨。"菩提"汉译是"觉悟"，"萨埵"汉译为"众生"或"有情"（一切有感情的众生），全译是"觉有情"，它包括自觉和觉他两层意思，就是说，菩萨既是已经"觉悟的众生"，又是以觉悟他人为己任的有情。所以是人天的导师，为三界的善知者。三界是：一、欲界，由人的一部分下至五道；二、色界，指天道；三、无色界，指禅天。三界总是在六道中。菩萨分在家、出家、地前、登地、十地等觉，最高是一生补处菩萨，就是佛退位后，他来接位的，如中国的弥勒佛，西方的观世音大士。这个菩萨，是指十地等觉将登佛位的大自在菩萨。观自在菩萨是观世音菩萨的别名。

据大乘佛教讲，菩萨可以有在家与出家两种。菩萨有两种身，一为生死

肉身，一为法性生身。三贤位之菩萨，若未证法性，仍有惑业，受三界生死分段，身者为前者；证得无生法忍性，舍离三界生死肉身，得不生不死位。菩萨又有的称为“菩萨摩诃萨”，直译为“大觉有情”“大众生”。“摩诃”，意为“大”；“萨”为“萨埵”的略音。摩诃萨指有大心、能救度极多众生、使之得度脱生死的菩萨。

《大智度论》说，此种人心能为大事，其智能得大理；因勤修六度大行及一切大善，能修难修，能舍难舍，能忍难忍；经三大阿僧祇劫而行愿不退；唯以阿耨多罗三藐三菩提为所求目标。观自在菩萨，合起来说，就是能观照自心，不为世间或出世间的万物所动，心中常能住寂，又能悲天悯人，以大觉有情为己任，自己已经得到解脱无碍，并能使他人也得解脱无碍自在。

“般若”，略等于“智慧”。经文不译为智慧，而仍保留其梵音，称为“般若”，这是因为“智慧”只诠释出般若的部分意义，而不能代表般若全部的深远意义。般若是离一切妄相的无分别智，也是通达一切法性的无相智。它是超越相对，否定一切差别观，直透万法皆空的智慧。用般若慧眼来观照，五蕴等有为法顿然呈现出空虚的质性。《心经》的根本思想是运用般若进行澄明自在的禅悟观照。“观”是观照，是以般若直观照见诸法皆空而获得自在解脱。“观自在菩萨”是以澄明自在的审美襟怀观照宇宙人生实相的大彻大悟者。当他深入般若直观时，能够从烦恼秽浊的此岸，直趋安详清净的彼岸。

“般若波罗蜜多”：上面已经解释过了，说到这种功夫，是一步一步由浅

而深地达到的；先是初发心，行观照审察，这就要求自心常在，要扫除妄念，专住佛境，眼只见佛色，耳只闻佛声，身只对佛境，这样才能发见真心。知道所谓心想，无非是妄想攀缘的影子。无论能知、所知，在根本上都是不存在的，从其本性来说，它们既是空是假，又非空非假，是有是无，又非有非无。若能到此，可以说已经达到空境了，但犹未达到“空心”，进一步扫除妄情，观照现前的身心世界，一眼看透。一切意念也无非自心所现，浮光掠影，如水中月；一切声响，如风之过树；一切境界，如云在空中，都是幻化不实的。不仅外面的世界如此，内心的妄情也是如此。一切爱恨种子、习气烦恼也都是幻化不实的。于是起先要用意念来克服的心，现在就是不用心意守护也达到了空。一旦境也空，心也空，心境两忘，便升入了一个新的阶次。更进一步，连此境界也可以抛弃，便可以达到能空的心和所空的境都已经扬弃，这样的功夫由纯熟而转深，再勇猛精进，便可以最终使一切人为的妄念消除，生出妙智妙慧，达于涅槃彼岸。“行深般若波罗蜜多时”，也是得到妙观察智和无想慧的时候。但这也只是浅近功夫，进一步则要求在心得自然之后，又能在无意中作意念守持，不为外界所牵动。这里的意思就是说菩萨的功行，已到究竟地，登彼岸之上了。

“蕴”：积聚的意思。“五蕴”，也称为“五众”“五阴”，实指色蕴、受蕴、想蕴、行蕴、识蕴五者。

色蕴：色乃颜色，一切像都由色而显，故色、相相连，色有七大色相，

即赤、橙、黄、绿、青、蓝、紫，加上黑、白两大极端色，还有眼不见之净色。颜色亦有粗细之分，以上所说为粗，细心的人所能发现的何止千种，这些还是由颜色方面的专家去验证吧。那么色的产生，就有了人心所构架的静态长短、扁圆、粗细、远近、宽窄、高矮、大小等不同的形态。又因色的变化，动态就反映出了时间的过去、未来、现在、春夏秋冬、白天、黑夜。并且分辨出了今天、昨天、明天。又因为静动的外在变化，反映出了美丑、真假、善恶、实虚、男女、胖瘦等的分别。静动的内在变化显示了生死病变、有情、无情、七情六欲等思想的内在的不同变化所表现出的不同色相，而能见之。故一切物质皆是佛家所说之色。

受蕴：感觉、承受、心的领会、知觉、思想、身体神经的感觉，大脑的思维反应为受，更是心的情绪。受有苦受，乐受。好受就是乐受了，难受就是苦受了。顺境，顺欲而生的过程来了就高兴；逆境，不依照自己的情绪、欲望来的就苦恼，就是逆受，就为苦了。总之，心情不好，愁、忧、恼、怒、恨、怨、生气、老、死、病、离、败、坏、失都不好受。若高兴、顺心、感恩、喜悦就是好受了。

想蕴：心于所知境执取形象。即是看、听、接触东西时，会认定所对的境有一定的相貌，然后为它安立名称，生起认识的心理。

行蕴："行"是造作之义，行蕴是驱使心造作诸业，所造作的行为有善、恶、无记三种心理，称为心所生法，又称为心所。

识蕴：佛教对识蕴的解说有大、小乘的区别，在此依据大乘的分类来解

说：识蕴分为八识，它又可分为三类：一者为心，它集起诸法，并能生起种种的法，此即第八识——阿赖耶识。二者为意，它恒思量，即我们有一种心念，它一直执着有一个“我”，这就是末那识，称为意。三者为识，即是了别外境；能够知觉外面境界的心称为识。有时候，心、意、识总称为心，也称为识蕴；识能够知道外境，所以是能知的心。因为由它带动其他的心念，以它为主，故称心王，随它而生起的心念称为心所。

“空”是指一切存在事物中，皆无自体、实体、我等，这一思想便称作空。也就是说所谓的事物是虚幻不实的，或理体是空寂明净的。自佛陀时代开始即有此思想，尤以大乘佛教为然，且空之思想乃般若经系统的根本思想。空可区分为人空与法空两者。人空，意谓人类自己无其真实的实体或自我的存在；法空，则谓一切事物的存在皆由因缘和合而产生，因此也是没有实体存在的。天台大师智顗与嘉祥大师吉藏皆以小乘佛教所说的空来进行分析，也就是说观察分析一切事物而入空，因此被称为析空观。相对于此，大乘佛教针对小乘佛教的析空观而另立了体空观，也就是观察一切存在事物的理法的当体即是空之法。

佛经上所说的“空”，是空义，是性空，是本来空，是与一切万物相和合而成的，不是相对的，更不是没有的，而是有而空的。要明白这个空的意义，就要先明白以下的几点：所谓宇宙间一切形形色色，上至山河大地、日月星辰，下至一切用物、植物、动物和我的这个身体，都是有相相；还有我的思想、道理、人事、人情、情绪，都是无相相；一切都被包括在内，它的名字可以被称作色。因为以上的一切色，都寻不出一件是有独立自性的。我们先说有相的：用布来作为例子，我们都知道布是没有独立自性的，如果想要变成布，就必须要靠纱线的纺织而成；然而纱线也是不能自为纱线的，它还要依托于棉花；但棉花也不是自有的，还必须依托于种子；然而种子也是不能自种的，还需要赖以人工、天时、地肥；等等。先不说分析开来才是空，就是在未成布成纱之前，以及在有布有纱之后，它的本身都是由众缘和合而成的；因为是因缘生，所以就不会有实体，探求其究竟相，也是不可得的，身

体同样也是这样。因此一切的一切，是无自性、无实体、因缘生、不可得的，所以是性空。我们再来说无相的：我们以心来作为例子，心是什么？根本就不存在，只有集起来的才是心。譬如冬天的夜晚，人睡在温暖的被窝中，在这个时候就没有我的存在，也没有心的存在；假如被外在的声音惊醒了，这感觉到的便是由声音和我集合而起的心。其他的一切也都是这个道理，因此心也是无自性、因缘生、无实体、不可得的，所以是性空。因此便得出了物和心，无一不是空的结论。然而有而空，是幻有的，这是性空，是和一切的一切分不开的，不是在心物之外另外还有个空，也不是说这个是空的，那个就不是空的。因此说到色，就不能离开空，而说到了空，也就不能离开一切色。然而却要认明这是缘生幻有，还要切实知道这个空是因地本来空，是性空，并不是眼耳可以见闻的，其义是实空。

既然已经知道了一切的一切都是本空而幻有的，又为什么执取当它是实的呢？这世上的一切人和事，并不是可以废弃的，仍然需要随缘应付；更不是麻木无心，而是不要被其牵绊住，行云流水般到处自在才是真心空的表现。佛说的空也是这个道理。假如世上的人都能明晓空的道理，那么他的自然心就不会执取，那贪婪的心、嗔恨的心、痴迷的心也就不会再深入，天下间也就没有了极端的争夺。

“苦厄”起于生死。生死因结聚五蕴而有，因为不能将五蕴的虚假不真进行反观而造成的。由于在认识上有了这样的错乱，就难免感受痛苦而烦恼。痛苦烦恼而不得清醒的认识，便不免要起惑造业，结果便陷入了更深的魔道，因而轮回生死。如果现世执有五蕴，未来便会招致生死的苦厄。如果能够了达连五蕴都是虚假幻化的妄想，那么就可以扫除一切孽缘，自然

就可以得到心中的清净，也就可以生出智慧了，因此可以度脱一切的苦厄。这便是修行般若法所能达到的境界。身上的痛苦，心上的不安，有相和无相，粗细和微细，这些都是苦厄。这些也都是由心而起的——假若“我”没有心，那么苦就没有了住处；假若心没有彻见的话，厄也就没有了。不是不知，也

不是不受，而是因为有智慧知道本来就是空的，能够将知道的而当作不知道的，将能感受到的而当作不能感受到的。就像两个人同时遭受苦难，假如其中一个挡不住，便会苦上加苦，更会因苦而成病。但假如另一个无所谓，心不着意，毫不在意，也就没有苦厄灾难了。

这句话的意思是说“因修习了般若法门，功夫深久，生出了妙智妙慧，于黑暗中也有光明照耀，因而能够洞见一切诸法均为不实在，均为虚假。懂得了众生的五蕴对于菩萨的真心是有掩盖障蔽而使其昏昧的功能的”。此言心和

外境相蕴合，统名曰色。一个色字，包括五个字在内，并且包括外面一切有相相形形色色、里面无相相思想方面。外境原是色，而我的眼、耳、鼻、舌、身、意也是色；外色和内色接触了，就有了受；既受了，就要去想象它，这是想；想到了，心中一行转念，这是行；转出那知识来，就是识；所以受想行识四个也还是色，总是幻心幻起的作用，成就种种的幻法。这个五蕴，是众生造孽受苦成立六道生死的资本，但也是开般若、除习气、度苦厄、了生死的工具，也就是佛、菩萨成大觉、度众生的工具。同样要用五蕴，只是佛、菩萨能照见本空，可以善用，不被所迷，众生反被所缚；有在觉不觉、明空不明空之别，不要指定为不好的东西，反生了偏见。

深入般若直观的菩萨，照见“五蕴皆空”，这是《心经》的要旨。佛陀出世的本怀就是要使人认清宇宙人生的真相，解除身心的束缚，明心见性，获得自在。佛教宣称人人皆有佛性，只因无始以来为根本无明所覆蔽，以至于不能彰显。而这覆蔽真如佛性的就是五蕴，即构成我们身心乃至一切有为法的五种要素：色受想行识。其中色是一切物质现象，受、想、行、识是精神现象。因为五蕴是因缘所生法，而凡是因缘所生法，均没有实体，所以是空，能这样观察、体验，就可以“度一切苦厄”。众生苦难的根源在于把自己看成有实体性，以自我为前提，苦痛于是因之而起。若通达法性无我，则苦海波平、爱河浪息。佛教设立五蕴说的目的，即是为了破除众生的我执。洞悉五蕴皆空，就能高蹈浊世，在尘出尘，获得审美观照的澄明自在。

色空相即篇

经文

舍利子[①]。色[②]不异空[③]，空不异色；色即是空，空即是色；受[④]、想[⑤]、行[⑥]、识[⑦]亦复如是。

注释

①舍利子：即舍利弗，是此经的当机者，又作舍利弗多、舍利弗罗、舍利弗怛罗、舍利弗多罗、奢利富多罗、奢利弗多罗、奢唎补怛罗、设利弗呾罗等，释迦牟尼佛的十大弟子之一。其母为摩伽陀国王舍城婆罗门论师之女，出生时以眼似舍利鸟，所以命名为舍利；故舍利弗之名，即谓"舍利之子"。舍利弗自幼形貌端严，

年少时修习诸技艺，通晓四吠陀。十六岁时就能挫败他人的论议，诸族弟皆归服于他。幼时，即与邻村之目犍连结交，后因一次参加只离渠呵山的大祭，见到群众杂沓，心油然生无常之感，于是相约投六师外道中之删阇耶毗罗胝子出家学道。仅七日七夜即会通其教旨，成为其门人二百五十人中之上首，然舍利弗犹深憾未能尽得解脱。其时，佛陀成道未久，住于王舍城竹林精舍，弟子马胜比丘着衣持钵，入城中乞食。舍利弗见其威严端正，行步稳重，于是问所师何人，所习何法。马胜比丘乃以佛陀所说之因缘法示之，令舍利弗了知诸法无我之理。舍利弗旋即与目犍连各率弟子二百五十人同时到竹林精舍皈依佛陀。皈依佛陀后，常追随佛陀左右，破斥外道，论究法义，代佛说法，主持僧事，领导僧团。在佛陀弟子之中，舍利弗与目犍连被称为佛陀门下的“双贤”，是佛陀弘扬佛法的左右手。而舍利弗复以聪明胜众，因其持戒多闻，敏捷智慧，善解佛法，号称“智慧第一”。

“智慧第一”的舍利弗，在与《般若经》有关的众多经典中，经常扮演对话者。

②色：即形色、色身，也可以说就是一切有形有相有质碍的东西，简言之，就是一切物质形态。

③空：指的是虚空、真空。

④受：感受的情况，是五蕴之一。

⑤想：思想，五蕴之一。

⑥行：即一切行为活动，包括

语言、表情、动作及事物的变化、流动等，原为造作之意，为五蕴之一。

⑦识：五蕴之一，即众生的识别能力，此种能力有六种和八种的不同。六种是指眼识、耳识、鼻识、舌识、身识、意识，分别认识色（一切颜色及有形的物质）、声（一切声音）、香（一切气味）、味（一切味道）、触（一切冷、热、滑、硬等感觉）、法（一切思维活动）。八种则是在六种的基础上再加末那识和阿赖耶识。末那识主要是固执有一个实在的“我”存在，阿赖耶识则主要是保存我们思维及行为所留下的潜能（种子）。

译文

舍利子啊！那作为物质界的色本来就与空是一样的，那作为世间一切存在的本来之相，那作为存在之底蕴的空与任何物质形式也是一样的。其实，从现象反映本质的角度来看，色就是空；从本质依托现象的角度来看，空就是色。我们可以进一步推断说，五蕴的其他四者，即色之外的感受、想念、意志和意识，同那作为一切事物的本相的空同样是这种关系。因而也就可以这样说：受即是空，空即是受；想即是空，空即是想；行即是空，空即是行；识即是空，空即是识。

智慧解析

般若空观“五蕴皆空”旨在破除我执，并进一步破除法执。但破有易沉空，故经文在阐说“五蕴皆空”之义之后，接着又阐说了色空相即义：“色不异空，空不异色；色即是空，空即是色”，它表达了缘起性空的般若空观。

《心经》中最关键的一个字就是“空”。“色”指有形质的一切万物，“空”指事物的空性。“空”是实相，实然之相，实然本体。“空”是绝对的相待性。而相待性是世界的真相，是它的依止。世间一切事物无不具有相待性，从这个意义上说，无不依止于相待性，离却相待，也就是离却了“空”，事物就会堕入虚无，堕入真正的无根无据无着落之境地。

首四句实是一个意思，总是说色空不二的道理。所谓“不异”，与所谓“即是”，有着两层的道理：一层是粗浅的，就是“不异”。在粗浅处看的话，可以看到有一个色、有一个空，把这个色比作了这个空，这个空不异就是这个色。这里只是通过分析现象说它们是一样的，但本质上却还存在着不同，看得出来它们还是两种事物。一层是深密的，就是“即是”。是说如果从深处看的话，这个色即是空，这个空即是色。这里通过分析本质，清晰地了解到它们其实就是一个，说空即是说色，

说色即是说空。初说不异，说没有什么两样的，这是方便说；后说即是，是说它们其实就是一个，是不能分的，这是究竟说，而且说得斩钉截铁，毫不犹豫。因为万物虽有形和相，然而究其根源，就可以得出它们全都是因缘和

合而成的假相，因此就有了“色不异空”的说法。然而这个“空”并不是断灭顽空，而是真空，是色蕴的本体。青黄赤白、长短方圆等假相，正依本体而立，是本体的显现，所以称作“空不异色”。

简单来说，就是色虽然能够显现在人们的眼前，但却是没有实体的，因此说色不异空；虽然没有实在的本体却又能分明地显现在人们的眼前，因此说空不异色。世间的凡夫俗子或是执色，或是沉空，因此经文先以色空不异将其偏见破除。但“不异”的说法，仍有“相等”的含义，观念上仍然有色与空相对概念的存在。因此经文进一步说明色空的绝对等同，指出并不是灭色之后才是空，而是色的本身就是空。一切法的生灭有无，都因无自性的毕竟空而得以成立。

色空相即的理趣是大乘般若思想的精华。禅宗往往以向上一路的峻峭机锋，来逼迫学人彻骨彻髓地体证空性。从宗教修行的角度来看，体证色空相即，有三方面的积极意义。首先，可以消弭无明烦恼，避免由贪婪、执着滋生出来的种种恶念。玄觉大师曾经说过，修行者在洞悉肉质生命的虚幻，认识到色身即是空之后，就不会执着于“我”。并且不但“我”空，诸“法”也空（《永嘉集》）。其次，可以避免溺于枯木顽空之中。禅宗只承认水月镜花般的幻有空、真空，而不承认龟毛兔角式的

断灭空、顽空。“遣有没有，从空背空”（《信心铭》），把空变成名相，空不但不空，反而比有更容易使人起执。真空是将与有相对立的、将空也空掉的

空，是枯木生花、春意盎然的生命律动，是定云止水中的鸢飞鱼跃。第三，可以悲智双运，弘法利生。空境固然胜妙，但粘滞于空境，则非大乘所为。从了悟之境转过身来，入廛垂手，才是禅者生活的真正价值所在。

“色不异空，空不异色；色即是空，空即是色；受、想、行、识亦复如是”这句话，是对前面“照见五蕴皆空”的具体分析，因为前面只说“五蕴皆空”，但为什么“五蕴皆空”却没有做出解释。而这六句将前面留给人们的疑问解释开来，告诉人们为什么是空，这也是全经诸法皆空的第一步论证。假如不能“照见五蕴皆空”，那么后面的十二处空、十八界空、十二因缘空、究竟涅槃空便没有办法理解，这是证道顿悟的第一步。因为世间大多数的人都属于凡夫俗子，多沉迷于尘世间的种种幻想是非，为了避免人们被虚幻现象所迷惑而不得真知，更为使初学者清醒醒悟而故意安排的，所以不可将其忽略怠慢。而这也正是将其放在前面进行首要论证的原因。

诸法空相篇

经文

舍利子[1]。是诸法[2]空相[3]，不生[4]、不灭[5]、不垢[6]、不净[7]、不增[8]、不减[9]。

注释

①舍利子：此时要点到本来上，是紧要的时候了，故又呼其名而告之，是郑重的意思。

②诸法：是说一切法，就是心中缘起的种种道理，即五蕴诸法，也包含之后的六根、六识、十二因缘、四谛等。

③空相：指诸法皆空之相状，或是真空之体相。不是指空，更不是指有，乃是空所显现的真实相。

④生：本无忽有。

⑤灭：消失。

⑥垢：垢染。

⑦净：清净。

⑧增：增加智慧。

⑨减：减少烦恼。

译文

舍利子。这世间的一切事物和现象可以统称为诸法，都是由因缘和合而成的，当体即是空相，而这一切法的本相也都是空的。这空相既不会因为所谓的缘聚而生起，也不会因为所谓的缘尽而消失；既不会因为恶的因缘而垢染，也不会因为善的因缘而清净；既不能增加智慧，也不能减少烦恼。

智慧解析

《心经》为了使人不执着于虚幻的现象，开始就揭开五蕴皆空义。但非上根大器者听了之后，容易生起将现象与空性、生死与涅槃对立的倾向，从而厌离世间，沉空滞寂。为避免落入空相，《心经》接着又阐述了色空相即义，主张生死即涅槃，烦恼即菩提。但如果不能亲证空性，便又会流于色即是空、空即是色的表悟，从而圆融成执，是非不辨。为避免此种倾向，《心经》进一

步将人引到了对诸法空相的体证上。

“舍利子，是诸法空相”里的“诸法”，是指一切法，不是指特定的某几个法。佛学把一切法归纳为五蕴、六入、十二处、十八界。这里的“诸法”泛指一切法。“空相”的意思是虚幻不实，不是实有。这句话的意思是告诉舍利子一切诸法全部都是虚幻的，都是来自于感官上感觉出来的罢了，不是真实的。

“不生不灭”是佛经上最不容易让人了解的一句话，须知宇宙间一切一切连“我”的思想五蕴等，都是不生不灭的。因为一切是：（一）不自生，就像我们知道的布不能自生为布，是无自性的，须赖众缘和合而生。（二）不他生，不是单靠他缘，还不能离我这个布，所以也不是他生。（三）不共生。它也不是共生的，因为两面也都是缘生，两无实体，只是一个偶合，所以也不是共生。（四）不无因生，现在的假相，似乎是生，但必由因成果；没有可以成布的因，就没有成布的果。以此类推，一切的一切都是不生的，现在虽有相，终是生而不生的。既不生，即不灭，但现在的假相，却有个假灭，只是不自灭，如布烧成灰，布不能自烧，不他灭，虽有火烧，终不能离了布。不共灭、不无因灭都是一个理，是可以推想得到的。

“不垢不净，不增不减。”因为不生不灭，所以垢净、增减、长短、是非、好坏、来去，每一对都是因分别而缘生，统统是幻有而不可得的，所有的相，本来就是空相；因世事无一不由相对而成，苦恼也由相对而立。倘知根本是因缘生，无自性，无实体，不可得，根本是生而不生，不过暂时有这个虚妄

相，那又何必执为实体呢？既不执有，亦不废有；既一切法，离一切法；既此用，离此用；心如长空万里，包罗一切，自在无住，此是诸法空相的本来面目，亦即无心可心的本来面目。但众生久已不知其然，有全不知者是六道众生，半知者是二乘，知而未彻者是菩萨，都是有挂碍的。所谓有五部，有此岸，有入流，有中流，有彼岸而未登岸上种种。

“诸法皆空相”是告诫那些在佛法修为上已经前进了一步的人的，告诫他们不可以名利之心来顿悟佛法，因为在经上说有名利之心的人还不算悟道，而且是永远也达不到究竟涅槃、摆脱生死束缚、度人度已的最高境界的。这是为什么呢？这是因为《心经》的主要内容就是一个空字，五蕴空，十二因缘空，六根六尘空，诸法空，无所不空。如果不能将名利之心抛弃，不能无所不空，那么最终还是世间的一凡夫俗子，度已尚且不能够做到，度人简直就是天方夜谭了。只有“诸法皆空相”、名利皆粪土，才能度生死之海，到达生死之彼岸，达到究竟涅槃的完满境界。

以上五句，判为本来分，修行之人最为紧要的一点就在此，切勿将其忽略。

了无所得篇

经文

是故空中[1]无色，无受、想、行、识；无眼、耳、鼻、舌、身、意[2]，无色、声、香、味、触、法[3]；无眼界乃至无意识界[4]。无无明[5]亦无无明尽，乃至无老死[6]亦无老死尽。无苦、集、灭、道[7]。无智[8]亦无得[9]。以无所得故。

注释

①空中：指佛性遍布虚空。

②无眼、耳、鼻、舌、身、意：指的是佛性中没有实在的六根。眼、耳、鼻、舌、身、意被佛家称为六根，又作六情。指六种感觉器官，或认识能力。为十二处之内六处，十八界之六根界。即眼根（视觉器官与视觉能力）、耳根（听觉器官及其能力）、鼻根（嗅觉器官及其能力）、舌根（味觉器官及其能力）、身根（触觉器官及其能力）、意根（思维器官及其能力）。前五种又称五根。五根乃物质上存在之色法，即色根。有两种，

生理器官称为扶尘根，以四大为体，对取境生识仅起扶助作用，实际起取境生识作用者称为胜义根，以四大所生净色为性。对此，意根则为心之所依生起心理作用之心法，即无色根。据有部之说，前刹那之六识落谢于过去，意根即是引起次刹那六识之等无间缘。故六识之作用，须常以意根为所依（通依）。然前五识除依意根之外，另有特定之根为其所依（别依）；意识则仅依意根，并无其他特定之根。瑜伽行派等则由唯识义上说六根，主张六根、六境均为内识所变。又六根可视为人之身心全体，如法华经说读诵、书写经典，六根即可清净。根，是根本的意思。也就是说此六根是生起眼识、耳识乃至意识的根本。

③无色、声、香、味、触、法：指的是佛性中没有实在的六尘。色、声、香、味、触、法被佛家称为六尘，又作六贼。色尘即眼根（视觉）所触及的尘境；声尘，指耳根所能接收到的声波，是耳识所分别的对象。《俱舍论》卷一记载，声音大致可分为八种。依发声的物体有感觉与否，先大别为有执受大种因之声与无执受大种因之声。执受，是心、心所的异名。大种，指地、水、火、风四大种。凡是声音发自有情的四大种者，称为有执受大种因之声，如人的语言、拍手的声音等；凡是声音发自非有情的四大种者，称为无执受大种因之声，如佛陀以神通力变作化人的言语、录音带所发出的音声，或木、石、流水、落叶等所发的声音等。然后，再根据声音是有意义或无意义，而分为有情名之声、非有情名之声。更由不同物类发出的响声，给予人产生爱恶的情绪反应，又分为可意声、不可意

声。香尘又称香境，是鼻根所嗅的东西，鼻识所分别的对象。味尘，指舌根所尝的味道，是舌识分别的境界。《俱舍论》说味有六种：甘、醋（酸）、咸、辛、苦、淡。《品类足论·辩五事品》则将味分为可意、不可意、顺舍三种。触尘，指身根感觉的境界，是身识所分别的对象。《俱舍论》说触有十一种：坚、湿、暖、动、滑、涩、重、轻、冷、饥、渴。前四项属能造触，是依四大种（地、水、火、风）所产生的触，是一切触的所依；后七项属所造触，因所依的四大种增盛程度不同而有所差异。法尘指第六识（意识）所缘的对境，又名法处、法界。广义而言，指过去、现在、未来三世的一切诸法，也就是意根、意识对六尘全体的作用。尘，即是指境，即眼、耳乃至意识所认识的对象。

④无眼界乃至无意识界：指的是佛性中没有实在的十八界。界，此处是指人、宇宙、世界的构成要素之种类，大致说来由十八种组成，故说十八界。十八界分为眼界、耳界、鼻界、舌界、身界、意界、色界、声界、香界、味界、触界、法界、眼识界、鼻识界、耳识界、舌识界、身识界、意识界。其具体的内容是：六根（认识发起的根据）、六尘（认识的对象）、六识（认识的主体）。

⑤无明：没有智慧，即愚痴，不知四谛，不明世间、出世间因果规律。是十二因缘之一。

十二因缘具体的内容是：无明（没有智慧，即愚痴，不知四谛，不明世间、出世间因果规律）、缘行（错误的行为，即身口意的造作）、行缘识（六识，或指轮回的主体）、识缘名色（五蕴）、名色缘六入（六根）、六

入缘触（指六根与客观事物相接触）、触缘受（由六根与事物的接触而产生种种感受）、受缘爱（由感受种种事物而生起贪恋，即三爱身——欲爱、色爱、无色爱）、爱缘取（由贪恋而生起执着，即欲取、见取、戒取、我取）、取缘有（由执着而有烦恼，从而便有了生死的因——根据）、有缘生（由于造作了流转的因，生成有漏根身，即具足五蕴、诸界、六根、命根等）、生缘老死忧悲恼苦（有情生命衰竭，最终死亡，根身坏灭），这便是生死的流转。

⑥老死：老与死并称，又作老死支。十二因缘之一。指众生衰变及灭坏之位。依三世两重因果之说，生支、老死支为未来二果，于现在舍命后，正在形成新生命之一刹那间所集结之五蕴，称为生支；相对于此，生起识之刹那以后，名色、六触、受、爱渐增，乃至总异灭位，称为老死支。其中——老，是色、心之衰变；死，为寿命尽而灭坏。

⑦苦、集、灭、道：被佛家称为四谛。谛谓审实不虚之义，即指苦、集、灭、道四种正确无误之真理。此四者皆真实不虚，故称四谛、四真谛，又此四者为圣者所见知，故称四圣谛。

⑧智：即是“般若”，是指真智慧、能知的妙智。

⑨得：得到，为所证的佛果或是所求的境界。

译文

空是从无始以来便无动作、无变异、无生灭的。空原本寂然，是在时间序列上无从分辨的。所以说，从根本上看，这个空之中并没有物质之色，并没有感受、想念、意志和意识，也没有作为认知活动依据的六种官能，既没有眼、耳、鼻、舌、身、意所代表的视觉、听觉、嗅觉、味觉、触觉和知觉，也不存在那作为六种认识官能的对象的色、声、香、味、触、法，也就是形象、声音、气味、滋味、软硬、冷暖等，以及可以成为思想对象的一切事物；也没有六种作为认知官能的根器；没有六种作为认

知对象的尘境，也没有作为认知所得的六种意识。这便是从眼界开始数下去，直到意识界才结束的十八界。不仅空中没有十八界，也没有十二因缘；既没有从无明开始，直到老死而再生的生命过程，也没有超越生死的老死尽这一最终环节；不仅没有十二因缘，也没有认识人生本质，以及超越生命局限性的四谛道理，即没有知苦、断集、修道、证灭的圣教实践过程；没有根本的般若智慧，也没有凭借此智慧所证的佛果或是所求的境界。

智慧解析

《心经》在前面先举出不生不灭、不垢不净、不增不减来说明诸法空相，而且顺便指出，从菩萨证入空相的角度来看，“不生不灭”是指诸法性空，空并不是先有后无，或本无今有；“不垢不净”指空性在缠不受垢染，离缠也并不是所谓清净；“不增不减”指空性不因证而新得，不因不证而丧失。修行者悟入终极的空性，将离一切相，所以说，“是故空中无色，无受、想、行、识；无眼、耳、鼻、舌、身、意，无色、声、香、味、触、法”。为了揭示“诸法空相”的质性，经文先分别从六根、十二处、十八界等层次来说明。

《心经》先明十二处空。十二处也是佛教对一切法的分类，是把宇宙间的一切现象，总分为能取所取。能取是眼、耳、鼻、舌、身、意六根，所取是色、声、香、味、触、法六尘。佛教认为人们之所以能产生种种认识，是因为内有六根，外有六尘。根境和合而起识，根境都是缘生，没有自性，因此

也是空。见色闻声等作用，由能取的根与所取的境和合而起，故菩萨行深般若时，照见此十二处空。《心经》在观照十二处空后，再观照十八界空。能取的六根和所取的六尘，和合而发为六识，总成十八界。由于十八界是众缘合成，求其实性了不可得，故也是毕竟空寂。凡夫皆执十八界为实有之法，遂被十八界缠缚困惑。《心经》说十八界空，正是为了唤醒众人的痴迷。

在观照十二处、十八界之空性后，《心经》继续观照十二缘起性空："无无明亦无无明尽，乃至无老死亦无老死尽。"十二缘起，即无明缘行，行缘识，识缘名色，名色缘六入，六入缘触，触缘受，受缘爱，爱缘取，取缘有，有缘生，生缘老死。流转中的缘起法，其性本空，故经文说"无无明""无老死"。无明至老死是可以消除的，因此佛又说缘起的还灭门，"无明尽""老死尽"，是还灭的十二缘起。事物的生灭皆是由于因缘，都是因果现象，所以还灭门中的清净法也是缘起的。缘起性空，从"无明尽"到"老死尽"，也是空无自性，所以经文说："无无明尽""无老死尽"。

"无苦、集、灭、道"，这是声闻执取四谛法，因执取而心生挂碍。苦、集、灭、道，是名四谛，就是四种重要的道理。苦是身心逼迫不安。众生身有三苦：老、病、死。心有三苦：贪、嗔、痴。后世有三苦：地狱、鬼、畜生。更有三灾八难苦、坏苦、行苦、苦苦、不知足苦、不安命苦、心无寄托苦，这是苦谛。然而三界六道的生死苦果，无不由心和境集合而成，这便是集谛。灭是消灭的意思，断一切苦，归到清净寂灭。因为结业既灭，则无生死的患累，这是灭谛。但要灭除那集合的诸苦，必得有个道理，道是正道；

做到正道，必要助道，助其离一切苦，到涅槃乐，这是道谛。声闻执此法见以为究竟，所以分段生死，或者可了，但变易生死却不易了。倘能明晓本来就是空的，知此四谛法，不过是一时的缘生；不但是果上色空，而且是因上色空，只要不一心执取，便不会心生挂碍。

“无智亦无得。”这是菩萨的挂碍。菩萨执取六度万行诸法，以为确有智慧可得，有众生可度，有佛可成，于是心中便不免由此而生波罗蜜的行相。如果连微细的法见都不曾彻底除净，那么就永远到不了究竟涅槃地。此观能证智与所证理空。智是能观，得为所观；智为能得，得是所得。所证所得，从空有的角度来看，即为空性；从生死涅槃的角度来看，即为涅槃；从有为无为的角度来看，即无为。对此智与得，经文都说是“无”，这是般若的甚深体验。用语言文字说来有能知所知、能得所得的差别，而般若空观能所不立，能证之智与所证之理，也毕竟空寂。五蕴、十二处、十八界空，属于事；十二缘起、四谛，属于理。十二缘起、四谛是观理，“智”“得”是证果。事象与理性、观行与智证，在般若体验中，均是毕竟空寂。

最后“以无所得故”来作为总结的句子，极言上面五蕴、十八界、十二因缘、四谛法、六度智得一切本空，仔细推求，实无所得。

以上十三句判为法用分，说空了之后，般若法用自然启发便不会再受法的束缚了。

离弃正觉篇

经文

菩提萨埵[①]依般若波罗蜜多故。心无挂碍[②]；无挂碍故，无有恐怖[③]，远离颠倒梦想[④]；究竟涅槃[⑤]，三世诸佛[⑥]依般若波罗蜜多故，得阿耨多罗[⑦]三藐三菩提[⑧]。

注释

①菩提萨埵：简称菩萨，译作道众生、觉有情、大觉有情、道心众生。意即求道求大觉之人、求道求大心之人。菩提，觉、智、道之意；萨埵，众生、有情之意。与声闻、缘觉合称三乘，又为十界之一。即指以智上求无上菩提，以悲下化众生，修诸波罗蜜行，于未来成就佛果的修行者。亦即自利利他二行圆满、勇猛求菩提者。对于声闻、缘觉二乘而言，若由其求菩提（觉智）的观点来看，亦可称为菩萨；而特别指求无上菩提的大乘修行者，则称为摩诃萨埵、摩诃萨、菩萨摩诃萨、菩提萨埵摩诃萨埵、摩诃菩提质帝萨埵等，以与二乘区别，此指已登佛位的明心菩萨，又

名开士、大士。萨埵译为精进勇猛，堪以荷担如来事业的人。

②挂碍：牵挂，意谓由于物欲等无明牵挂的妨碍，所以不得自在的意思。

③恐怖：对死亡、天灾、天魔外道等的惊骇、担忧、畏惧等慌张不安。

④颠倒梦想：颠倒，意谓众生将因缘和合的现象认为是真实的，指不合理的思想和行为，是无明，是错乱。梦想，指在梦中之幻想，是一种虚妄不实的幻象。指的是凡夫在五蕴中产生的种种错误想望。

⑤涅槃：涅槃原是印度语，具称涅槃那，也被译作泥洹或抳缚南。它的意义，是包括了灭、寂、寂灭、寂静、灭度、无生等，而玄奘译为圆寂。在印度的原语应用上，指火的熄灭或风的吹散，如灯火熄灭了称为“灯焰涅槃”（见《俱舍论》卷六）。其后转指燃烧烦恼之火灭尽，完成悟智（即菩提）之境地。此乃超越生死（迷界）之悟界，亦为佛教终极之实践目的，故表佛教之特征而列为法印之一，称“涅槃寂静”。佛教以外之教派虽亦有涅槃之说，然与佛教者迥异。佛教大乘、小乘对涅槃之解释，同样众说纷纭。

⑥三世诸佛：即是过去佛、现在佛、未来佛。三世诸佛即统称世间所有的佛；统指出现于三世的一切佛。三世在此处含有“十方三世”的意思，所以又作一切诸佛、十方佛、三世佛。在佛教成立的时候，释迦牟尼佛被称作现在佛，而在释迦牟尼佛以前的一切佛被称为过去佛，在释迦牟尼佛以后成佛的被称作未来佛。

⑦阿耨多罗：无上，指所悟之道为无上大道。

⑧三藐三菩提："三藐"是正等（没有谁能与之等同）的意思，"三菩提"是正觉（没有谁能超过或等同其所觉之空性）的意思，合起来就是"正等正觉"的意思。菩提有三种，即声闻菩提（阿罗汉所得）、独觉菩提（辟支佛所得）、阿耨多罗三藐三菩提（佛所得）。

译文

由于并不存在智慧要把握的对象真理，所以菩萨修行般若波罗蜜多的胜妙法门就是要实证这一无所得的境地，这也就是依止般若波罗蜜多修行法门的本意。因为依止般若波罗蜜多，将会无所不了，将会心中任运自在，而不再有牵挂滞碍。因为没有了牵挂滞碍，因此就会不再有恐慌畏惧，也就远远地离弃了关于一切事物的颠倒和幻想。离弃了关于众生所处

境地的幻想，就达到了究竟的涅槃境地。十方三世的所有佛世尊，也都是如此依止般若波罗蜜多的胜妙法门修行的，因为依止了般若波罗蜜多的智慧法门，才能得到无上正等正觉的佛果。

智慧解析

“究竟涅槃”，意思近似于汉语的彻底寂灭。这段话用现在的语言表达就是：因为没有什么可以得到的缘故，菩萨按照他的智慧而心里没有牵挂，由于心里没有牵挂的缘故，就没有了恐惧和胡思乱想，内心宛若止水一样极为平静。这个世界，这个宇宙既然一切都是虚幻不实的，那么就无所谓得、无所谓失。今天破财了，并不是真的破，而是感知上的破；明天发财了，也并非真的发财了，而是感知上的发，是我们自己的感官在起作用，真真正正是在自欺欺人！能够明白这个道理，还有什么能让我们恐惧和胡思乱想的呢？一切随遇而安就是了。

“依般若波罗蜜多故”，他因为依自性的金刚般若能够超登彼岸的缘故，所以有下面实证的受用。我们应该知道修行不是图利，更不能图名，名利是生死最毒的毒药；名利的心不死，便永无出头的日子。因此要因地进行校正，而且要在自性上做打算，老老实实，真参实究，决不要在神通奇特、出语玄妙上求，这是丝毫也挡不住生死的。菩萨尚不能离开般若，何况凡夫俗子，离了般若的智慧之外，还有什么方法可以解脱这一切呢？这是成佛的根本条件，肯向这条法上走的，才是有智慧的

人，此生才有可能有所成就。

“心无挂碍”，这个心是毫无挂碍，人空法空，寂灭轻安的大自在心，视世间、出世间一切的一切都是量等的虚空，无有边际，包罗万物，了无挂碍。心如果没有的话，挂碍便无从依靠，苦厄也将不复存在。

“无挂碍故，无有恐怖，远离颠倒梦想”，心里既然已经是净空无见的了，白天便没有了想象，夜间也就不会再有乱梦了。正如千眼千手、圆照十方的佛陀，怎么会有颠倒呢？凡人恐惧的根源，来自于一颗得失的心，也就是有我的果，这也正是六道生死的种性。假如能够做到心空法空，就可以登临佛位，这时候生死就已经了了。这时候如果菩萨再来世间，便是大悲愿力了，而不再是业力，因此自然就没有了恐怖。颠倒的梦想，也都远离了。这时也就到了生灭灭已、寂灭为乐的境界了。

“究竟涅槃”，这涅槃是清净的意思。二乘人是有余涅槃，不是究竟；这究竟涅槃是佛位，名为无余涅槃，连涅槃亦不可得。所谓成了佛，也就没有了成佛的法见。本来涅槃是对生死说的，既然本来就没有生死，又怎么会有涅槃，不过同是个假名罢了。这是菩萨的果德。

“三世诸佛”，无论现在佛、过去佛、未来佛，统包括为三世一切诸佛，不问已成未成，都是一体平等。须知释迦弥陀是果上佛，那么六道众生就是因上佛，性自平等，所以不可自弃，也不可轻人。

“依般若波罗蜜多故，得阿耨多罗三藐三菩提”，三世诸佛，也无不由此法门而得无上菩提。一切大智慧，无不由自性佛母所生，生是启发的意思。

这个得，正是无得之得；必得心中了无所得，然后本来的面目斯得。此时无人、无我、无众生、无寿者，一切都寂然不动，而妙用恒沙，由此启发，这是佛的果德。阿耨多罗是为无上，三藐是为正等，三菩提是为正觉，就是无上正等正觉，是言佛的意境。试想连佛都不能离此法门，众生岂可自外，另觅途径，岂非颠倒！所以不自求而他求，都是因地不正，适以自误！

以上十句判为果德分，是说到果德地位，一切挂碍才算净尽，才是究竟涅槃，都赖观空成就，并无别法。又因为以上可算是上半部心经，专说此法无实。下面再翻身过来说个无虚，《金刚经》说："此法无实无虚。"要人不要执实，也不要执虚，正显般若无住的妙用。若再深一层讲，心既不有，法于何依？既没有法，更谈不到无实无虚的了。所以说，涅槃生死等空华。

无上菩提篇

经文

故知般若波罗蜜多，是大神咒[①]、是大明咒[②]、是无上咒[③]、是无等等咒[④]。能除一切苦，真实不虚，故说般若波罗蜜多咒。即说咒曰：揭帝[⑤]揭帝，般罗[⑥]揭帝，般罗僧[⑦]揭帝，菩提[⑧]僧莎诃[⑨]。

注释

①大神咒：具有很大功能的咒语。

②是大明咒：是说此般若波罗蜜多具有不可思议的智慧，能除一切愚痴。

③是无上咒：指世间、出世间

没有一处超过此法门的，若依此法门修行，便能证得“无上”的佛果。

④无等等咒：是说没有一法能与般若波罗蜜多相提并论，般若法是佛的修行心要，是圣中之圣，依此修行是无等等的途径。

⑤揭帝：此处为“去”或“度”的意思。揭帝揭帝就是依靠般若波罗蜜多的神奇，摆脱生死苦海的束缚。

⑥般罗：即是彼岸。

⑦般罗僧：即众多法门，有六波罗蜜、十波罗蜜乃至无量波罗蜜。

⑧菩提：正觉。

⑨僧莎诃：即大圆满，大成就。

译文

据此我才说，般若波罗蜜多是神妙而不可思议的诸佛之母，是破除生死无明障碍的光明之师，是无与伦比的至尊至上的总持法门，它能解除世间一切众生的苦难，它与作为一切诸法的真实而不虚妄的空相是不二而没有分别的。所以，在这里宣说般若波罗蜜多智慧度生死的总持法门，也就是宣说如下的咒语：

揭帝，揭帝，波罗揭帝，

般罗僧揭帝，菩提僧莎诃！

智慧解析

“故知般若波罗蜜多”以下是转入无虚，点明一“知”字的妙用。这“知”字是灵照觉知，表明悟后的意境，仿佛是转而为有；不知这“知”字也是法，也是性空，一时的缘生，暂时的法用，即是知而无知、生而不生。所以不明无生的道理，就不能证知真空的道理。“故知”二字，是总结前面所说的般若功用，引起后面所说的般若利益。前说一空字，是般若的体；此说一知字，是般若的用。所以表般若的至德，无可形容，无可言表。至此言语道断，心行处灭，唯有神会，唯有赞叹，正是冷暖自知的时候。

“是大神咒、是大明咒、是无上咒、是无等等咒，能除一切苦，真实不虚”，这六句是赞叹的辞句。正是因为般若波罗蜜多能够挣脱生死苦恼的束缚，驱除烦恼魔障的影响，所以它可以说“是大神咒、是大明咒、是无上咒、是无等等咒”。“咒”的原意本是祝，向神明祷告，欲驱除人身上的厄难、不祥，祈求获得利益或让自己的敌人遭受灾祸时所诵念的密语。“咒”在梵文中有总持一切善法令其不失去，总持一切恶法令其不升起。咒是密意，以决定如是曰咒，如军令严速曰咒。以无所不包谓之大；以无所不通谓之神；以无所不照谓之明；以无可比对、无可再加谓之无上；以毕竟平等谓之无等等；空不偏空，有不着有，在寂灭无住的性体中，能启发恒沙的妙用。六祖云：“何期自性本不生灭，本不动摇；何期自性能生万法。”前为无实之体，此为无虚之用；故能除一切苦，真实不虚。这里再次进行说明，只要修行般若波罗蜜多的胜妙神圣法门，便可以无牵无挂，不但明心见性，还可以以此印证佛果，尽除一切众生所受的苦难。所以说，般若波罗蜜多的神妙法门是“真

实不虚”的。而且本经从前面的“观自在菩萨”开始，到“真实不虚”全是在显说般若。

从“故知”到“真实不虚”七句可以判为证知分，表明了要亲证才可能知道这个境界，不是靠文字可以得知的。所以想要得知必须要真参实究，从自性上用功，经不过是借来考证的资料罢了。总之，心通才是最大的神通，但心不空就不能通，不通就不能明，不明则一切智慧将被无明所覆蔽，不能启发。这一分是说心到了真空的境界，自然有许多力量，不是有苦再除，而是一切苦厄无所依附，根本无苦厄了。

“故说般若波罗蜜多咒，即说咒曰”这一句依然是显咒，近似于汉语所说的智慧到家了，立刻说道之意。这里的第一个“咒”字疑是衍文。

“揭帝揭帝，般罗揭帝，般罗僧揭帝，菩提僧莎诃”是秘咒，是译经的人有意为之，故意不译，以保持它神秘的面纱，令人在明与不明之间，这样对学佛的人反而更有裨益。这里对“揭谛”二字不断地重复，并不是无的放矢，而是有目的的，它的目的无非就是想要表达般若波罗蜜多的法门不仅能够自度，而且还能够度他人。这是正面对修行般若波罗蜜多所取得的成就加以赞扬，规劝大众普学般若，以便度己度人，给初学者以光明的未来，给人以信心，坚定他们坚持走下去的决心。同时，也从侧面对般若进行了总结。本经的前面都是在说破除虚妄，一切皆空相，一切法皆是空相，可以全都算是般若的因；而在这里却开始说度已度人，可以说是般若的果，也说出了达到佛的圆满境界和所要做的事。只有破除了前面的因，才有后面的果，这也表明了佛教所倡导的因果循环说。这四句咒语都是在秘说般若。

坛　经

《坛经》记载惠能一生得法传宗的事迹和启导门徒的言教，内容丰富，文字通俗，是研究禅宗思想渊源的重要依据。由于历代辗转传抄，因而版本较多，体例互异，内容详略不同。据流通较广的金陵刻经处本，其品目为自序、般若、决疑、定慧、妙行、忏悔、机缘、顿渐、护法、付嘱等十品。其中心思想是“见性成佛”，即所谓“唯传见性法，出世破邪宗”。

行由品第一

一

经文

时，大师至宝林[①]，韶州[②]韦刺史[③]与官僚入山，请师出。于城中大梵寺讲堂，为众开缘说法。

师升座次，刺史官僚三十余人，儒宗[④]学士[⑤]三十余人，僧尼[⑥]、道俗[⑦]一千余人，同时作礼，愿闻法要。

注释

①宝林：时六祖自广州法性寺至宝林寺，即曹溪南华寺。

法海《坛经·序》："先是西国智药三藏自南海经曹溪口，掬水而饮，香美异之。谓其徒曰：'此水与西天之水无别，溪源上必有胜地，堪为兰若。'随流至源上四顾，山水回环，峰峦奇秀，叹曰：'宛如西天宝林山

也。’乃谓曹侯村居民曰：‘可于此山建一梵刹。一百七十年后，当有无上法宝于此演化，得道者如林，宜号宝林。’时韶州牧侯敬中，以其言具表闻奏。上可其请，赐‘宝林’为额，遂成梵宫，落成于梁天监三年。”

《传灯录·五》：“中宗神龙元年十二月十九日，敕改古宝林为中兴寺。三年十一月十八日，又敕为法泉寺。”

《宋高僧传·八》：“太平兴国三年，敕建塔，改为南华寺。又改曰华果寺。”

《广东通志·二百二十九》：“南华寺在县（韶州府曲江县）南六十里。梁天监元年，天竺国僧智药建；后为六祖演法道场。唐万岁通天初，则天皇后锡赉宣诏。元和间，赐塔曰灵照之塔，其寺为岭外禅林之冠。”按《指月录》：“曹溪宝林，堂宇湫隘。六祖谒里人陈亚仙，舍宅广之，即此寺也。六祖传黄梅衣钵，居此，今衣钵与真身俱存。开宝三年，赐名南华；塔毁，明成化六年建复。国朝康熙五年平藩重建，有降龙塔、伏虎亭、卓锡亭、避难石、曹溪水十二景。”

②韶州：府名。隋置州，寻废，唐复置，元为路，明改府，属广，清因之，今废。曲江县其旧治也。

③刺史：此指韦璩。刺史，官名，汉置，其职各代不同。隋唐之刺史，犹清之知府及直隶州知州。

《传灯录·五》《宋高僧传·八》《会元·一》，“韦璩”皆作“韦琚”。

④儒宗：儒者之师也。

《史记》："叔孙希通世度务，制礼进退，与时变化，卒为汉家儒宗。"

《汉书》："董仲舒为世儒宗。"

⑤学士：学者也。《史记》："天下之学士，靡然乡风矣。"

⑥僧尼：僧者，僧伽之简称，皈依佛教之人也。

《行事钞》："四人以上，能御圣法、辨得前事，名之为僧。"

尼者，出家之女僧也，梵名比丘尼，俗谓之尼姑。

⑦道俗：道者，崇奉道教之士也。此教奉元始天尊、太上老君为教祖，创于东汉张道陵，至晋时称天师道，后遂名之为道教。

俗者，在家未奉佛法者之称也。

译文

当时六祖大师惠能从广州的法性寺来到了曹溪南华山的宝林寺，韶州刺史韦璩和他的部属入山，恭敬礼请六祖出山，要他到城里的大梵寺讲堂里，为众人广开佛法因缘而演说法要。

六祖登坛升座时，当时闻法的人有韦刺史和他的部属三十多人，以及儒门宗教的学士也有三十多人，再加上僧、尼、道、俗一千多人，大家同时向六祖大师礼座，希望听闻佛法要义。

智慧解析

第一品是《行由品》。行由就是经历，品就是章。这一品主要讲六祖大师的得法经过。

“时”，并不是说六祖大师39岁、某月某日之类，那样的说法就是死的、静态的。由此可知，佛经所说的“一时”是指幻化之处。如果当下的心跟六祖、五祖达到契合的状态，“黄梅一会，犹然在目，没有散呢”，大家可以从中体会这个字的奥妙之处。

“大师至宝林”：“大师”，指六祖；“宝林”就是宝林寺，在广东韶州曹溪，韶州就是现在广东的韶关市。

“韶州韦刺史与官僚入山，请师出”：“韶州”，现在的韶关；“韦刺史”，刺史是汉代官名，相当于省一级的最高军政长官。唐代曾借用这一名称，不过只相当于现在的市级长官。可见一个德行高尚、智慧超凡的人，能够感化各个阶层，包括政府官员。“入山，请师出”，请六祖出山。

“于城中大梵寺讲堂，为众开缘说法”：找到这么一个机缘为大家说法。这里是说韦刺史与官僚是请法众，讲堂的地点是韶关大梵寺。

“师升座次”：讲经的仪轨，在一些戒经里面都有介绍。

“刺史官僚三十余人，儒宗学士三十余人”：在那个时代，没有正式出任官职，但是已经考取举人的人叫“儒宗学士”。他们享受国家的俸禄，为在编候补之列，哪里有官职空缺，他们就可以补上。在没有任职之前他们领不多的工资。

“僧尼、道俗一千余人”：“僧尼”出家的男女公众；“道俗”，包括信众和非信众一千余人“同时作礼”。

这里可以看到弘法与社会各阶层的拥护有关，六祖大师弘法就得到了当地最高领导的支持和拥护。佛教对人们来说是人间佛教，必须面向整个社会，不是关起门来在山里修行一辈子，对社会、对人类不关心，就不是佛教了。

“愿闻法要”：“法要”指佛法的最精要之处。

由《坛经》文字之简练精当，可以看出它一定是经过了后人的润色和加工的。

二

经文

大师告众曰：“善知识[①]，菩提[②]自性[③]，本来[④]清净[⑤]，但用此心，直了成佛。善知识！且听惠能行由得法事意。

“惠能严父，本贯范阳[⑥]，左降[⑦]流于岭南[⑧]，作新州[⑨]百姓。此身不幸，父又早亡，老母孤遗，移来南海，艰辛贫乏，于市卖柴。”

注释

①善知识：见《法华文句》卷四：“闻名为知，见形为识，是人益我菩提之道，名善知识”。

《涅槃经·二十五》：“能教众生，远离十恶，修行十善，谓之善知识。”

②菩提：旧译名道，新译名觉。道者通之义，觉者觉悟之义。

《名义集·五》：“道之极者称之曰菩提。”

③自性：诸法各自不变不改之性也。

《唯识论·十》："本来自性，清净涅槃。"

六祖《金刚经口诀》："一切众生自无始来不能离生灭者，皆为此心所累故。诸佛惟教人了此心。此心了，即见自性；见自性，即是菩提也。"

④本来：无始以来。

⑤清净：远离身、口、意三业恶行之过失、烦恼之垢染，名清净。

《探玄记·四》："三业无过云清净。"

⑥本贯范阳：籍贯也。本贯也叫本籍。

范阳：地名。唐郡，今直隶大兴、宛平、昌平、房山、宝坻等地。

《正宗记·六》："其本籍范阳。父行蹈武德中谪官新州。"

⑦左降：即左迁，谓降职也。古以右为尊，故谓迁秩为左降。

《宋史·真宗纪》："左降官羁管十年以上者，放还京师。"

⑧岭南：五岭之南也，东际海，西极群蛮，北据五岭。今属广东，治十一县。

⑨新州：即今之新县，在肇庆府南一百三十里。详见《大清一统志·三百四十五》。

译文

六祖对大家说："善知识们，觉悟的自然本性本来就是清净的，只要使用这种清净的菩提心，当下就能了悟成佛了。善知识们，且先听我惠能求法、得法的因缘与经历事略：

"我的生身父亲，本来的籍贯是范阳，后来被降职流放到了岭南，于是就做了新州城的百姓。我这一生很是不幸，父亲又早早地逝世，遗下了年老的母亲和我这个孤子，于是便迁居到了南海，每天只能靠到集市上卖些柴草来维持生计，日子过得十分艰难贫苦。"

智慧解析

全部《坛经》，乃至整个禅宗的大意，可以说都含摄在六祖的这几句开示中："善知识，菩提自性，本来清净，但用此心，直了成佛。"

"菩提自性，本来清净，但用此心，直了成佛"，这十六个字是六祖超出大乘之上的最上乘法要。

尽管六祖说他"字即不识"，可是看《坛经》中的记载，六祖回答问题引用最多的是最了义、最根本的经典《大般若涅槃经》，它是佛陀涅槃前的一天一夜讲述的。还有一部他引用得比较多的经典是《梵网菩萨戒经》，是佛陀刚证道时在定中讲的三部经之一（即《梵网菩萨戒经》《华严经》《圆觉经》）。另外他引用得较多的是《金刚经》。佛陀四十九年讲法中用了二十二年宣讲般若，般若的最精要处就在《金刚经》里。

《坛经》引用最多的就是这三部经典。这三部经都说了一件事情，就是"菩提自性，本来清净，但用此心，直了成佛"。

当年临济义玄禅师从黄檗希运禅师那里不得法要，心有不安，到了江西高安大愚法师那里，听大愚法师一讲，他就开悟了，马上在他老师的肋下打

了三拳，说："哈哈，原来佛法无多子！"原来佛法没有什么，就这么简单，"但用此心，直了成佛"。

三

经文

"时有一客买柴，使令送至客店，客收去，惠能得钱，却[1]出门外，见一客诵经，惠能一闻经语，心即开悟。遂问客诵何经，客曰《金刚经》[2]。复问从何所来，持此经典。客云：我从蕲州[3]黄梅县东禅寺来。其寺是五祖忍大师[4]在彼主化，门人一千有余。我到彼中礼拜，听受此经。大师常功僧俗，但持《金刚经》，即自见性，直了成佛。"

注释

①却：退也。

②《金刚经》：此经即《大般若经》之第五百七十七卷。前后共有六种译本，互有详略，最通行者为鸠摩罗什译本。

《三藏法数·二》："金刚者，金中最刚，故云金刚。"

六祖《金刚般若经注自序》云："金刚经者，无相为宗，无住为体。妙有为用。自从达磨西来，为传此经之意，令人悟理见性。只为世人不见自性，是以立见性之法。世人若了见真如本体，即不假立法。此经读诵者无数，称赞者无边，造疏及注解者，凡八百余家。所说道理，各随所见。见虽不同，法即无二。宿植上根者，一闻便了。若无宿慧，读诵虽多，不

悟佛意。”

③蕲州：蕲，音其。

《大清一统志·二百六十三》：“蕲州在黄州府东一百八十里。”

④五祖忍大师：见《五灯会元·一》：“五祖大师，蕲州黄梅人也。先为破头山中栽松道者，后遇信大师得法。”

译文

“有一天，有位顾客买了惠能的柴，并让送至客店。送达后，客人收了柴，惠能得了钱，刚走到门外，就看见一位客人正在读诵佛经。惠能一听那位客人所诵的经文，心里顿时豁然开悟，于是就请教那位客人所诵读的是什么经，那位客人答是《金刚经》。

惠能又问他是从哪儿来的，怎么能够持诵这部经典。

客人答说，我是从蕲州的黄梅县东禅寺来的。这个寺院是弘忍大师主持教化的道场，跟随他参学的门人、学生有一千多人。我就是到那座寺中去礼拜大师而听受了这部经书的。大师他经常劝说出家的僧众与在家的俗众：只要坚持念诵《金刚经》，就自然能够见到自己的自然本性，也就了悟而成佛了。”

智慧解析

六祖成年后的生活很艰辛，每天砍柴卖，供养母亲。

“时有一客买柴，使令送至客店，客收去，惠能得钱。”六祖惠能出了门，听到一个人在诵经，诵的就是《金刚经》。他一听，心即开悟。大家想想看，六祖大师“一闻经语，心即开悟”，这是打妄语吗？当然不是。这的确不可思议。五祖大师在黄梅，用《金刚经》导化众生，常说：“但持《金刚经》，即自见性，直了成佛。”五祖、六祖一呼一应，都在为人们开示无上妙谛。

《金刚经》有这么大的力量吗？诵持《金刚经》就可以开悟吗？为什么有的人诵持了几十年还开悟不了呢？

大家知道，《金刚经》非常难读，许多有学问的人也未必能懂。在六百卷的《大般若》中，《金刚经》仅是其中的一部，却是极好的一部。《金刚经》与中国人有缘。六百卷的《大般若》，学佛的有多少人学过、背过？许多人都不知道里面说了些什么。但其中的《金刚经》，几乎每个学佛的人都知道，都读诵过。这是什么原因呢？这是因为有五祖、六祖大力提倡。

《金刚经》的确很难理解，没有修证到家，翻翻佛教辞典，看看有关注疏，当然也可以理解一些，但那仅仅是知解的学问，没有活般若的成熟，当

然不能从中开悟。六祖不识字，他怎么一听经就开悟了呢？有人说，禅宗讲教外别传、不立文字，为什么五祖、六祖又在劝人读《金刚经》呢？这些人把一切当作实法，不知道佛法是活的、禅宗是活的。一说不立文字，他就不看书；要他看书，就去钻牛角，真是教条主义到处都有。所以“但用此心，直了成佛”，与“但持《金刚经》，即自见性，直了成佛”是统一的。在学禅宗没有找到入处之前，诵持《金刚经》是极有好处的。一方面可以帮助你获得许多佛教知识，另一方面可以帮助你进入禅宗。当然，这都慢了，你如果能用六祖“但用此心，直了成佛”的开示来读《金刚经》，想来，其中的效果是不可思议的。

四

经文

“惠能闻说，宿昔有缘，乃蒙一客，取银十两与惠能，令充老母衣粮，教便往黄梅，参礼五祖。”

惠能安置母毕，即便辞违，不经三十余日，便至黄梅，礼拜五祖。

祖问曰：“汝何方人，欲求何物？”

惠能对曰：“弟子是岭南新州百姓，远来礼师，惟求作佛，不求余物。”

祖言："汝是岭南人，又是獦獠[①]，若为堪作佛？"

惠能曰："人虽有南北，佛性本无南北，獦獠身与和尚[②]不同，佛性有何差别？"五祖更欲与语，且见徒众总在左右，乃令随众作务。

惠能曰："惠能启和尚，弟子[③]自心常生智慧，不离自性，即是福田[④]。未审和尚教作何务？"

祖云："这獦獠根性大利，汝更勿言，著槽厂[⑤]去。"

惠能退至后院，有一行者[⑥]，差惠能砍柴踏碓。经八月余。

注释

①獦獠：是对当时生活在南方以行猎为主的少数民族的侮称。如此称呼表示轻蔑的意思，意指惠能是未开化、无知识的蛮夷。

②和尚：僧徒称其师之尊称。其义为亲教师，能教人学戒定慧，犹俗家之有业师也。

③弟子：见《行事钞·上三》："学在我后，名之为弟。解从义生，名之为子。"

④福田：见《无量寿经净影疏》："生世福善，如田生物，故名福田。"

⑤著槽厂：著，命令词。槽厂，养马小屋。

⑥行者：见《禅林象器笺·八》："有发而依止僧寺，称为行者。"《释氏要览·上》："经中多呼修行人为行者。"

译文

我（惠能）听他说了之后，由于过去有缘分，承蒙着一位客人给了我十两银子。教我准备足母亲的衣服和粮食，然后再到那黄梅县去参见、礼拜五祖。

我（惠能）将母亲安置完毕之后，就告辞离别了母亲。走了不到三十天，就来到了黄梅县，参礼、拜见了五祖。

五祖问我道："你是什么地方的人呢？又想求到些什么东西呢？"

我（惠能）回答说："弟子是岭南新州的百姓，从远道而来礼拜大师。只想求得做个佛，不求其他的东西。"

五祖说道："你是岭南的人，又是那獦獠蛮子，如何能够做佛呢？"

我回答说："人虽然有那南方和北方的分别，但佛性却根本没有什么南与北的分别啊。獦獠蛮子的肉身虽然与和尚的不同，但是本自具有的佛性又有什么差别呢？"五祖还想跟他多谈上一些话语，但却又看见信徒、众人总是随从在身边，于是便命令我随着大众一同去做事务。

我问道："惠能禀白和尚，弟子自己的心中常常出现智慧，不离自然的本性，就是幸福的田地。不知道和尚叫我去做些什么事务呢？"

五祖说道："你这个獦獠蛮子，根器和本性都很好啊。你不必再多说了，就到那槽厂去吧！"

我退出去到了后院后，有一位行者差使我（惠能）去砍柴并踏舂米碓。就这样，我干了八个月的时间。

智慧解析

"惠能安置母毕"。惠能孤儿寡母一直相互依赖，母亲身体有病。惠能要走，母亲不让他走，母亲说："你能把这石头拜出裂缝来就让你走。"结果惠能一拜，石头就裂开了。母亲只好让他走了。如果到广东，还能看到六祖拜

别母亲的别母石。

看六祖，“远来礼师，惟求作佛，不求余物”，开宗明义，只要做佛，对别的不感兴趣。

“祖言：‘汝是岭南人，又是獦獠，若为堪作佛？’”你是岭南蛮荒之人，凭什么做佛？五祖是栽松道人转世，他能做到入胎、出胎都不迷，定功非常深。禅定殊胜，其神通肯定是超出常人的。所以，他肯定知道惠能的根基，有一点玩笑似的，也有一点怜惜似的问这些问题。

“惠能曰：‘人虽有南北，佛性本无南北，獦獠身与和尚不同，佛性有何差别？’”这就是祖师的风范，一见面就以佛法相见，以禅法相见，而不是以琐碎的繁文缛节来相见。师徒之间就是所谓的机教相扣，马上有了心灵的默契。

“五祖更欲与语，且见徒众总在左右”。五祖想，一上来就单刀直入、直指人心的也不多见，还想再多说几句，但看到其他的常随弟子在身边，不离左右，“乃令随众作务。”便让六祖随大众干活去。五祖亦是依寺而住，要僧人自己劳作。

“惠能曰：‘惠能启和尚，弟子自心常生智慧，不离自性，即是福田。未审和尚教作何务？’”这些话像宝剑一样直接地破除了现在学佛修行中的一些

邪见，以及一些不圆满的心、有差别的行。

“启和尚，弟子自心常生智慧”。自心常生的是什么？常生分别、执取、贪著，整体来说，就是常生烦恼；“不离自性，即是福田”，《了义经》里面讲：“忘失菩提心而修诸善法，即同魔业。”人们今天的很多作为就是偏离了自性，心外求法。心外求法，修来修去，只是在修人世间的福报而已，种一个未来再修行的远因而已，并没有在根本处扎根。

同时也要看到，六祖在这里的机锋相见中还没有彻悟，他只证得了“空”的这一面。“性空”的一面在他听客诵《金刚经》时已完全明了，但是“缘起”“有”的这一面还没有体会到。

“不离自性，即是福田”，那么什么都不作为也可以吗？所以，在这里“空”和“有”两者的不二还不够圆满。

“祖云：‘这獦獠根性大利，汝更勿言，著槽厂去。’”五祖一听，这獦獠好厉害，别说了，去槽厂干活吧。

“惠能退至后院，有一行者”，行者就是预备出家的人，这时大师也是行者的身份。

“差惠能破柴踏碓”，五祖寺在山上，没有水碾，一定要用人力把米舂开再煮饭。舂米的设施是中间固定在支架上的悬杆：一头绑紧一块石头，石头下面有个槽，米就放在槽里；另一边要人扶着一个扶手，脚踩着杆头一下一下地舂米。六祖个子矮，力量小，他为了加重他这边的力量，就在腰上拴上石头。

现在拴腰石还在广东韶关南华寺藏着呢，从法义上讲，圣人用过的东西具有加持力。当然，从禅法上讲，“菩提本无树，明镜亦非台；本来无一物，何处惹尘埃？”“若见诸相非相，即见如来”。

五

经文

祖一日忽见惠能，曰："吾思汝之见①可用，恐有恶人害汝，遂不与汝言，汝知之否？"

惠能曰："弟子亦知师意，不敢行至堂前，令人不觉。"

注释

①见：见解。

译文

忽然有一天，五祖看到惠能，说道："我想你的见解还是有用处的，因为恐怕有坏人对你不利，所以就不和你多说什么。你知不知道啊？"

惠能回答道："弟子也知道师父的用意，所以不敢到那法堂前现身，以使别人觉得没有什么可疑。"

智慧解析

"祖一日忽见惠能，曰：'吾思汝之见可用，恐有恶人害汝，遂不与汝言，汝知之否？'""恐有恶人害汝"，大家想想看，佛门修行人中还有恶人，怎样来看待这个恶呢？这个善恶又如何对待呢？从五戒十善的角度来看，修五

戒的就是善人，不修的就是俗人；从二乘教法来看，修五戒十善的人还是有恶的一面；从菩萨法来看，二乘人仍是停留在恶的不圆融上；如果以佛眼观之，菩萨仍有最后一品生相无明，仍然还有恶法。所以这里所说的恶是超越了善恶对待的那种恶，也即是说他的见、他的行还不够圆满。这样来理解就好了。

也要看到另一种情况，就是出家人里面什么人都有，什么背景的人都有。一个人在出家前的性情如何，决定他在修行过程中把佛法变成什么样子。在他没有彻证、大开圆解之前，他会把佛法变成性格的一部分。有些三毒比较炽盛的人出家，他的恶心、恶行也还是会有的。在整部《六祖坛经》中，可以看到专门要来谋害六祖性命、抢夺衣钵的事情就有三处。

“遂不与汝言，汝知之否?”从这里可以看出五祖真是厉害。常说，徒弟找师父学禅难，而师父找一个可以传授衣钵的徒弟更是难上加难。

“惠能曰：‘弟子亦知师意，不敢行至堂前，令人不觉。’”这是五祖和六祖的第二次相见，是一种心的沟通，不讲禅法。所谓禅法、佛法是出世间和世间的不二，是有和无的不二，是慈悲与智慧的不二。如果只有彼处的智慧，没有此处的慈悲，不可能有更多的人走入佛门中来。这里完全是一种慈悲的体现。

有的禅宗祖师把自己的生命作为一种传承，让弟子以此来承担，船子德诚禅师度夹山善会禅师就是这样。

船子德诚得法于药山惟俨，与道吾宗智、云岩昙晟是师兄弟，他们各化一方。船子德诚对师兄弟说：“我也没有那个兴趣，我就在一条河边上，整日撑个渡船，随缘摆渡，渡人过河。你们将来碰到有根基的人，请给我指引一

个半个，我把先师的禅法交给他，不至于在我这里断了就可以了。”

夹山本是一方化主，有一天讲法，道吾在座下听了一笑。夹山一听下面有人笑，马上下座，来问怎么回事。一问，知道自己有问题了，立刻解散徒众，不当方丈了，来水边访船子德诚。

这个公案可以看一看，在《五灯会元》和《指月录》里面将它描述得非常好。对答机锋的文辞也很好，像“千尺丝纶直下垂，一波才动万波随；夜静水寒鱼不饵，满船空载月明归”“垂丝千尺，意在深潭”等。这一番对答，解决问题后夹山告辞，频频回首，像是还有点疑惑。船子为了给他以足够的信心，告诉他佛法、禅全部在你那里了，没有什么秘密在我这里，就覆船入水而逝。

这是以生命来传承、承担禅法。

六

经文

祖一日唤诸门人总来：“吾向汝说，世人生死事大，汝等终日只求福田，不求出离生死苦海。自性若迷，福何可救？汝等各去自看智慧[1]，取自本心般若[2]之性，各作一偈，来呈吾看，若悟大意，付汝衣法，为第六代祖。火急速去，不得迟滞。思量[3]即不中用，

见性[4]之人，言下须见。若如此者，轮刀上阵，亦得见之。”

众得处分，退而递相谓曰：“我等众人，不须澄心用意作偈，将呈和尚，有何所益？神秀上座[5]，现为教授师[6]，必是他得；我辈谩作偈颂，枉用心力。”余人闻语，总皆息心，咸言：“我等已后依止秀师，何烦作偈。”

注释

①智慧：见《大乘义章·九》：“照见名智，解了称慧，此二各别。知世谘者名织为智，照第一义者说以为慧，通则义齐。”

《法华经义疏》：经论之中多说“慧门鉴空，智门照有”。

②般若：见《智度论·四十三》：“般若者，秦言智慧。一切诸智慧中，最为第一无上无比无等，更无胜者。”

③思量：思虑事理而量度之也。

《法华经·方便品》：“是法非思量分别之所能解。”

④见性：彻见自心之佛性，名见性。

《悟性论》：“直指人心，见性成佛。”

《永平道元法语》：“见性，即佛性也，万法之实相也，亦即众生之心性也。”又曰，“众生迷于此性故，轮回六道。诸佛觉悟此性故，不受六道之苦。”

⑤神秀上座：见《宋高僧传·卷八》：“释神秀，俗姓李氏，今东京尉氏人也。少览经史，博综多闻；既而奋志出尘，剃染受法。后遇蕲州双峰东山寺五祖忍师以坐禅为务，乃叹伏曰：‘此真吾师也。’决心苦节，以樵汲自役而求其道。忍于上元中卒，秀乃往江陵当阳山居焉。四海缁徒，向风而靡，道誉馨香，普蒙熏灼。则天太后闻之，召赴都，肩舆上殿，亲加跪礼，内道场丰其供施，时时闻道；敕于昔住山置度门寺，以旌其德。时

王公已下，京邑士庶，竞至礼谒，望尘拜伏，日有万计。洎中宗孝和帝即位，尤加宠重。中书令张说，尝问法执弟子礼，退谓人曰：‘禅师身长八尺，龙眉秀目，威德巍巍，王霸之器也。’”

僧寺有上座一职，在住持之下，为一寺之领袖；又其位最高，上更无人，故名上座，为一切沙门所尊敬者。

《五分律·十八》：“佛言上更无人，名之上座。”

⑥教授师：为五种阿阇梨之第三种，教授弟子威仪做法等。

《辅行·四之三》：“宣传圣言，名之为教；训诲于义，名之为授。”

译文

有一天，五祖召唤门下的各位徒众全部到来：“我跟你们说：世间的众生，浮沉在那生死苦海之中，这是世人所必须解决的一件大事。你们终日里只知修福，不知自求出离生死苦海之道。如果迷惑了自然本性，所修到的幸福和功德又如何能够挽救生死苦海的沉沦呢？你们各自回去看看自己的智慧，看取自己本心中的般若之性体，各人作上一首偈颂呈给我看看。如果谁能够悟得了佛法的大意，我就将衣钵大法传付给他，他就是第六代祖师。火速去吧，不得延迟停滞。思想衡量了，就没有用的了，如果是那见到自然本性的人，一句话里，就能够看出来。若是这样的人，即使正值那挥刀作战的紧急关头，也能够于言下立即见到自然本性的。”

大众听了五祖的吩咐后退下，互相商量说："其实我们大家也不必去澄静思虑，费尽心力地作偈子，因为即使呈了偈子给和尚看，又有什么用呢？神秀上座现在是我们的教授师，不用说，一定是他中选。如果我们轻率冒昧地去作偈子，那只是枉费心力罢了。"众人听到这些话之后，全都止息了作偈子的念头。大家都说："我们以后就依止神秀上座好了，何必多此一举去作偈子呢？"

智慧解析

禅宗作为佛教内的一个宗派，它的目的与整个佛教的目的是一致的，就是要解决生死问题。如果谁说禅宗不是佛教，或说可以离开佛教而独立，那若非外行，就是别有用心。《遗教经》记载佛灭度时，弟子们在佛的面前宣誓说："太阳可以冷，月亮可以热，四谛法是不能动摇的。"苦、集、灭、道四谛，生死事大不是苦谛吗？生死是轮回，轮回就是一个"苦"字。要看到，五祖这里处处讲教，证明了禅宗不是如某些人认为的那样可以离开教的。苦的根子何在？就是烦恼，烦恼就是集谛。如何断除烦恼、了生死，就要去修行，佛指示的修行之路，就是道谛。开悟见道，就是灭谛——得到了涅槃寂静。学佛不是求来生的福报，而是要出离生死苦海，不认识这点，是谈不上修道的。要解决这个问题，就必须开悟。这是佛法的根本，是禅宗的命脉，不论禅宗的机锋、棒喝和教下的种种方法，都是围绕这一问题展开的，没有这个明确的目标，怎么能得解脱呢？对五祖的这一番话，的确应好好体会。

作偈，在禅宗内是直呈本性、直呈见地的一种方式，等于考试时交的那份答卷。呈偈是极其严肃的事，并不是任何人、任何时候和地方都可以随便写写，不像文人们兴致一来写首诗那样简单。后来规矩坏了，什么样的人都可以胡撰几句来附庸风雅。

呈偈是表现自己的真实境界、修行程度的，所以五祖一语道破："思量即不中用，"又说，"见性之人，言下须见。"

真正见性的人一出语就对路。所以禅宗的答话不是容易、随便的事，有的答话还遭报应。有的学者对禅宗的公案、机锋、转语想用逻辑来判断、分析、推理、分类、归纳等方法加以辨析，想从中弄出点头绪，可惜此路不通。如果弄得通，古人早弄通了。因为开悟是超逻辑的事，而你使用的方法仅仅是逻辑，怎么行呢？莲池大师在《竹窗随笔》中说，你们不要以为祖师们见面时的那些话是随便说的，他们是见了性的，是在本分上说话，你用那些似是而非的分别思量去套，怎么行得通呢？

所以五祖要大家呈偈，下面的话就很好："若如此者，轮刀上阵，亦得见之。"这里充分表现了禅宗的特色。"直下见性"，性就是你自己。所谓"道也者，不可须臾离也"，无时不在，无处不在，随时随地都可以开悟，不一定必须闭目打坐，手捏法印，调匀气息才能见性。禅宗对禅定并不排除，这是很好的法，但也未必非如此不可。坐在那儿有禅，到了社会上就没有禅了，

那怎么行！所以，哪怕上了战场，到了生死关头也是可以开悟的。法是圆满的，法是活泼的，条条大路通长安，处处都可以开悟，并不局限在某种特定的模式上。这就是禅宗的特色。而且只有禅宗才做如此的提倡。《涅槃经》里的那位广额屠儿在佛的开示下放下屠刀、立地成佛，这不是“轮刀上阵”吗？要知道禅宗是释迦佛的心传与中国文化相结合而开出的一朵花。

一说作偈，五祖门下弟子们的无能就暴露无遗了。他们互相推诿，自暴自弃。一是不敢作，二是根本不知道该写些什么，他们连自性的影子都没有梦见过，也从未留心什么般若自性，怎么能作出偈子来呢？他们与六祖初见五祖时所说的“惟求作佛”等那一番话简直有天壤之别。可以说六祖的答卷早就交了，这次只不过是复试而已。

七

经文

神秀思惟：诸人不呈偈者,为我与他为教授师，我须作偈，将呈和尚。若不呈偈，和尚如何知我心中见解深浅。我呈偈意，求法即善，觅祖即恶，却同凡心夺其圣位奚别？若不呈偈，终不得法，大难大难。

五祖堂前，有步廊三间，拟请供奉[①]卢珍画《楞伽经变相》[②]及《五祖血脉图》[③]，流传供养。神秀作偈成已，数度欲呈，行至堂前，心中恍惚[④]，遍身汗流，拟呈不得。前后经四日，一十三度，呈偈不得。

秀乃思惟：不如向廊下书著，从他和尚看见，忽若道好，即出礼拜，云是秀作。若道不堪，枉向山中数年，受人礼拜，更修何道?

是夜三更，不使人知，自执灯，书偈于南廊壁间，呈心所见。偈曰：

身是菩提树[⑤]，心如明镜台。

时时勤拂拭，勿使惹尘埃。

秀书偈了，便却归房，人总不知。秀复思惟：五祖明日见偈欢喜，即我与法有缘，若言不堪，自是我迷，宿业⑥障重⑦，不合得法，圣意难测。房中思想，坐卧不安，直至五更。

注释

①供奉：官名。唐时凡有一材一艺者，得供奉内廷，故有翰林供奉诸名；至宋时，尚有东西头供奉官；清代之在南书房行走者，亦自称内庭供奉。

②《楞伽经变相》：画《楞伽经》中说法时会处众等之变相。犹言《观音经》变相、地狱变相也。

③《五祖血脉图》：五祖，谓自初祖达磨大师至五祖弘忍大师也。

血脉，体内流通血液之经络也。今借此图以形容嗣续列祖之传。

五祖血脉图，谓传受列祖之奥旨，而记其相承之名也。

《起信注疏·一》："血脉相承，一向蹑前起后。"

④恍惚：见不真切也。

⑤菩提树：此譬喻之辞也。

《西域记·八》："金刚座上菩提树者，即毕钵罗之树也。昔佛在世，高数百尺，屡经残伐，犹高四五丈。佛坐其下，成等正觉，因而谓之菩提树焉。茎干黄白，枝叶青翠，冬夏不凋，光鲜无变。每至如来涅槃之日，叶皆凋落。顷之复故。"

⑥宿业：为做于前世善恶之业因也。

《资持记·上·三之一》："宿业所追，致使此生虚丧。"

⑦障重：障，烦恼之异名。烦恼能障碍圣道。

《大乘义章·五本》："能碍圣道，说以为障。"

译文

神秀暗自思索道：他们大家都不呈上偈句是因为我是他们的教授师父。所以，我必须作上一首偈句呈送给和尚看看。我若是不呈上偈句，和尚如何能够晓得我心中见解的深浅呢？我呈上偈句的用意，只是想求得印证传法就好，若说是要觅求这祖师的位置，那就可恶了，却和那一般的贪夺五祖圣位的凡夫的心理又有什么差异呢？假使我不呈上偈句请和尚来印证，是一定得不到传法的。真是太难了，太难了。”

在五祖的法堂前，有三间步行的回廊，原本想着请那做供奉官的卢珍居士来绘画《楞伽经变相》及《五祖血脉图》，以让后世人有所流传、有所供养。神秀作好了偈颂后，曾经数次想呈送上去。但当走到五祖的法堂前时，心中总是恍恍惚惚，汗水流遍了全身，想呈上去却又无法呈上去。就这样，前前后后经过了三四天，共有十三次都没有把偈句呈上去，神秀便想道：“还不如把偈句书写在法堂前的回廊上，由和尚自行看到最好。如果和尚忽然说道好了，那我就走出来参礼叩拜，说是我神秀所作的。如果说作得不堪入目，那就只怪自己白白地来到这山中好些年、受人们恭敬礼拜，还要再修什么道呢？

于是，在那一夜的三更里，便不使别人知道，神秀自己执着灯，把偈句写在那南边回廊的墙壁上，以表露他自己心中的见解。偈句是这样

说的：

身体就是一棵菩提树，心灵犹如一座明镜台。

时时刻刻要勤加拂拭，千万莫使它惹上尘埃。

神秀把这偈句写好以后，便退回自己的僧房中去了，寺中的僧众都不知道这件事。神秀又想：如果五祖明天看见了这首偈句，而生出欢喜来，那即是我与这佛法有缘，假使说我的偈句不堪入目，自然是我自己的迷惑，过去的业障太深重了，所以不应该得到这佛法。五祖的圣意实在是难以猜测啊。神秀在房中不停地思索着，坐卧不安，一直到了那五更时分。

智慧解析

这一段表现了神秀的修行见地及种种思维活动。他认为“求法即善，觅祖即恶”，求也不是，不求也不是，把佛法和祖位分割开来，陷入极大的内心矛盾之中。神秀追随五祖的时间较长，又是教授师，代五祖在东山执教，当然大不平常。五祖对他的评价是：“东山之学，尽在秀矣。”这是不能再高的赞誉了。虽然如此，五祖并没有认可他，没有把衣钵传给他，而与众人一样，要过呈偈一关。这四种传法方式，已不同于上四代祖师了。这种公开竞争的新的传法方式，难免会给神秀造成震动，但也不能怪五祖坏了祖师们的规矩，神秀没开悟、没有见性，五祖怎么会把法传给他呢？同时只有通过“呈偈”这种公开竞争的方式，才能显示出六祖超越常人的能力。

一般学佛的人都知道神秀的这个偈子。“身是菩提树”是譬喻。佛当年在树下悟道成佛，为了纪念，就把这棵树称为菩提树。“心如明镜台”，心如明镜一般就可以照物。如果镜面上积有尘埃，镜子就失去了照物的功能。所以就要用功，要“时时勤拂拭，勿使惹尘埃”。这个偈子的本意是：虽然人人都有清净的佛性，但客尘来了，不加扫除就会污染、沉迷，所以要时时加以护持，不要让五浊烦恼干扰这个清净的佛性。

要知道，神秀这个偈子是很有水平的，不能因为他没有得法而小看了。他的中心思想是“心性本净，但为客尘所染”，所以必须修戒、修定、修慧。这种思想来源于印度上座部佛教。上座部佛教的主张就是“心性本净，客尘所染”，这里要结合起来分析神秀偈子的含义。

释迦佛灭度后百余年间，通过“七百集结”和“万人集结”两大法会，形成了上座部和大众部两大系统，后来又分成二十部之多。小乘二十部，就其共同点说，就是无我——一切法无我。这个无我，在佛教中又分成两个，一是人无我，一是法无我。佛教认为，任何个人，都是色、受、想、行、识五蕴和合而成，其中色蕴是物质部分，其余四蕴是精神部分。总而言之，就是一个物，一个心，这两大部分。大家学习过《心经》，“照见五蕴皆空”的那个五蕴，就是指这五个方面。宇宙万事万物，归结起来也就是这五个，归纳起来就是心与物两大类。人（我）是五蕴和合、心物和合而成的一个假象，所以才叫“五蕴皆空”，离开这五蕴，就找不到这个人（我）。有这个人（我），就会产生贪、嗔、痴种种烦恼，因而陷在生死苦海之中。对这一点，小乘佛教的认识是共同的（二十部只有犊子部认为有我，并有其中的理由）。如果追问，人（我）是五蕴和合而成的，离开了五蕴当然就没有这个人（我）。但五蕴又有没有呢？小乘佛教基本上认为五蕴是有的，故其结论为“我空法有”。

这是一个基本常识，因缘而成的东西总是空的，但那些具体、实在的因和缘总空不了吧。现在的自然科学也这样认识：宇宙中的一切现象都是由物质构成的，物质又可以分，于是就去寻找最基本、不可分割的物质。从分子

找到原子，从原子找到基本粒子，现在对基本粒子还在进行解剖。烦恼的根子是“我”，只要懂得了“无我”，就找到了断烦恼的方法。但如果仅有我空，而五蕴、烦恼这些“法”不空，烦恼又怎么断得了呢？为了彻底解决这个问题，于是产生了大乘佛法。

公元二三世纪时，印度出了一位大师——龙树菩萨，他对般若学说进行了整理和发挥，并系统地加以总结。其代表作是《中论》《十二门论》和《大智度论》，龙树的弟子提婆又作了《百论》，这四部论都是解释般若的。严格来说，讲般若学，讲《金刚经》，依这四论来讲才是“正统”。我国隋唐时代的三论宗，就是龙树学派的嫡传。该宗就是专门阐述和修习《中论》《十二门论》和《百论》而得名的。不管三论、四论，最重要的要数《中论》。《中论》首先是破小乘的，它认为，不仅人（我）空，五蕴也空，并提出了一切法空的著名论断。在龙树菩萨那里，才把大乘佛法的这一命题确定了。

一切法空，不留半点执着，为什么要如此全面、彻底地谈空呢？那是因为你还抓住一点是实在的东西，就得不到解脱，“我空法有”还停留在二元论的境界中，道理上也讲不通。只有一切法空，一切烦恼才起不了作用，也才有解脱可言。《中论》把小乘破得特别厉害，小乘认为是天经地义的事，《中论》都毫不留情，一破再破，破到最后，佛的四谛法、十二因缘、涅槃等全都加以横扫。有人会说，这些都是佛教的根本，怎么能

破呢？这是因为小乘把这些大法变成了教条，在法上执为实有，法就死了。只有通过破，才能把这些法变活。

其实在《金刚经》里，全是这个破字，“佛说第一波罗密，即非第一波罗密”“所谓佛法，即非佛法”，这是佛自己破自己吗？不破，怎么会有后面的“是名第一波罗密”“是名佛法”呢？当你把《中论》看完之后，那些禅宗祖师们的“棒喝”，哪里又超出了《中论》的范围呢？在《中论》里，还涉及了许多哲学问题，仍然是破，对时间、空间、因果全破，毫不留情，而且极其精彩。《中论》为什么要这样来破呢？因为这是站在更高的层次上来看世间学说的，大家可以去参。

《中论》的思想，就是佛教里的缘起法，“此有故彼有，此无故彼无”，谁也离不开谁。无一法可以独立，只有这个原则是不能破的，为什么呢？因为这是万法的实相，超越了破立的范围。没有一法可以成为实法，没有一法可单独成立，一法缘起必须万法相应。我现在弹指一声，就万法俱足——没有这两个指头，能弹得响吗？两天不吃饭，有力量来弹吗？没有父母，哪有我呢？没有空气，谁又听得见呢？没有地球，大家都不知在哪儿，能聚在一起听我此时一声弹指？的确是缘缘相因，无穷无尽。所以仅这一弹指，宇宙万法，无不含摄。把这个道理充分发挥出来的，就是华严宗，华严宗称这个道理为“法界缘起”。自然科学的发展没有止境，总有新的问题不断涌现。在经典力学之后，从相对论到统一场，物质到反物质，空间到反空间，时间到反时间，三维、四维时空到多维时空、宇宙爆炸、宇宙生成论……这一切，无非就是要把人生和宇宙圆融起来，从这些最新最高的自然科学理论上，也可以看到《中论》、华严理论的深刻，也才能明白后面六祖大师那个偈子的道理。从这里可以看出来，《坛经》讲的都与教融为一体，怎么分得开呢？但却是教的升华。反过来看，神秀在全部佛法中所表现的见地、程度，也就十分清晰了。

八

经文

祖已知神秀入门未得，不见自性。天明，祖唤卢供奉来，向南廊壁间绘画图相，忽见其偈。报言："供奉却不用画，劳尔远来。经云：凡所有相[1]，皆是虚妄[2]。但留此偈，与人诵持。依此偈修，免堕恶道。依此偈修，有大利益。"令门人炷香礼敬，尽诵此偈，即得见性。

门人诵偈，皆叹善哉。

祖三更唤秀入堂，问曰："偈是汝作否？"

秀言："实是秀作，不敢妄求祖位。望和尚慈悲[3]，看弟子有少智慧否？"

祖曰："汝作此偈，未见本性，只到门外，未入门内。如此见解，觅无上菩提，了不可得。无上菩提，须得言下识自本心，见自本性。不生不灭，于一切时中，念念[4]自见，万法[5]无滞，一真[6]一切真，万境[7]自如如。如如之心，即是真实[8]。若如是见，即是无上

菩提之自性也。汝且去一两日思惟，更作一偈，将来吾看汝偈，若入得门，付汝衣法。”

神秀作礼而去，又经数日，作偈不成，心中恍惚，神思不安，犹如梦中，行坐不乐。

注释

①相：事物之相状表现于外而能想象于心者曰相。

《大乘义章·三本》：“诸法体状，谓之为相。”

②虚妄：见六祖《金刚经注》：“‘凡所有相，皆是虚妄’者，虚则不实，妄则不真。既不真实，相即非相”。又云，“非独佛身，相即无相；凡所有相，皆是虚妄。色身有相，故言虚妄。”

③慈悲：与乐名慈，拔苦名悲。

《智度论·二十七》：“大慈与一切众生乐，大悲拔一切众生苦。”

④念念：即刹那也。凡物变化于极短之时间，若心念然者。

《维摩诘经·方便品》：“是身如电，念念不住。”

《宝积经·九十六》：“是身无量过患，微尘积集，生住异灭，念念迁流。”

⑤万法：总该万有事理之语也。法，自体之义，规则之义。万有之事理，一一有自体、具规则，故皆名法。

⑥一真：见《三藏法数·四》：“无二曰一，不妄曰真。”

一真指绝对真理而言。离虚妄谓之真，所谓真如也，真如即自性；念念自见性者，则一切皆离虚妄。故云一真一切真。

《起信论》："此真如体无有可遣，以一切法悉皆真故。"

⑦万境：一切境界，总名万境。

⑧真实：离绝法之迷情虚妄，曰真实。

《大乘义章·二》："法绝情妄为真实。"

译文

五祖早已知道神秀还未入得法门、不曾得见自然的本性。天明之后，五祖唤请卢供奉前来，准备去南边回廊的墙壁上，绘画楞伽法会的变相图及五祖师承的血脉图。这时忽然看到了神秀的那首偈颂，于是，五祖就对卢供奉说道："供奉也就不用再画了，劳累你远道来一趟。佛经中说过：一切有形相的，都是虚无妄想的。所以单单只保留下这首偈颂，给众人诵念受持。依照这首偈颂而修行，就可以避免堕入三种恶劣的生命方式。依照这首偈颂而修行，也将得到大大的利益。"五祖便命令门人弟子对着这首偈句焚香恭敬礼拜，大家都来念诵这首偈颂，即可以渐渐得见自然的本性了。

于是，门人弟子都来念诵这首偈颂，都赞叹着说道：好极了啊。

五祖在夜间三更时分，把神秀唤入法堂室内，问他说道："那首偈颂是你写的吗？"

神秀答道："实在是弟子所作的，但不敢妄想求得祖师的位置。望和尚慈悲，看看弟子是否有一点智慧呢？"

五祖说："你作的这首偈颂，还未曾见到自然的本性，只是来到了门外，但却还未走进门里。用这样的见解来寻觅追求无上的菩提正果，终究是不能得到的。无上的菩提正果，必须在一句话下立即认识到自己的本来心地。见到自己的本来性体是不生不灭的，在一切的时间中都能够念念心中，自己见到自己的本性，了知那万法的自然本性本来就没有滞碍。而从那真如的立场上，观照得一切法都相似，都是真实不虚的，万种境界，自然也本来就是如如不动而无生灭了。这如如不动的心灵，即是那真正的实在。若是这样见解得了，也即是无上菩提的自然本性了。你暂且回去思考一两天，再作上一首偈颂，送来给我看看。如果你的偈句能够入得门来，我即把衣钵法门传付给你。"

神秀作揖顶礼退出去了。又过了好几天，神秀作偈也作不成。心中又是恍恍惚惚的，精神思虑都不能安定。就好像在那梦中一样，行走坐卧都不觉得快乐。

智慧解析

神秀认识到了自性本自清净，但却停留在"我空法有"的层次上，他甚至也认识到"一切法空"（在神秀的著作中，大乘佛法的境界是很高的），但

认识归认识，毕竟没有实际证悟到“一切法空”。他在实证的现量境中、在修行的实际理论中，只达到了“我空法有”的程度。正因为如此，所以还必须“时时勤拂拭”。神秀是诚实和有道德的人，他就自己的真实见地写了这首偈子，没有花言巧语地胡诌一通。他深深地感受到了尘劳的压力才能说出“时时勤拂拭，勿使惹尘埃”这样精辟的见解。因此五祖说他“只到门外，未入门内”，还没有达到“无上菩提”这种绝对自如的境界。对这个境界，五祖做了相当细致的阐述。

“无上菩提，须得言下识自本心，见自本性”，这就不是“时时勤拂拭”所能达到的境界了。为什么呢？“拂拭”时自性清净，不“拂拭”时，自性就不清净了吗？真正的佛性还能被污染吗？真正见性之时，“拂拭”不“拂拭”，有什么分别？一切皆如，分别悉泯，即妄即真，从何处划分得出菩提烦恼来？这里五祖把禅宗的特点和盘托出：烦恼即菩提，生死即涅槃，而且觅烦恼生死了不可得。要知道，五祖这番话也不全是禅宗的，“一真一切真，万境自如如”与华严境界也是一致的。五祖与华严宗的法藏大师是同时代的人，在高境界上真是如出一辙。五祖留下的著作极少，《坛经》的这段文字中，充分地表现了他极高的禅宗境界和娴熟的教下功底，并把禅宗和华严的根本大法有机地融为一体，苦口婆心地向神秀做了交待，可惜神秀悟缘未到，错过了得法的机缘。

宋代永明寿禅师在《宗镜录》里赞叹神秀的偈子“有体有用”，而说六祖“只开了一只眼”，这自然有他的看法。但以谁的为准呢？见道的人心中自

然明白。在这里要以五祖的评判为准，而不能附会永明寿，五祖比他更了解神秀。作为禅宗一脉单传的五祖，如果把衣钵传给了神秀而不是惠能，那么以后的中国佛教史、禅宗史都得改观。从几十年后神秀禅系在佛教舞台上迅速消失，六祖法门在全国佛教中取得主导地位这一事实来看，六祖的法，的确比神秀高明得多、圆满得多，也更适应中国固有的文化土壤，同时也证明了五祖非凡的眼力。

尽管如此，五祖对神秀仍然是爱护的，对神秀的成就也是肯定的："依此偈修，有大利益。"这不是敷衍的话，对一般人来讲，能达到神秀这种程度也是困难的。对有某种根器的人来讲，也是适用的。那些人有那么多业力，有那么多烦恼，要让他们顿悟是很困难的，指导顿悟的善知识也不多。所以，照神秀的办法，对自己的烦恼、妄念时时警惕，随时照了，也是不可或缺的践履，这样修行，当然"有大利益"，至少也可以"免坠恶道"。有此基础了，再遇到大善知识，也是可以见性开悟的。

九

经文

复两日，有一童子[①]于碓房过，唱诵其偈。惠能一闻，便知此偈未见本性。虽未蒙教授，早识大意。遂问童子曰："诵者何偈？"

童子曰："尔这獦獠不知。大师言：'世人生死事大。'欲得传付衣法，令门人作偈来看。若悟大意，即付衣法，为第六祖。神秀上座，于南廊壁上，书无相偈，大师令人皆诵依此偈修，免堕恶道。依此偈修，有大利益。"

惠能曰："我亦要诵此，结来生缘[②]。上人[③]，我此踏碓，八个余月，未曾行到堂前。望上人引至偈前礼拜。"

童子引至偈前礼拜。惠能曰："惠能不识字，请上人为[4]读。"

时有江州[5]别驾[6]，姓张，名日用，便高声读。惠能闻已，遂言："亦有一偈，望别驾为书。"

别驾言："汝亦作偈，其事希有。"

惠能向别驾言："欲学无上菩提，不得轻于初学[7]。下下人有上上智，上上人有没意智[8]。若轻人，即有无量无边罪。"

别驾言："汝但诵偈，吾为汝书。汝若得法，先须度吾，勿忘此言。"

惠能偈曰：

菩提本无树，明镜亦非台。

本来无一物，何处惹尘埃。

注释

①童子：《玄应音义·五》，"童子，是彼土八岁未冠者。童子总名"。

《智度论·二》："梵语鸠摩罗伽，秦言童子。"

《寄归传·三》："白衣诣瑟刍所，专诵佛典，求落发，号童子。"

②来生缘：来世之因缘也。

《梁高僧传》："永结来缘。"

③上人：见《释氏要览·上》："《增一经》云：'夫人处世，有过能自改者名上人。'"律瓶沙王呼佛弟子为上人。

此上人指童子也。

④为：读去声。

⑤江州：今湖北旧武昌府及江西省地。

《一统志·卷五十二》："九江府禹贡荆扬二州之境。隋初废郡，后改州曰九江郡，唐复为九江。"

⑥别驾：官名，为州刺史之佐吏。因从刺史行部，别乘传车，故谓之别驾。后世通称通判为别驾，照汉制也。

⑦初学：谓甫经求学，未克深造之人也。

《圆觉经·普眼章》："当知菩萨，不重久习，不轻初学。何以故？一切觉故。"

《史记·贾生传》："雒阳之人，年少初学。"

⑧没意智：智慧被埋没。

《普灯录·二十八》："四个没意智汉，做处总无畔岸。"

《吴越春秋》曰："兴之原利，以没其意。"

注：没，溺也。

此言最上之人。往往埋没其智慧。

译文

又过了两天，有一个童子从碓坊前经过，口中唱诵着神秀的偈句。我惠能一听到，便知道这首偈句还未曾见到那自然的本性。我虽然不曾蒙受过什么人的教导传授，但却早就知道了佛法的大意了，我就问那童子说："你念诵的是什么偈句呢？"

童子说："你这个獦獠不晓得啊！五祖大师说了：'世上人的生死事情最大。'想要传付衣钵法门，所以命门人作上偈颂来验看。如果悟得了佛法大意，那就传付衣钵法门给他，使他做第六代祖师。神秀上座，在南边走廊的墙壁上书写下了这首《无相偈》，五祖教导大家都要诵念实践这首偈句，依照这首偈句去修行，就会避免堕入恶劣的生命方式中去。依照这

首偈颂去修行，就会有大大的利益。”

惠能便说道：“我也想去诵念实践这首偈颂，以便结上一个来生的缘分。在上的人啊！我做这个踏舂米碓的活儿已经八个多月了，还未曾走到那法堂前去呢。希望你（在上的人）能引导我到那偈颂的前面去顶礼膜拜。”

那位童子便引导着我来到那首偈颂前面礼拜。我说道：“惠能我不认识字，请你（在上的人）替我读诵一遍吧。”

这时，有一位江州的别驾官，姓张名日用，他便高声地替我朗诵起来。我听了以后，就对张别驾说道：“我也有一首偈颂，希望别驾代替我书写一下。”

张别驾说：“你也会作偈句？这真是一件稀罕少有的事情。”

我就对张别驾说道：“想要学习那无上的正觉菩提，是不可以轻视那些初学的人的。下下等的人也会有上上等的智慧；上上等的人也会有智慧被埋没而发挥不出来的时候。如果你随便地轻视人，那就会有无法计算的罪过了。”

张别驾便说道：“那你只要把偈颂念出来，我就为你写上。你如果得到了佛法，必须要先来度化我，可别忘了我说的这句话啊！”

我的偈句是这样说的：

菩提本来就没有什么树，明镜原本也不是什么台。

自然的本性原无一物相，何处竟然能够惹上尘埃。

智慧解析

这段文中，可以看到六祖的大智大慧，他能见机而作，又不失分寸，对世间法了然于胸，不露痕迹。他请张别驾书偈时，还随口说出了“下下人有上上智，上上人有没意智”，这震凡骇俗的奇特语来与神秀作偈时所表现的矛盾和紧张的情绪形成鲜明的对照。仅从文字表面上的气氛而言，也远非神秀可比。前面讲的那些道理，就是为了迎接六祖这个偈语的出场，也才知道六祖这个偈子的分量。

针对神秀“我空法有”的思想，六祖旗帜鲜明地提出“一切法空”，甚至菩提也空。“菩提本无树，明镜亦非台”，其意思是：佛性本来清净的那个心也是不能执着的，也是空无自性的；如果真的认为有个实有的佛性、佛心，那就错了，你就得不到、也认识不到真正的佛性和佛心。

“本来无一物”——这不是“一切法空”又是什么呢？全部《中论》也不外这一句。你想，在内觉得有个实有的佛性，在外又觉得有个实有的尘埃，而且尘埃还要把这个佛性污染，于是就要去拂拭……这样纠缠下去，你怎么空得了呢？又怎么解脱得了呢？“何处惹尘埃”就与之相反，对内不再认为有什么佛性，对外也不再认为有什么尘埃，一切法空、一切法无自性，对任何对象，世间的、出世间的、凡的、圣的都是没有任何区别的。所以，要找一个实在的佛性是找不到的。《金刚经》说：“若以色见我，从音声求

我，是人行邪道，不能见如来。”这个问题，望大家好好去参。

“本来无一物”贯通了内外、三际、十虚，妙不可言。可是以前许多人讲到这一句时都讲偏了。他们说：我这儿什么都空了，尘埃来了就污染不了；能污染就说明你还没有空干净；我既不沾染又拂拭什么，等等。这种讲法不彻底，只讲了一半，只讲到了“我空”，对“尘埃”——“法”没有空掉。要知道，内而心性本来无一物，外面尘埃亦本来无一物，内即是外，外即是内，内、外俱无一物，这样才算讲得彻底，才把内外两面都贯通了。这个道理，哪怕仅仅是在知见上懂了，都可以得法乐。若祖师们言：尘埃也是你自己嘛，你自己认识到你自己，就认识到什么是佛性，什么是尘埃；内不见能知之我，外不见所知之物，不知道，也不去念什么“佛性”“尘埃”这些多余的经了。

在这里，要开悟就是直下开悟；在这里，要开悟就得言语道断；在这里，如果还有概念思维活动，还有分别心，还有道理可讲，那就绝对开悟不了。外没有尘埃，内没有分别的心，就在此时，一切放下，要在这上面好好参，这才叫过关，过概念活动、分别思维的这个关。若过不了，无论你聪明上天，也只能达到解悟。

解悟是没有离开概念活动的。只要有思想就有概念的活动，没有概念思维活动就展不开，这对世间的工作、生活是必要的，对开悟和见道也是有帮助的——不是说开悟见道就不要思想、不要概念了，若不要，祖师们那么多语录又讲什么！但是，在见道、开悟这个关口上！只要概念活动仍在，那么其内就必然有个能解的心，其外就必然有个所解的物。所以，不论你在上面解释得多么透彻，说心也好，说空也好，说无也好，说

非空非有也好，说即空即有也好，都是在概念活动之中，说不可思议，也还是在思议。因此有必要让概念活动停那么一下，感受那么一下，这就是开悟的关，这就是“言语道断，心行处灭”。

做到这一点很难，道理越多，分别心越重。什么事情一来，包括对开悟、见道，都想用思维去把握、去理解、去解释。天天说“言语道断，心行处灭”，结果断不了，灭不了；成天说不立文字，结果仍然在立文字、立语言，再精明也只得了解悟。这就是证悟与解悟的分水岭。

十

经文

书此偈已，徒众总惊，无不嗟讶[①]，各相谓言：“奇哉，不得以貌取人，何得多时使他肉身菩萨[②]。”

祖见众人惊怪，恐人损害，遂将鞋擦了偈，曰：“亦未见性。”众以为然。

次日祖潜至[③]碓房，见能腰石舂米，语曰：“求道之人，为法忘躯[④]，当如是乎！”

乃问曰：“米熟也未？”

惠能曰：“米熟久矣，犹欠筛在。”

祖以杖击碓三下而去。惠能即会祖意。三鼓入室。

祖以袈裟遮围，不令人见。为说《金刚经》，至“应无所住而生其心”，惠能言下大悟[⑤]“一切万法不离自性”。遂启祖言：“何期自性，本自清净；何期自性，本不生灭；何期自性，本自具足，何期自性，本无动摇，何期自性，能生万法。”

注释

①嗟讶：赞美而疑怪。

②肉身菩萨：谓生身之菩萨也。以父母所生之身，而至菩萨深位之人也。

《楞严经·八》："是清净人修三摩地，父母肉身不须天眼，自然观见十方世界。"

《缘起外记》："求那跋陀罗三藏曰：'后当有肉身菩萨于此授戒。'又智药三藏自西竺国来，预志曰：'后一百七十年，有肉身菩萨开演上乘，渡无量众。'"

③潜至：不使人见而至。

④忘躯：不顾身命也。

《大藏一览·二》偈曰："求闻半偈舍全躯。"

《指月录·四》："初祖谓二祖曰：'诸佛最初求道，为法忘形，汝今断臂吾前，求亦可在'。"

⑤大悟：破无始之迷妄，开真实之知见，曰大悟。

《观无量寿经》："廓然大悟，得无生忍。"

译文

把这首偈颂写好了以后，五祖的门下弟子们都是一惊，没有一个不赞叹惊讶的。大家互相告说："真奇怪啊，不能从相貌来看人啊！我怎么那么长时间竟然去使唤他这肉身菩萨啊。"

五祖看到大众都这样大惊小怪的，担心有人会伤害我，于是便用鞋子擦掉这首偈颂，说道："也是没有见到本性。"大众也都如此认为。

第二天，五祖便静悄悄地来到了碓坊，看见我腰上绑着石头正在舂

米，他便说：“追求大道的人，为了正法而忘了自己的身躯。应当是这样的啊！”

于是便问我说：“米饭做熟了没有啊？”

我回答说：“米饭早就熟了啊！只是欠筛一筛了。”

祖师便用那拄杖在碓子上打了三下。我当时便领会了五祖的意思，就在夜里三更时进入了五祖的丈室。

五祖便用袈裟遮住了四周的窗户，不使别人见到，为我讲说《金刚经》。讲到“应该在那没有住所的地方来生出自己的心”时，我即在这句话下大大觉悟了：“一切所有的万物万法，都是不能离开自然的本性的。”于是，我便向五祖启陈说：“不想自性本来就是如此清净的呀，不想自性，本来就是没有生灭的呀；不想自性，本来就是自己圆满的呀；不想自性，本来就是不动不摇的呀；不想自性，本来能够生出万法的呀。”

智慧解析

六祖言下大悟“一切万法不离自性”，自性一词，在佛教经论里有多种含义。如“一切万法”的“法”是事物的意思，“一切万法”就是一切事物。为什么不说事物而说法呢？这里就可以看到佛教本身的学术性。

唯识学对“法”下的定义是：任持自性，轨生物解。“任持自性”是说每个事物都具有质、量、度、色、香、味等各种相应的属性而自成一法，与其他的法不同而有所区别。“轨生物解”的“轨”，指轨道、规律；“解”就是认识。这一句的意思是：一个事物不仅具有它独特的“自性”，这个“自

性”还具有相应的规律。这种既有“自性”，又有规律的事物才能使人们产生认识，不然，乱七八糟一团，人们怎能认识呢？如果没有“自性”，那么法与法之间就没有差别，天下万物成了绝对的同一，人们的认识就成了多余的、无用的东西了，还要智慧、般若、开悟来干什么呢？

另一方面，自性又为中观学所否认，中观学的基础是缘起性空，一切法无自性。这是因为中观和唯识各自所讲的自性有所不同。中观学破斥的自性是指所谓恒一不变、实有独立、可以不依赖其他事物的关系而自在自有的事物。而缘起论证明了这样的自性是没有的，一切法无自性，缘起性空就是结论。

中观学认为，佛证的是“一切智智”。“一切智智”包括了两个内容，一是对一切法说“如所有性”，对一切法的根本属性加以确定；二是对一切法说“尽所有性”，穷尽一切法之间的差别现象。对于佛法而言，应如佛那样三身四智，五眼六通，才能穷尽事物的“如所有性”和“尽所有性”，才能彻万法之源。说“一切万法无自性”，这是事物的“如所有性”，亦即空性。中观学特详于此，重点在于真谛。但就差别上说，从如何缘起上说，唯识则较中观为详，倾向于缘起的“尽所有性”，重点在明俗谛。

禅宗所讲的自性，当然不是中观所破斥的那种自性。从“一切万法不离自性”所表现出的境趣，含有“三界唯心，万法唯识”的意味。《成唯识论》对“唯识”下的定义就是：唯识者，一切万法不离心故。唯识学最大的特点，是建立了

"阿赖耶识"，翻译成汉文就是"藏识"，有含藏、所藏、执藏等多层含义。人们的一切知识、经验、过去、现在、未来、六根、六尘、十八界全都在藏识里，这是唯识学一个特别的建树。

十一

经文

祖知悟本性，谓惠能曰："不识本心，学法无益。若识自本心，见自本性，即名丈夫[①]、天人师[②]、佛。"

三更受法，人尽不知，便传顿教[③]及衣钵[④]。云："汝为第六代祖，善自护念[⑤]，广度有情[⑥]，流布将来，无令断绝。听吾偈。"曰：

有情来下种，因地[⑦]果还生。

无情既无种，无性亦无生。

注释

①丈夫：勇健之人。勇修正道，而不退转修行者之称。又丈夫即指调御丈夫言，为佛十号之一也。

《大智度论·二》："问曰：'女人佛亦化令得道，何以独言丈夫？'答曰：'男尊女卑故，女从男故，男为事业主故。复次，女人有五碍，不得作转轮王、释天王、魔天王、梵天王、佛，佛以是故不说。复次，若言佛为女人调御师，为不尊重；若说丈夫，一切都摄。譬如王来，不应独来，必有侍从。如是说丈夫，二根无根及女尽摄。以是故说丈夫。"

②天人师：如来十号之一。天与人之教师，故名天人师。

《智度论·二》："佛示导是应作是不应作，是善是不善，是人依教行不舍道法，得烦恼解脱报，是名天人师。问曰：'佛能度龙神等堕余道中生者，何独言天人师？'答曰：'度余道生者少，度天人中生者多。如白色人，虽有黑麻子，不名黑人，黑少故。复次，人中结使薄，厌心易得，天中智慧利，以是故，二处易得道，余道中不尔。复次，言天则摄一切天，言人则摄一切地上生者，何以故？天上则天大，地上则人大，是故说天则天上尽摄，说人则地上尽摄。复次，人中得受戒律仪，见谛道思惟道及诸道果。或有人言余道中不得，或有人言多少得，天人中易得多得。以是故，佛为天人师。复次，人中行乐因多，天中乐报多。善法是乐因，乐是善法报。余道中因报少，以是故，佛为天人师。'"

③顿教：顿悟之教，使速成佛果也。

《笔削记·一》："一直而谈，更无委曲，不历阶渐，惟指本源，故称为顿。"

《修心诀》："顿悟者，凡夫迷时，四大为身，妄想为心。不知自性是真法身，不知自己灵知是真佛。心外觅佛，波波浪走，忽被善知识，指尔入路，一念回光，见自本性。而此性地，原无烦恼。无漏智性，本是具足。即与诸佛，分毫不殊。故云顿悟也。"

④衣钵：衣与钵二物，为僧资物之最重大者。禅家以道授受，亦日授受衣钵。

⑤护念：保护与忆念也。

嘉祥《法华义疏·九》："令外恶不侵为护，内善得生为念。"

⑥有情：为有情识者。有爱情者，总名动物也。

《唯识述记·一本》："梵言萨埵，此言有情，有情识故。又，情者爱也，能有爱生故。"

⑦因地：因下种之地也。

译文

五祖听了，便知道我已经悟见了本来的性体，便对我说："不能认识自己的本来心，即使学法多闻也是没有益处的。若是认识了自己的本来心地。见到了自己的本来自性，即可以称为调和驾驭万物自然的大丈夫、天上和人间的导师、觉行圆满的佛。"

我在三更里接受了传法，寺里僧众都不知道。五祖就把那顿教的修心之法及衣服、盂钵二物传授给了我。五祖嘱咐说："你已经成为第六代祖师了，自己要好好地保护自己啊，广泛地普度那天下的众多生命，将此心法流传到后世，不要使它中道断绝。你听我说一首偈颂。"说：

有情的众生种下了佛种，原因的地里佛果便生成。

没有了感情也就无佛种，没有了佛性也就无佛生。

智慧解析

自性具足一切善恶，世间出世间一切法、有情无情都具足了，那么人们在自性中去求这一切，不是很容易吗？自性中的恶，我使它销蚀、消灭；自性中的善，我使它发扬光大，培养茁壮。原来，我只要恶念销蚀，当下的地

狱就消灭了。我只要善念升起，当下的天堂之门就为我打开。这个天堂不是上天奖赏给我、不是佛祖奖赏给我的，这个地狱也不是谁惩罚给我的，天堂之门和地狱之门都是由我自己打开的。

如此说来，这是多么愉快的一件事！是不是体会到佛祖当年一出世所说的“天上天下，唯我独尊”？谁在做主？自性真如在做主！天上天下哪有超过它的？一旦明白这个了，你还怕什么堕落地狱，还怕什么三恶道？你还恋什么极乐天堂？既然一切都唯我做主，我要怎么着就怎么着。

这时候本着人们的智慧观察到生命的这种一如性，观察到“心、佛、众生，三无差别”，然后体会到生命的轮转——众生由于业力的牵引导致生命的轮转痛苦不堪，慈悲心自然而然升起了。不是刻意地要升起，那是很困难、很痛苦的。当你真正体会到万法一如、万法平等，万法都是我自心、自性中的东西时，慈悲心、菩提心就油然而生！我跟这一切是不二的，助他既是助己，助己也是助他，约束自己就是帮助他人，那么，戒、定、慧，一念之间就可以完成，就这么简单。所以说“不识本心，学法无益”。

“若识自本心，见自本性，即名丈夫、天人师、佛。”佛是个通号，在这里举了三个名字，“明行足、善逝、世间解、无上士、调御丈夫、天人师、佛、世尊”，十个佛的名字中，为什么以“丈夫、天人师、佛”这三个为代表？

这是禅门修行的次第。因为叫世尊，那是说他的法身、报身和化身，三

者完全俱足了，统一了，人天共尊，所以叫世尊。

这里所说的“丈夫”，是说人世中，如果一个人，明了了自心、自性之法，他做个乞丐，也是个大丈夫乞丐，做个将军是大丈夫将军，做个流浪汉是个大丈夫流浪汉。

“天人师”，就是天上、人间的老师，经常有些禅师会被天人供养。

“佛”，这个是佛性的佛，是一种法身佛的成就，不是报身佛和应身佛的成就。

因此《坛经》用这三个名字来代表禅门修行的次第。用这三个称号说明禅法的修行，明心见性了，在具体的报身和色身的转化上，还是要用一些功夫，真正达到三身一体，那才是法身、报身和化身的圆满，否则只能这样来称呼。

十二

经文

祖复曰：“昔达磨大师[①]，初来此土，人未之信，故传此衣，以为信体[②]，代代相承。法则以心传心，皆令自悟自解[③]。自古佛佛惟传本体[④]，师师密付本心。衣为争端，止汝勿传，若传此衣，命如悬丝，汝须速去，恐人害汝。”

惠能启曰：“向甚处去？”

祖云：“逢怀[⑤]则止，遇会[⑥]则藏。”

惠能三更领得衣钵，云：“能本是南中人，素不知此山路，如何出得江口？”

五祖言：“汝不须忧，吾自送汝。”

祖相送直至九江驿[⑦]。祖令上船，五祖把橹自摇。惠能言：“请和尚坐，弟子合摇橹。”祖云：“合是吾渡汝。”惠能云：“迷时师度，悟了自度，度名虽一，用处不同。惠能生在边方，语音不正，蒙师传法，今已得悟，只合自性自度[⑧]。”祖云：“如是如是。以后佛法，由汝大行，汝去三年，吾方逝世。汝今好去，努力[⑨]向南，不宜速说，佛法难起。”

注释

①达磨大师：见《岭南丛述》曰：“菩提达磨大师者，南天竺国香至王第三子也。姓刹帝利，本名菩提多罗。后遇二十七祖般若多罗，至本国受王供养，知师密迹，谓曰：‘汝于诸法，已得通量。夫达磨者，通大之义也，宜名达磨。’因改号菩提达磨。（《五灯会元》）师心念震旦缘熟，行化时，至泛重溟，凡三周寒暑，达于南海。实梁普通八年丁未岁九月二十一日也。广州刺史萧昂，具主礼迎接。表闻武帝已，览奏，遣使赍诏迎请，十月一日至金陵。（《传灯录》）后隐于嵩山少林寺，遇毒而卒。其年魏使宋云，于葱岭回，见之；门徒发其墓，但有衣履而已（《旧唐书》）。”

②信体：见《禅源诸诠·上》：“六代师资，传受禅法，皆云内授密语，外传信衣，衣法相资，以为符印。曹溪以后，不闻此事。”

③自悟自解：自悟者，依本觉之内熏，不依他教，自然开悟。解，晓悟也。

④本体：诸法之根本自性也。

《大日经·七》："一身与二身乃至无量身，同入本体。"

⑤怀：即怀集，县名，明清皆属广西梧州府。

⑥会：即四会，县名，明清皆属广东肇庆府。

⑦九江驿：驿，音亦。

《清会典》："腹地为驿，军报所设为站，皆为交通递送之用。"

《大明一统志·五十二》："九江驿即九江府浔阳驿也。"

⑧自性自度：见唐释慧海云："众生自度，佛不能度。若佛能度众生时，过去诸佛，如微尘数，一切众生，总应度尽。何故我等至今，流浪生死，不得成佛？当知众生自度，佛不能度。"（《顿悟入道要门论·卷上》）

⑨努力：勉力也。

译文

五祖又说道："过去达磨大师初次来到我们这块土地上时，人们还不相信他，所以便传下来这身衣服为信物，一代一代地相承了下来。法门就是要以心传心，让众生都能够自己觉悟、自己解脱。从古以来，佛与佛之间只传授的本来性体，祖师与祖师之间只秘密地交付本来心灵。这袈裟本来就是一件让人争执的事端，到了你这一代手里，也就不要再传下去了！

若要再将这袈裟传下去，你的命运就仿佛悬在那一根游丝上一样。你必须火速前去，以防有人前来害你的性命。”

我便启告大师说：“我向什么地方去呢?”

祖师说道：“逢到‘怀’的时候就停止，遇到‘会’的时候就隐藏起来。”

我（惠能）在夜里三更的时候领得衣服和钵盂后，说道：“我原本是南方人，向来不熟悉这里的山路，叫我如何能够走到江口呢?”

五祖回答说：“你不必忧虑了，我自己会送你去的。”

五祖一直送我到那九江驿边，令我上了船，五祖自己便把橹摇了起来。我便说道：“请和尚坐下，弟子应该摇橹的。”五祖说：“应该说是我渡你才对啊。”我便说道：“迷惑的时候是由师父来度化的，觉悟了的时候就要自己度化了。度化的名称虽然是一样的，但它的用处却是不一样的。

我生长在边地上，讲话的语音都不正确，承蒙师父传授了心法，现在已经开悟了，只是自己的本性应该由自己来度。”

五祖说道：“是的！是的！以后的佛法，将要由你来光大盛行了。你走后三年我才会逝世而去。你现在就好好地去吧，要努力向南走，亦不宜太早出来说法，因为佛法是很难兴起的。”

智慧解析

许多人认为五祖传六祖时传了密法。传了“修命”的秘诀等，这都是些诳语。五祖明明说：“昔达磨大师，初来此土，人未之信，故传此衣，以为信物，代代相承。”为了破除外人的疑惑，使之有尊信之心，才把这个衣钵代代相传。有衣钵的，就说明得了祖师的法，有资格传法了。而这个法，就是“以心传心”“自悟自解”的法，也就是“佛佛惟传本体，师师密付本心”。而这个“本体”“本心”，就是六祖在上面大悟的那个“一切万法不离自性”，那五个“何期自性”。这个“本体”“本心”就是佛性，就是般若、菩提、涅槃，绝不是什么“修命”的密法、命宫等一类延年益寿、神通妙用的法可以比拟的。一个是本，一个是末。许多人在根本要害之处不知如何下手，而对那些枝枝叶叶的事极感兴趣，空忙了一生，最后仍然没有结果。“以心传心”是什么意思呢？就是把我的心传给你，你以你的心受之，以心传心，以心印心。禅宗的这种传授方式，并不是强迫灌输，不是用什么方法勉强你开悟，必须是自己“自悟自解”。佛教是普度众生，巴不得一切众生都立地成佛，唯恐其不快，有什么秘密舍不得布施给众生的呢？佛曾舍身饲虎、舍身饲鹰，这种精神，哪里是那些自私自利的人办得到的，又怎么会创立那种糊涂的法呢！

需要留心的是“善自护念”，要说秘传，这可以说是唯一的秘传了。许多

人对悟后是否继续修行争执不休，看来五祖是强调悟后必修的。开悟虽然见了根本，仍然需要在根本上继续锻炼，不要让其他的东西给干扰了。对悟后必修这一点，大家不要怀疑，因为功德和力量都明显不够。还有一点，不要当“自了汉”，还要“广度有情，流布将来”，要好好为众生服务，把佛法的种子传下去。《法华经》说：佛为一大事因缘应现世间。这个大事因缘，就是要开示众生悟入佛的知见，要一切众生如佛一样，悟入诸法的实相。所以开悟后的事情是没有了期的。地藏王菩萨说：地狱不空，誓不成佛。有了期，就没有发菩提心，就不是大乘佛法的精神。六祖得了法，五祖担心有人害他，亲自把六祖送过江。在船上六祖的那番对话，都是见性的人以本分相见的机语，句句带玄、丝丝入扣，所以说宗门答话不是随便的，两者要真正的相投——所谓“啐啄同时”。老师接引弟子，如同母鸡孵小鸡一般，小鸡在蛋壳里成熟了，要出来了，在里边啄，而母鸡则在外边啄。母鸡啄早了，小鸡没有成熟，啄不得；迟了，小鸡就会闷死在蛋壳里。祖师们接人答话，就如同接生婆一样，一点儿马虎不得。外行看《五灯会元》，认为祖师们的答话是随便乱说，故弄玄虚，如同说相声一般，那怎么行！要知道机锋一来，如杀人刀、如活人剑，有杀有活、有纵有夺，都是应机而发，引人悟入。不然就文不对题，甚至把人引入歧途。五宗七家里如临济的四宾主、四料简，曹洞的五位君臣等，都是著名的接人手法。

再说神通，祖师们有没有神通呢？五祖预言：“以后佛法，由汝大行，汝去三年，吾方逝也。”这似乎又透露了消息。从《坛经》《高僧传》中所记载的一些高僧的传记看，有神通的例子很多。高僧们是戒妄

语的，他们的话是可信的。不过禅宗对神通不重视，因为这对解脱生死并不重要，了生脱死的功夫也不在神通上。但修行到一定的火候时，神通会自然到来，无须你去执着追求。只是涵养本元，本元养熟了，枝末之事——如神通等，有没有又有多大的意思呢！

十三

经文

惠能辞违祖已，发足南行。两月中间，至大庾岭[①]，逐后数百人来，欲夺衣钵。

一僧俗姓陈，名惠明。先是四品将军，性行粗糙，极意[②]参寻[③]，为众人先，趁及惠能。惠能掷下衣钵于石上，曰："此衣表信，可力争[④]耶。"

能隐草莽中，惠明至，提掇不动。乃唤云："行者行者，我为法来，不为衣来！"

惠能遂出，盘坐石上。惠明作礼云："望行者为我说法。"惠能云："汝既为法而来，可屏息诸缘[⑤]，勿生一念，吾为汝说。"

明良久。惠能云："不思善，不思恶，正与么时，那个是明上座本来面目[⑥]。"

惠明言下大悟。复问云："上来[⑦]密语密意[⑧]外，还更有密意否？"

惠能云："与汝说者，即非密也。汝若反照[⑨]，密在汝边。"

明曰："惠明虽在黄梅，实未省自己面目。今蒙指示，如人饮水，冷暖自知。今行者即惠明师也。"

惠能曰："汝若如是，吾与汝同师黄梅。善自护持。"

明又问："惠明今后向甚处去?"

惠能曰："逢袁[10]则止，遇蒙[11]则居。"

明礼辞。

注释

①大庾岭：在江西大庾县南，与广东南雄县分界。

②极意：尽意也。

《史记·乐书》："李斯曰：'放弃诗书，极意声色。'"

③参寻：参，参究也。寻，追寻也。

④力争：以力相争也。

《左传》："臣不心竞而力争。"

⑤屏息诸缘：屏，逐也。息，止也。诸缘者，色香等百种之世相，皆为我心识之所攀缘者之谓也。

《传灯录·三》之《达磨章》云："师初居少林寺九年，为二祖说法，曰：'外息诸缘，内心无喘。心如壮壁，可以入道。'"

唐释慧海云："万缘具绝者，即一切法性空是也。法性空者，即一切处无心是。"

⑥本来面目：犹言自己之本分也。

《传习录》："不思善不思恶时，认本来面目。"

《修心诀》："诸法如梦，亦如幻化。故妄念本寂，尘境本空。诸法皆空之处，灵知不昧。即此空寂灵知之心，是汝本来面目。亦是三世诸佛，历代祖师，天下善知识，密密相传底法印也。若悟此心，真所谓不践阶梯，径登佛地。步步超三界，归家顿绝疑。"

⑦上来：从上代祖师以来也。

⑧密语密意：密语，以密意而说之语也。

《涅槃经·九》："如来密语，甚深难解。"

《秘藏记》："密语者，凡夫二乘不能知。"

密意，于佛意有所隐藏而不显了真实说之也。

《观经玄义分》："佛密意弘深。"

⑨返照：犹言鉴于前事，而穷明自性之本源也。

《止观·二》："以无住着智，返照观察也。"

⑩袁：袁州。

⑪蒙：蒙山。

译文

我辞别了五祖之后，放开脚步向南行走。过了大约两个月的时间，便来到了大庾岭，追逐在后面的有数百人，都想来夺取这衣服与钵盂。

有一位俗姓陈名叫惠明的人，在家的时候曾位居四品将军，性情粗鲁而不精细，想方设法追寻我；他比其他追在后面的大众，先一步追上了我。我扔下了衣服、钵盂在那石头上，说道："这衣服、钵盂只是表明佛法的信物，是可以用暴力来争夺的吗?"我就隐避在草莽之中。惠明赶到后，想提起这件袈裟却提不动，就呼唤着说："行者，行者啊！我是为了追求佛法而来的，不是为了夺取衣钵而来的！"

于是，我从草莽中走了出来，跌跏盘坐在石头上。惠明便作揖行礼后说道："希望行者你能为我说一段佛法。"

我（惠能）说："你既然是为了追求佛法而来，先要屏除掉心识中的一切缘影，不要有一个念头生起，我才会为你说法。"

惠明默默沉息了很久之后，我才说道："不思量善，不断除恶。正在这样的时候，哪一个是惠明上座你的本来面目呢?"

惠明在这句话里便忽然契悟，复问："从上代祖师以来所传授的密语、

密意之外，还更有其他的密语密意么?”

我说道：“和你讲说的，也就不是秘密了。你若是能够返过头来观照自己，那秘密也就在你那边了。”

惠明说：“惠明虽然在黄梅五祖那里（得法），但实在还没有悟到自己的本来面目。今天承蒙你指示，就好比人在饮水一样，也只有自己知道冷暖。现在，行者也是我惠明的师父了啊。”

我说：“你若是这样，我和你一同师从黄梅五祖，好好地自行护念吧!”

惠明又问道：“我今后要向什么地方去呢?”

我说道：“到了有‘袁’字的地方就可以停止，到了有‘蒙’字的地方就可以安住。”

于是，惠明便作揖顶礼，辞别而去。

智慧解析

六祖离开黄梅几天后，五祖向弟子们宣布：“佛法已经南去。”弟子们问：“谁得到了老师的佛法呢?”五祖说：“能者得之。”这虽然是双关语，但弟子们一听就知道是写偈批评神秀的那个南方獦獠惠能了，于是就有几百人去追夺达磨衣钵。其中追在最前面的是惠明和尚，他是军官出身，武功很好，在湖广交界的大庾岭上赶上了六祖。于是就产生了“不思善，不思恶，正与么时，那个是明上座本来面目”这个公案。

对这个公案有两个讲法：一是不思善、不思恶的那个心就是本来面目，也就是“喜怒哀乐之未发”的那个心。但这种讲法很平淡，不能使人深入。黄檗禅师在《传法心要》中说：“正恁么时，问哪个是明上座本来面目?”这里要设一问，就把问题翻深了。古代没有标点符号，“那”“哪”同用，黄檗禅师这一提持就一下子活了。

另外，“不思善，不思恶”这两句，实际上概括了一切思维活动中的相对

观念。如空色、有无、前后、远近、中边等，一切总不思，这时，哪一个是你的本来面目呢？又在什么地方呢？大家可以多参一下，这是一个值得参的话头。

大慧宗杲禅师有一个著名的竹蓖子话头，他手中常常拿着一根竹蓖条，有时用来打人，有时用来问人，而且常这样问："唤作蓖条则触"——既是竹蓖条，我还问你干什么？"不唤作竹蓖条则背"——明明是竹蓖条嘛，不能唤成其他。但是，"不得有语，不得无语，不得棒，不得唱，不得作女人拜，不得作绕床窜，不得造妖捏怪，装腔作势，一切总不得，是什么？"这是对六祖这个公案的极好发挥。六祖这个公案，还限定在思维范围，而大慧杲则把它推广到思维和一切行为动作之中。这是因为六祖这个公案用的时间长了，大家熟悉了，所以后来许多祖师干脆不用语言，而是用各样动作来表达自己的理解。但这些动作，如棒、唱、女人拜、圆相及各种"造妖捏怪"的动作用久了，也会成为八股。所以大慧杲才把这些统统堵死，让你再深一步参。

大慧杲的一个学生说："老师，这个话头我参不了，您老好似一个棒客，把人家全身都抢光了，还要人家拿钱来。"大慧杲说："你答得好，不过，拿不出钱来也不行，就拿命来！"宗师的方便这么讲，恰恰就是想方设法把你思维的路子堵了，把分别思维斩断，还要你"速道速道！"只有这个时候，忽然铁树开花，一个真正的"我"才跳得出来。这样的宗风，在禅宗之外是找不到的。就这一点，说禅宗是"不立文字、教外别传"真是再恰当不过了，因为你把三藏十二部翻完，也找不到这个答案。

惠明因六祖开示而开悟后，又问："上来密语密意外，更有密意否？"看来，祖师传法时是否传有密法这个疑问，早在那时就有了，还不是今天的发明。明确地说，禅宗若讲密法，那就成了密宗，而不是禅宗了。所以六祖极其明白地说："与汝说者，即非密也。汝若返照，密在汝边。"自性本自清净，本自具足，就是你自己。这么贴近，哪有半点密呢？自己对自己还有什么秘密吗？若要舍内求外，那自然就有密了。你懂，别人不懂，对别人而言是密，但一经反观自照，自己明白了自己，密又何成密呢？这是最简单明白的问题，但同时又是最迷惑人的问题。

六祖从得法到后来出世说法，中间尚有十五年的时间。这期间《坛经》没有多说，只是谈到六祖在猎人的群中韬光养晦。这 15 年，实际上是六祖进一步护持、进修的阶段，把自己习气陶炼得净尽、圆融，才能荷担如来家业，才能在后来广传无上大法，揭开了弘传千年的禅宗序幕。所以，六祖一到广州法性寺就能一鸣惊人，与印宗法师论《涅槃经》时，境界是那样纯熟高深，这绝不是偶然的。

十四

经文

惠能后至曹溪[①]，又被恶人寻逐。乃于四会，避难猎人队伍中，凡经一十五载。时与猎人随宜说法。猎人常令守网，每见生命，尽放之。每至饭时，以菜寄煮肉锅。或问，则对曰：但吃肉边菜。

一时思惟：时当弘法，不可终遁。遂出至广州法性寺，值印宗法师[②]讲《涅槃经》。时有风吹幡[③]动，一僧曰风动，一僧曰幡动，议论不已。

惠能进曰："不是风动，不是幡动，仁者心动。"

一众骇然。印宗延至上席，征诘奥义。见惠能言简理当，不由文字[④]。宗云："行者定非常人。久闻黄梅衣法南来，莫是行者否？"

惠能曰："不敢。"

宗于是作礼，告请传来衣钵，出示大众。宗复问曰："黄梅付嘱，如何指授？"

惠能曰："指授即无，惟论见性[⑤]，不论禅定解脱[⑥]。"

宗曰："何不论禅定解脱？"

能曰："为是二法[⑦]，不是佛法。佛法是不二之法。"

宗又问："如何是佛法不二之法？"

惠能曰："法师讲《涅槃经》，明佛性是佛法不二之法。如高贵德王菩萨白佛言：'犯四重禁[⑧]，作五逆罪[⑨]，及一阐提[⑩]等，当断善根[⑪]佛性否？'佛言：'善根有二：一者常，二者无常。'佛性非常非无常，是故不断，名为不二；一者善，二者不善，佛性非善非

不善，是名不二。蕴之与界[12]，凡夫见二，智者了达其性无二，无二之性即是佛性。”

印宗闻说，欢喜合掌，言：“某甲讲经，犹如瓦砾；仁者论义，犹如真金。”于是为惠能剃发，愿事为师。惠能遂于菩提树下，开东山法门：

“惠能于东山得法，辛苦受尽，命似悬丝。今日得与使君、官僚、僧尼、道俗同此一会，莫非累劫[13]之缘，亦是过去生中供养[14]诸佛，同种善根，方始得闻如上顿教、得法之因。教是先圣所传，不是惠能自智。愿闻先圣教[15]者，各令净心，闻了各自除疑，如先代圣人无别。”

一众闻法，欢喜作礼而退。

注释

①曹溪：见《大清一统志·三百四十一》：“曹溪在曲江县东南五十里，源出县界狗耳岭，西流三十里，合溱水。以土人曹叔良舍宅为寺，故名。”后六祖在此驻锡，后人遂以此代指禅宗南宗。

②印宗法师：见《传灯录·五》：“广州法性寺印宗和尚者，吴郡人，姓印氏。从师出家，精涅槃大部。唐咸亨元年，抵京师，敕居大敬爱寺，固辞。往蕲州谒忍大师，后于广州法性寺，讲涅槃经。遇六祖能大师，始悟法理，以能为传法师。”

③幡：幢之有长帛下垂者曰幡，为祈福而立之法物也。

④文字：表诠义理之具也。

《维摩经·观众生品》：“言语文字，皆解脱相。”

《顿悟入道要门·下》：“得意者，越于浮言；悟理者，超于文字。法过语言文字，何向数句中求。是以发菩提者，得意而妄言，悟理而遗教。

亦犹得鱼忘筌，得兔忘蹄也。”

⑤惟论见性：见《血脉论》：“若欲见佛，须是见性，性即是佛。若不见性，念佛诵经，持斋持戒，亦无益处。”

黄檗《传心法要》云：“即心是佛。上至诸佛，下至蠢动含灵，皆有佛性，同一心体。所以达磨从西天来，惟传一心法，直指一切众生本来是佛，不假修行。但如今识取自心，见自本性，更莫别求。”

⑥禅定解脱：见唐释宗密《禅源诸诠》云：“禅是天竺之语，具云禅那。中华翻为思维修，亦名静虑，皆定慧之通称也。”

解脱者，离缚而得自在之义。即解惑业之系缚，脱三界之苦果也。

《注维摩经·一》：“肇曰：‘纵任无碍，尘累不能拘，解脱也。”《唯识述记·一本》：“解谓离缚，脱谓自在。”

⑦二法：一为见性，一为禅定解脱，故曰二法。

⑧四重禁：四重禁又名四重罪，亦即四波罗夷罪也。一淫戒，二盗戒，三杀人戒，四大妄语戒。

⑨五逆罪：五逆之罪恶也。

《阿阇世王问五逆经》：“有五逆罪，若族姓子，族姓女，为此五不救罪者，必入地狱不疑。云何为五？谓杀父，杀母，害阿罗汉，斗乱众僧，

起恶意于如来所。”

⑩一阐提：无成佛性者，名一阐提。译作不信，为不信佛法之义。

《涅槃经·五》：“无信之人，名一阐提。一阐提者，名不可治。”又十九，“一阐提者，不信因果，无有惭愧，不信业报，不见现在及未来世，不亲善友，不随诸佛所说教戒。如是之人，名一阐提。诸佛世尊所不能治。”

⑪根：身、口、意三业之善坚固而不可拔者，名根。又，善能生妙果，故亦名根。

《维摩经·菩萨行品》：“不惜躯命，种诸善根。”注，什曰：“谓坚固善心，深不可拔，乃名根也。”

⑫蕴之与界：蕴，旧译名阴，阴覆之义。色心之法，阴覆真理之谓。新译名蕴，积集之义。色心之法，大小前后等积集而成自体之谓。

蕴，五蕴也，亦名五阴，即色、受、想、行、识。

《顿悟入道要门·上》：“问‘何名五阴等？’答：‘对色染色，随色受生，名为色阴。为领纳入八风，好集邪信，即随领受中生，名为受阴。迷心取想，随想受生，名为想阴。结集诸行，随行受生，名为行阴。于平等体，妄起分别，系着虚识受生，名为识阴，故云五阴。’”

界，即十八界。眼、耳、鼻、舌、身、意为六根内界，色、声、香、味、触、法为六尘外界，眼识、耳识、鼻识、舌识、身识、意识为六识中界。

⑬累劫：累叠数多之劫量也。世界成坏之时期曰劫。

⑭供养：资养三宝，为奉灯明香华饮食资财等事。

《法华文句·二下》：“施其依报，名供养。”

《法华经·授记品》：“我此弟子摩诃迦叶，于未来世，当得奉觐三百万亿诸佛世尊，供养恭敬，尊重赞叹，广宣诸佛无量大法。”

⑮教：见《四教集注》：“教者效也。效之则革凡成圣也。”

译文

我后来到了曹溪，又被恶人追赶寻觅。于是，我就在四会中在猎人的队伍里隐藏起来避难。大约经过了十五个年头，我时常随机给猎人们讲说佛法，猎人也常令我看守罗取禽兽的网。每当我看见那些禽兽落网时，便将它们统统放生了。每到吃饭的时候，我便以蔬菜寄煮在那肉锅中。有的人问起我来，我就对他说：只吃那肉旁边的蔬菜。

有一天，我暗自在想：“应当是出来弘法的时候了，不能永远隐遁下去。”于是我离开了猎人队，来到广州法性寺，遇上印宗法师正在讲《涅槃经》。当时有一阵风吹来，旗幡随风飘动，一个僧人说这是“风动”，另外有一个僧人则说是“幡动”，两个人为此争论不休。

我走上前对他们说：“不是风动，也不是幡动，是仁者的心在动。”大众听到了，都十分惊异。

印宗法师迎请我至上席第一位坐，向我求问那深奥的义理；看我所说言辞简单而且意义了当，并不从文言字句中来。所以，印宗便说道：“行者你一定不是平常人啊！很早就听说黄梅五祖的衣法向南来了，莫非就是行者你啦？”

我说：“真是不敢啊。”

于是，印宗对我作揖行礼，并请我将传授得来的衣钵拿出来，给大众观看。印宗又问我说：“黄梅五祖付嘱衣钵、法门的时候，是怎样指示传授的呢？”

我说：“若是说指示传授，那是没有的，只是讨论到直见自己的本性就行了。我不讨论修禅定得解脱的事情。”

印宗说：“为什么你不讨论禅定与解脱呢？”

我回答说：“因为修禅定得解脱是含有能求与所求两种法门的，这就不是佛法了。佛法是无彼无此的不二之法。”

印宗又问："什么是佛法不二的法门呢？"

我说："法师讲的《涅槃经》，'明了佛性'就是佛法的不二之法。譬如高贵德王菩萨对佛说：'犯四重禁令和作五逆罪过及不信佛法的一阐提，应当断善根佛性吗？'佛说：'善良的根基有两种：一是正常，二是无常。'佛性不是正常也不是无常，因而说之为不断，这就是不二法门；一是善良，二是不善。佛性非是善也非不善，因此名之为不二之法。五蕴与十八界，凡夫俗子见到了就认为是二，有智慧的人通达了事理，知道其性本无二别。而无二无别的本性，也就是佛性。"

印宗听了我所说的话，便心生欢喜，合掌恭敬地说："某甲讲解经典，犹如那瓦片和小石一样；用仁厚长者的议论来阐述义理，犹如那纯粹的真金。"于是，他便为我剃除了须发，愿意事奉我为师。我就在这智药三藏亲手种植的菩提树下，开演我这东山顿宗的法门：

"我自从在东山得法以后，历尽辛苦，生命时刻处在危险之中。今天能够和刺史、官僚及僧尼、道俗同在此法会中，无非是多劫以来所结的法缘，也是宿昔供养诸佛，共同种下的善根，方能听闻这顿教得法的因缘。教法是过去的圣人所传下来的，并不是我一个人的聪明智慧。愿意听闻古圣教法的，各自先行净心，听完之后，各自去除疑惑，就与过去的圣人没有差别了。"

大众听了这番开示，非常欢喜，恭敬顶礼然后退去。

智慧解析

前面提到过《金刚经》《中论》和唯识学，而《坛经》在这里，又联系上了《涅槃经》。禅宗在佛教理论中的依据是什么？为什么能旗帜鲜明地提出“一切众生皆有佛性，皆可成佛”这一响亮的口号？就是因为这个思想来源于《涅槃经》。《涅槃经》是大乘佛法的根本经典之一，是佛在涅槃前一昼夜讲完的，可以说是佛对自己四十九年传法的大总结，也可以说是末后的付嘱。

大小乘佛教都遵循“苦、空、无常、无我”的信条。而《涅槃经》却提出了“常、乐、我、净”为涅槃的四德。那边是无常，这边是常；那边是苦，这边是乐；那边是无我，这边是有我；那边是烦恼，这边是清净。风动、幡动、仁者心动的公案，大家都很熟悉，但真正透彻的能有几人？庄子曾经说过：“飞鸟之景，未尝动也。”僧肇有其著名的《物不迁论》。在欧洲，从古希腊哲学到近现代的黑格尔、罗素等，不知为这一现象发表过多少精彩的议论。下面品品这个意趣。

风动、幡动很容易理解，说心动就很不平常了。说是风动，那山为什么不动呢？说幡动，没有风的时候为什么不动呢？两者都可以讲，但都不能成立。因缘和合，二者结合在一起就动了，缘起了嘛。但心动不好讲。僧肇那个《物不迁论》，物不迁，就是根本不动。时间是链状的联系，指这个链子解开，每个时间点上都有相应的东西，而且从根本上没有动的。僧肇的结论是：“旋岚偃岳而常静，

江河竞注而不流，野马飘鼓而不动，日月丽天而不周。”憨山大师看到这里就开悟了。但这怎么讲呢？若能动，那么现在的事物能到古代去，则古代的事物可以进入现在。你能超越时空，看到赵子龙大战长坂坡吗？不能，你没有进入过去，过去也没有进入现在。而是各自处在自己相应的时空范围内。如果不是这样，那古人和今人都可以相互串门了。

那么究竟是什么东西可以动呢？六祖说：“仁者心动。”各有各的时空，各有各的世界。古希腊哲学家芝诺就认为，世界是不动的，他著名的命题就是阿基里斯追不上乌龟。先让乌龟跑出十米，再让著名的长跑运动员阿基里斯去追，由于时空的无限划分，要在有限的时间内赶上无穷个点是不可能的，于是他追不上乌龟。这个命题还真不容易驳倒。黑格尔说，不难，只要去掉时间的限制，转瞬之间就超过了乌龟。但黑格尔超越了芝诺的大前提。

生活就如同放电影一样，动态图像是由许多静止不动的图像连贯而成的，只是有个东西在动，欺骗了人们的眼睛，故误认为世界在动。其实，那个动的东西就是你的心，是你的心把这一切联系起来的。康德就揭示出了其中的道理。如果任何东西都能动，那么人就不会死了。要知道，人在娘胎里就开始死了，生活一秒，死亡一秒，三岁时就死了三年。这种方法，同火箭发射时的倒数数是一个道理。前面的东西一分一秒地过去了，每一段都是排列起来的，但没有一个东西能乱了秩序，能跑到现在来，所以人才会老。如果现在的老就是你从前的年轻，那才便宜了你。这个道理就是“物不迁”。

憨山大师在五台山入定时，由于风太大，定不下来，妙峰对他说，境由心造，是你自己的心没有静下来啊。于是憨山大师就找了个水涧坐在边上，

久而久之，就听不到水声，再进一步，又听不到风声、鸟声。为什么呢？一般人把一个一个的时间点连结起来，就能听、能见了，如功夫专一，只到那一个时间点上不动——本来的那一念显示出来之后，就可以听不见了。这里一起变化，那边宇宙也在变化。境与心是一种微妙的函数关系，是活的。憨山在这个时候想休息一下，出去走走。在走时，就感到风吹过来时，这个身体好像是空的，对风没有阻力。走到一个地方，忽然间一念脱落，就得定了。得定之后，他发现外境与自己的内心分不开，内心就是外境，外境就是内心，整个宇宙与我融为一体。他在定中做了一首诗："瞥然一念狂心歇，内外根尘俱洞彻。翻身触破太虚空，万象森罗从兹灭。"内、外的壁隔一下打破了，这时，时间和空间都不存在了，那是真正地入了不二法门。

憨山出定之后，回去一看，在他感到只过了一瞬间的时候，刚才吃完饭，没有洗的锅、碗上的灰都积了一层，就这么一瞬间，竟经历了二十来天。"洞里方一日，世上已千年。"爱因斯坦的时空与速度有关，而在定中的时间，又与什么有关呢？祖师们说"虚空粉碎"，你不能破，你就在虚空里面，破了，你就在虚空之外了。但这一切，都归摄在一心之中，"仁者心动"，里面深啊！

六祖一出语就产生了"一座骇然"的效果，印宗法师经过询问，知道是五祖的传法人来了，于是就虚心请教五祖传了些什么。对这个问题，六祖的回答更是骇人听闻："指授即无，惟论见性，不论禅定解脱。"从这里，大家可以更清楚地看到禅宗内部到底有没有密法。许多人认为如果不密传点超人的东西，怎么会成为祖师呢？

要知道，一切神通妙用皆从定起，而五祖不仅没有密传什么“定功口诀”，连禅定是怎么回事都没有给六祖说，岂止禅定，连解脱这么根本的东西也没有谈。要说谈了什么、交待了什么，那就只有《金刚经》和前面所说的那些。所以六祖说：五祖与他“惟论见性，不论禅定解脱”。

唯以见性为重，是禅宗的根本点，这在唐代祖师中表现得最为突出。河北某长官曾问临济大师：“你这庙上的僧众还看经不？”临济说：“不看经。”那位长官又问：“那么他们坐禅不？”临济说：“不坐禅。”这位长官很惊讶，说：“经也不看，禅也不坐，那你们这些人出家到底干什么？”临济说：“总要叫大家成佛做祖去。”临济这么大的口气，他卖的什么药呢？卖的就是见性这服药，这是宗门的特制产品，教下少有，所以称之为教外别传。这里须提一下，上面所提持的，并不是要大家不看经、不坐禅，而是要大家不要在这上面执着，不要死在句下，而要看准佛性，一竿子插到底。

六祖以“不二法门”的道理来回答了对此产生的种种疑问，这是无上佛法与那些似是而非的见解的分水岭，也是修证佛法的一大难关。如果问什么是“见道”“破参”，对不二法门的领悟与否，可以说是一个里程碑。禅宗的见性、开悟等，都可以说是对不二法门的领悟。佛法是不二法门，有两样法就不是佛法。“惟此一事实，余二皆非真”，只有这一件是真的，其他都是假的。一切众生都有佛性，而且具足完满不欠分毫，还需要去修证吗？自性本不动摇，还需要去“定”吗？自性本自清净，还需要去律范吗？自性本不生灭，还需要去解脱吗？所以，三祖见二祖时说：“望和尚慈悲，乞与解脱法门。”二祖说：“哪个把你束缚了呢？”三祖说：“没有人束缚我呀！”二祖说：

"好道，既然没有人束缚你，你又求什么解脱呢？"三祖于是言下大悟。因此祖师说："佛说一切法，为除一切心；既无一切心，何用一切法。"所以禅宗教你不思善、不思恶。一说即心即佛，紧接着又补充个非心非佛。以此类推，生、灭是二，净、秽是二，有、无是二，色、空是二，凡、圣是二，无穷无尽，尽把你网在中间出离不得。"超出三界外，不在五行中"，可又如何超出得了呢？所以要在这里看到禅宗的殊胜。

"不论禅定解脱"，见了性，哪里还需要这些呢？《金刚经》说："如来说法，如筏喻法者，法尚应舍，何况非法。"见了性，本身就在定中，本身明白了，这就是禅宗的主张。这与前面"善自护念"，悟后必修是否矛盾呢？不矛盾，这也是不二，要知道《金刚经》所说的"一切圣贤皆以无为法而有差别"的道理。

六祖大师用《涅槃经》对常与无常、善与不善的开示，回答了印宗法师的疑问。只要懂得了上面的道理，理解起来就容易了。

关于不二法门，在《维摩诘经》里还有一个有趣的故事：维摩大士生病了，佛让弟子们去探病，可罗汉们都不敢去，他们害怕回答维摩大士所提的问题。佛于是就派文殊菩萨率领一个菩萨慰问团去慰问。维摩大士果然向菩萨们提出了一个极难的问题——什么是不二法门？在场的三十二位菩萨对此做了回答，但维摩大士不满意，最后文殊菩萨回答说：说不二，就已经是二了。其实这样解释、那样解释都是废话，请维摩大士说说怎样才是真正的不

二法门呢？结果维摩大士一言不发。文殊菩萨果然智慧第一，他赞叹说：维摩大士已经把不二法门说了，因为说一必定二，不说恰恰是不二法门的最高注解。文殊菩萨说完后，天女散花赞叹。这个不二法门就是涅槃境界，四谛法印就是一谛，就是涅槃。如果没有涅槃，那佛教的一切努力都会落空。知道了这些，才会懂得祖师们的作为是如何的可贵，手眼之高，令人叹为观止。

《行由品》大致讲到这里，已经把惠能的得法因由全都讲述出来了，也把五祖的教法、神秀的教法、六祖的教法都开明宗义，作了交代，也把六祖的禅风特色和盘托出。至此，真正言下相应、明了本心的、敢于当下承担的人已经开始解决问题了。

佛法的一切：若识本心，当下现前；若不识本心，学法无益。因此，现在来研究《坛经》，虽然没有证得三身四智，起码有一个根本的见地了，原来我心、佛心、众生心是一心！

般若品第二

一

经文

次日，韦使君请益[①]，师升座，告大众曰："总净心念'摩诃般若波罗密多'。"复云："善知识！菩提般若之智，世人本自有之，只缘心迷[②]，不能自悟，须假大善知识，示导见性。当知愚人智人，佛性本无差别，只缘迷悟不同，所以有愚有智。吾今为说摩诃般若波罗密法，使汝等各得智慧，志心谛听，吾为汝说。

"善知识！世人终日口念般若，不识自性般若，犹如说食不饱。口但说空，万劫[③]不得见性，终无有益。

注释

①请益：已受教而再问未尽之蕴也。

②心迷：一念不觉也。

③万劫：世界一成一毁曰一劫。万劫，犹言万世，极言其时间之长也。

译文

第二天，韦刺史又来向六祖大师请求教益，大师登上法座，对大众说：“大家先清净自心，一起来念‘摩诃般若波罗密多’。”又说：善知识！菩提智慧，世间众生本来人人都有，只因一念心迷，不能自悟，必须借助大善知识的指导才能见到自己的本性。大家应当知道，不论愚人或智人，佛性本来没有差别，只是因为有迷和悟的不同，所以才有愚人和智人的差异。我现在就为你们讲说摩诃般若波罗密大法，使你们各自得以开发智慧。你们要专心致志，仔细地倾听，我就为你们演说：

“善知识们，世上的人一天到晚口里念诵着般若经，却不认识那自然的本性般若，犹如饥饿的人整天说着饭食却终究不能吃饱一样。若是口里只是说着空，则虽是经历千万个劫数，也是不能够见识自然本性的，终究还是没有益处的。

智慧解析

六祖在第一品讲自己得法的经过，第二品就讲般若，可见般若的重要性。《金刚经》是专讲般若的，六祖的传授是从《金刚经》来的，也因《金刚经》而悟，这说明禅宗是没有离开教的，不能像后来的一些讲禅宗的过分强调祖师们的方便，而把教丢在一边。

大家都读过《心经》，“观自在菩萨，行深般若波罗密多时……”里面讲的全是般若。如果说禅宗就是般若宗也完全可以。不过禅宗所讲的般若，不单是在文字上、在思维分别上、理论上，而是贵在教师与学生的关系上，教师要以他的心得影响学生，发起学生自身的、活的般若智慧这样一种传承关

系。不像教师，把那些书讲完，学生考试及格就算脱手。所以禅宗是“行门”，不是“解门”。

其中的道理是什么呢？禅宗重在实处的见地，重在直接转身，就是这个道理，而且这就是真正的般若。藏传佛教称般若为“经王”。般若讲的道理为“了义”。什么是“了义”呢？就是干净、彻底。在什么地方干净，在什么地方彻底呢？这个干净彻底，不是在理论上、学问上，而是在自己的心性上。六祖大师讲般若，讲了这样的法：“菩提般若之性，世人本自有之。”这里再强调一下，以禅宗的观点来看，人人都有佛性，人人都是佛。你自己不信，觉得是与你开玩笑似的，但禅宗是绝对强调这一点的，其修行、其方法都是建立在这个基础之上的，不然顿悟成佛就失去了依据。

世人为什么意识不到这一点呢？六祖说他们由于“心迷”，自己颠倒了，看不到自己的伟大，不知道自己本来是佛，硬要在外面去求什么法。唯识学为了让大家清楚了解这一点，才建立了“万法唯识”这一套学问。懂了唯识的道理，就知道你见的一切，你希望的一切，根本没有离开自己的心。不了解这一层道理，硬要在外面寻觅，所以六祖说是“心迷”。如果说这是唯心论，或说成是主观唯心论都不要紧，佛教有佛教的理由。不论你说唯心、唯物，但一谈问题，必须从这儿开始，从心、从思想开始，这是一切文化产生的关口。所以不论你说这说那、说是说非，必须从当前这个直觉、感觉，当前这个心起手，不从这儿起手，一切都无从谈起。哪怕你要反对、要批判，也得以这儿起手，不然你凭什么来反对批判呢？这一关非过不可，这是禅宗的“禅眼”。

禅宗最重视这一点，下手就是在这儿下手，所谓证了实相，就是认识了自己。对人生宇宙不能认识，就是因为没有认识自己。如果你不愿从这儿下手，那佛菩萨也拿你没法，所以六祖说他“只缘心迷，不能自悟”，这怎么办呢？那就必须“假大善知识导示见性”——指示你的本分，指导你开悟的门径。要知道，大善知识不可能有什么玄妙的东西、什么密法传给你，佛也没有什么东西可以给你，他们只是一个指路的人，帮助你自己认识自己而已。

有人说，既然大家都有佛性，为什么会迷而不觉呢？因为有迷才有悟嘛，这是禅宗的主张，不分什么声闻缘觉，圣人凡夫。禅宗认为人人都有佛性，人人平等。六祖说：“当知愚人智人，佛性本无差别。”所以不要怕迷，有迷才有悟。再把话说穿，迷悟都与佛性无关，迷悟是二法，而佛性是不二的。当教师的常问学生懂不懂，学生懂与不懂是有一时差别的，但从本体上来讲又有什么差别呢？昨天不懂，今天懂了，都只是本性功用上的显示而已。懂，不能说明这个本性多了什么；不懂，也不能说明这个本性少了什么。

以教下而言，讲般若就离不开缘起法，一切法都是缘起。教下讲般若可以说是“尽矣，至矣，无以复加矣”。小乘佛教认为懂得了缘起法就懂得了佛法。大乘的中观、唯识对缘起法做了更加深密的发挥。不论大乘、小乘，缘起法都是以人生的问题为中心而展开的。对禅宗来讲，也不是离开了这些道理而另外建立什么道理。禅宗对这些问题是“提持向上”，在修行的实践上有

重大的发挥。所以六祖在这上面没有做什么理论的发挥，而处处强调“直下见性”，而且更进了一步。下面举个公案：

唐代有个和尚问长沙岑禅师：“亡僧迁化后什么处去也？”长沙岑作了一首偈子说：“不识金刚体，却唤作缘生，十方真寂灭，谁住谁复行。”长沙岑认为，这些比丘因为没有认识到这个金刚本体，就只是从现象上谈谈缘生法而已，如果真正达到了寂灭大定的境界，缘起又在什么地方进行呢？进一步讲，“十方真寂灭”，十方就是东、南、西、北、四维、上、下，十方本来寂灭，法性动也没有动一下，本来就在涅槃之中，再找一个涅槃岂不是多事？“谁任谁复行”，亡僧到哪儿去了呢？又有哪儿可去呢？若东行西去的，就没有寂灭嘛，就没有证到寂灭的本体嘛。缘生法恰恰是金刚本体的作用，离开了金刚本体还有什么法叫缘生法？

这些都是真实的功夫，要如实地去修行，不能纸上谈兵。所以六祖强调要“心行”，不要仅停留在口头上、理论上，不然，学到的般若也是“如幻如化，如露如电”的，是解决不了问题的。若心口相应了，就知道“本性是佛，离性别无佛”了。

二

经文

“善知识！摩诃般若波罗密是梵语[1]，此言大智慧到彼岸[2]。此须心行[3]，不在口念。口念心不行，如幻、如化、如露、如电。口念心行，则心口相应[4]。本性是佛，离性无别佛。何名摩诃？摩诃是大，心量广大，犹如虚空，无有边畔，亦无方圆大小，亦非青黄赤白，亦无上下长短，亦无嗔无喜，无是无非，无善无恶，无有头尾。诸佛刹土[5]，尽同虚空。世人妙性本空，无有一法可得。自性

真空，亦复如是。

“善知识！莫闻吾说空，便即著空。第一莫著空；若空心⑥静坐，即著无记空⑦。

“善知识！世界⑧虚空，能含万物色像⑨，日月星宿，山河大地，泉源溪涧，草木丛林，恶人善人，恶法善法，天堂地狱，一切大海，须弥诸山⑩，总在空中。世人性空，亦复如是。

“善知识！自性能含万法是大，万法在诸人性中。若见一切人恶之与善，尽皆不取不舍，亦不染著，心如虚空，名之为大，故曰‘摩诃’。

“善知识！迷人口说，智者心行。又有迷人，空心静坐，百无所思，自称为大。此一辈人，不可与语，为邪见⑪故。

注释

①梵语：天竺之言语，从梵天禀承故，名曰梵语。

《西域记·二》：“详其文字，梵天所制；原始垂则，四十七言也。乃至因地随人，微有改变；语其大较，未异本源。而中印度特为详正，辞调和雅，与天同音。”

《四教集解·中》：“劫初之时，梵天下生，身有光明。是故天竺言语书等，皆承于梵，故云梵语。”

②大智慧到彼岸：大智慧，广大之智慧，能通达一切之事理者。

彼岸，经中以譬涅槃成佛之所也。

③心行：心中念念不忘，即是心行。

④相应：契合之义也。

《净土论注·上》：“相应者，譬如函盖相称也。”

⑤刹土：刹，梵语差多罗之讹略，译曰土田。梵汉双举，故云刹土。

⑥空心：见六祖《金刚经注》："见性之人，自当穷究此理。若人空心静坐，百无所思，以为究竟。即着空相，断灭诸法。"

⑦无记空：无记为三性之一。

《唯识论·五》："于善、不善不可记别，故名无记。"

《百法问答钞·三》："无记性，于善不善、益损事中，无殊胜力用可记别，故名无记也。"

永嘉禅师云："无记者，虽不缘善恶等事，然俱非真心，但是昏住。"

⑧世界：凡诸有情所依止之国土也。

《楞严经·四》："世为迁流，界为方位。汝今当知，东西南北、东南西北、上下为界，过去、现在、未来为世。"

⑨色像：色者，体色。像者，形态。

⑩须弥诸山：须弥山名，一小世界之中心也。译为妙高、妙光、安明、善积、善高。凡器世界之最下为风轮，最上为水轮，其上为金轮，即地轮。地轮上有九山八海，即持双、持轴、担木、善见、马耳、象鼻、持边。须弥山之八山八海，有铁围山，其中心之山，即须弥山也。

《注维摩经·一》肇曰："须弥山，天帝释所住金刚山也，秦言妙高。处大海之中，水上方高三百三十六万里。"

⑪邪见：案，此邪见，非指五见中拨无因果之邪见，乃谓谬妄不合于道之邪见耳。何也？以其着于无记空也。

译文

“善知识啊！摩诃般若波罗密是印度的梵语，翻译成中文就是用大智慧度到彼岸。这必须要从内心里去实行，不是只在口头上称念的。如果只是口说而心不行，那就如幻、化、露、电，终归空过。如果口念而且心行，即能心口相应契合，这时清净的菩提自性就是人人本具的天真佛，离开自性之外并无别佛。什么叫作摩诃呢？摩诃的意思是大。这是说觉悟了的心量广大无边，就好像那浩瀚的太虚一样。没有边际，也没有方圆、大小的形象，也没有什么青黄赤白的颜色，也没有上下长短的状态，也没有恚怒与喜爱、正误与是非，也没有什么善良与丑恶、开头与结尾等相对性的分别。诸位佛陀所教化的国土，尽皆等同于虚空。世人的微妙真如佛性本来就是虚空，并没有一种法门可以得到。所以说，自然本性的真空，也就是这个样子的。

“善知识啊！切莫要听我说了个虚空，便就又执着于这个“空”字。第一的事情，就是不要执着于空。倘若是空掉了自己的心性去静坐，也就已经执着了无记空了。

“善知识啊！大千世界的广大虚空，能够包含万物的种种色像：日、月、星宿，山、河、大地，泉源、溪涧，草木、丛林，恶人、善人，恶法、善法，天堂、地狱，一切大海，须弥等山，都是含藏在这虚空之中的。世间人的妙性真空，也如同这样能够含藏万法。

“善知识啊！自然本性能够含藏万法，所以说之为大，万法就存在于诸人众生的自然本性之中。如果能够见到任何人的“恶的与善的”，全都不争取也不舍弃。也不会有所污染与执着，心中的境界洒落如同那虚空一样，就称之为大，因此梵语叫作‘摩诃’。

“善知识啊！迷惑而不觉悟的人只是口里讲说而已，觉悟了的智慧者则在心中践行。又有一种迷惑的人，空掉了一切心来寂静地坐禅，什么东

西都不再思索了，自以为这就是所谓的‘大’。这一类人，是不足以给他们讲说摩诃般若之法的，因为他们已经落入了邪恶见解之中。

智慧解析

提及“大”，一般人们会想到宇宙，而六祖却说“心量广大”，把这个“大”放在了自己的这个心上。禅宗开宗明义是这个话，归根到底还是这个话。要知道，在佛法里，虚空还不算大，虚空也只不过在心里，只是心里的一个部分而已。心量比虚空、比宇宙还大得没法比。虚空仍然是你心意识的显现，悟到最后，这个虚空还会粉碎。说到这里，一般人就理解不了了，虚空怎么还会粉碎呢？要知道，虚空也只是一种假象，不是不变的，它仍然是一个无常的东西。虚空只是观念中所现的一个相，你自己的念头变了，外面的虚空也会发生变化。

所以学禅宗的人对此要确信，你知道宇宙有多大，你的心就有多大，你才知道自己的伟大。所以禅宗开门见山就告诉你是佛，与佛无二无别，现在虽然没有证到，但应该信到。佛教讲“信、解、行、证”，先应以信入，最后以证了，禅宗的修法就是这样。

心是什么呢？它有什么样的形态呢？有的人一用功，见这见那，就认为自己见了“性光”。千万不要上当，心什么也不是，若能见得到，这个心就小了，就受到了限制。《金刚经》说：“如以色见我，以音声求我，是人行邪道，不能见如来。”所以六祖说了那么多“无”，从“无有边畔”，到“无有头

尾”，最后是“无有一法可得”。要知道，方圆大小，青黄赤白，是非善恶等，全是相对的概念，它们在相对里全都是对的，但相对的范围一突破，超出了经验而引申到绝对里，就不起作用了。譬如说数量，人们工作、生活都离不开数量，但引申到绝对里——宇宙重多少吨呢？谁说得清楚。因为这些数量对于宇宙丝毫不起作用，也说不明问题。

六祖还把虚空的道理归结到“世人妙性本空”上来，世间每一个人都具有这个“妙性”，这个“妙性”又是“本空”的。怎么“妙”法呢？就是与虚空一样：无是无非、无长无短、无色无相，而且“无一法可得”。也就是说，虚空的那个德，人们本性全有，就这个虚空也在人们的妙性之中。有的人说佛法玄妙，是有点玄妙，不玄不妙怎么能得解脱呢？但这个玄妙不是别的，就是你自已那个心。说开悟很难，但一经点破才感到它是那么的平常、那么的容易。大家在这儿听《坛经》，而且都听到了，这就是“妙性”嘛。这个“妙性”是什么呢？是耳朵、大腿、丹田？总之你找不到，你说妙不妙！拿相对、具体的东西在这儿找是找不到的，所以才是“妙性本空，无有一法可得”。若有一法可得，就不妙了，也不空了。所以永嘉大师在《证道歌》中说：“不离自住常湛然，觅即知君不可见”。大家所熟悉的《心经》，全部结论就是这么一句话。如“五蕴皆空，度一切苦厄”“空中无色、无受、想、行、识”，几个“无”，把什么都“无”干净了。那佛说的法呢？“无苦、集、灭、道”，那么六度万行呢？“无智亦无得”，为什么《心经》要把这一切扫得如此干净呢？因为这一切一切，都

是“以无所得故”。这就是“妙性本空，无有一法可得”。不是佛，也不是六祖执意要说空，因为人生宇宙的真谛就是空。有的人到了这里就害怕了，什么依靠都没有了，家庭、单位、国家、地球、极乐世界都空了，那么归宿又在哪里呢？不要怕，你真的空了，就会“心无挂碍了”“无有恐怖”了。如果你还要抓一个东西在手心里才安稳，那就绝对空不了。你若能做到一切皆空，才能“远离颠倒梦想”，也才能“究竟涅槃”。

六祖说了那么多空，但不放心，害怕大家产生误解，所以马上转了回来，说：“善知识，莫闻吾说空，便即著空”。佛教有个譬喻叫“以楔出楔”——为了从木头里取出一根钉子，但却把新的钉子留在木头里了。说空就是要把钉子取出来，但着空又把钉子留在里面了，所以，你若把空抓住，就完了，就永远空不了。证悟与解悟的分水岭就在这里。真正的证悟，是在修行里，在本分上直接把这个空感受到了，这个心就是这个空，并不需要你在道理上说长说短。这时的概念活动已经脱落，正如本来就是本地人，在本地不需要导游一样。

唐代的严阳尊者问赵州禅师说：“一物不将来时如何？”赵州说：“放下着。”严阳尊者很不理解，他问：“我已经是一物不将了，还有什么东西可以放下呢？”赵州说：“对不起，你若放不下，那只好担起走。”严阳尊者听到这里就大悟了。这说明什么问题呢？就是六祖大师所说的“着空”，实际上仍把空执着了，根本没有实证到空。赵州把他执着的空夺了，他才真正领悟了。

现在气功很流行，有些教人静坐的，要学生坐在那里什么都不想，这实际上是学道的毛病。这样久了，记忆力、智力、思维都要严重退化，这就是“无记空”的后果。坠入“无记空”的人，认为善也不要去想、恶也不要去

想，认为这就是空性、就是道，其实大错特错。空空空，空什么呢？空是有对象的，人们的心有一种自发性，只要想到什么事情，就黏滞在这个事情上。自己贪爱的，黏滞的时间就长，在行为上的造作就表现得多。空，就是要空掉这一类东西。引而申之，万法皆空的道理是根据缘起论，以心物关系而言，从心离不开万法的角度来看，心本来就空。从万法离不开心的角度来看，万法本来就空。能在这里一转身，就是好消息。在这里，你才知道云门大师所说的“转山河大地归自己，转自己归山河大地”。你才能见性，才能解脱。这里哪儿有“无记空”的地位呢？对于那些坠入“无记空”的人，还自满自大，以为是得了道。六祖告诫说：“此一辈人，不可与语，为邪见故。”——其实是中了邪见的毒，连一般人都不如。大家以后用功时，千万切记于此，禅宗万不是这个道理。

三

经文

“善知识！心量①广大，遍周法界。用即了了分明，应用便知一切。一切即一，一即一切，去来自由，心体无滞，即是般若。

“善知识！一切般若智，皆从自性而生，不从外入，莫错用意，名为真性②自用。一真一切真。心量大事③，不行小道④。口莫终日说空，心中不修此行。恰似凡人自称国王，终不可得，非吾弟子。

注释

①心量：此心量，指如来真证之心量。言离一切之所缘能缘，住于无心者是也。

《楞伽经·三之一》：

观诸有为法，离攀缘所缘。

无心之心量，我说为心量。

离一切诸见，及离想无想。

无得亦无生，我说为心量。

非性非非性，性非性悉离。

谓彼心解脱，我说为心量。

如如与空际，涅槃及法界。

种种意生身，我说为心量。

②真性：不妄名真，不变名性。是人本具之心体也。

《楞严经·一》："前尘虚妄相想，惑汝真性。"

③大事：大事者，总言转迷开悟，即《法华》所谓佛知见，《涅槃》所谓佛性，《无量寿经》所谓往生极乐也。

《天台仁王经疏·上》："大事因缘，为兹出世，显令众生，开示悟入佛之知见。《法华》以佛知见为大事，《涅槃》以佛性为大事，《维摩》《思益》以不思义为大事，《华严》以法界为大事，今此般若，以成佛因果为大事。名字虽别，其义一也。"

④小道：指空心静坐等。

译文

"善知识啊！自然本性的心量广大，周围遍布于整个法界。用的时候也就了了分明而没有障碍，应用之后就感知到一切圆融而自在。一种法即是一切法，一切法即是一种法，来来去去，自由自在，心灵之体无所迟滞，就是所说的'般若'。

"善知识啊！一切的般若智慧，都是从自然本性中生出的，绝不是从外面进入自己的。千万莫要错用了自己的心意！这就叫作那真如本性自己

起用自己。从一个真如本性的立场上，能够观照到一切法都是真实不虚的，转迷开悟而开发自己心量中的大事，不在修行、空心静坐等小道上。不要整天在口中说着空字，而心中却不修行真空妙行！就好像是一个平民百姓，却自称自己是国王一样，终究是成不了真王的。这种人也不是我的弟子。

智慧解析

真正开悟的人，真正有见地的人，不会把客观世界抛在一边，不会逃避现实生活。相反，他对工作，对生活的考虑更周密，做得更好、更巧、更高明，可以“遍周法界”“了了分别”，而且“应用便知一切”。那些空心静坐，坠入“无记空”的人，有这样的能耐吗？

“心量广大”是前提，必须承认这个东西，你体会到这里就抓住根本了。心体是空性，第一义是空。一说佛性就是全体空，但空呢？全体是色，没有一处不是物，也没有一处不是空，所以“空即是色，色即是空”这是泄露天机的话呀！其实，空就是什么都有，有就是什么都空，这个空就是这个有，这个有就是这个空，但是这个空也不是这个有，这个有也不是这个空。达到了这样的认识，你才能深入“一切即一，一即一切”，也才能“去来自由，心体无滞”。也就是说，你已经品尝出般若的味道了。要知道，正因为空，才能建立一切，正因为空，你舞剑弄拳才没有障碍，正因为空，才会有昨天、今天、明天。

禅宗讲传心。心是每一个人都有的，心量又是如此之大，如此之妙，所以是大事。要学这个法，就不要去学那些邪门歪道。要知道心是根本，“一切般若智，皆从自性而生，不从外入”，这里真了、对了，那一切都对了，所以这个事情大得很。《法华经》称佛出世“为一大事因缘”，就是这个道理。老师悟的是这个东西。传呢？不过是把他悟到的让学生再悟一下，老师是不能、也没有什么东西可以给你的。你想，一个无时间、空间，无色、无相，无善、

无恶，无是、无非的东西怎么个传法呢？所以，开悟见性是大事，但不要从外部去寻觅。洞山禅师开悟时就说："切忌从他觅，迢迢与我殊。"在外面求，是永无结果的。

欧洲大哲学家笛卡尔有个著名的论断："我思故我在。"他认为，任何推理，必须有个根本的前提，而这个前提是无须证明的。把宇宙万物找完，只有一个东西无须证明，这就是"我"的存在。我正在"思维着"的这个存在是无须证明的，所以一切推论都必须从这儿开始。这是无须怀疑的，而其他一切则是可以怀疑的。这与禅宗有些相近，怀疑到最后，这个"怀疑"本身还能否怀疑呢？又是谁在怀疑呢？所以只有这个东西非承认不可。"我思故我在"，对我就不能怀疑了。禅宗认为不行，还须更进一步，"我"还是空。这就是内道外道的分水岭。现在西方哲学大多与笛卡尔的认知相似。康德哲学、存在主义、现象学、新托马斯主义等，都知道这个重要性。只有一点他们不敢谈，就是这个我也是空的。这是佛教的特点，是禅宗的特点。

讲个公案。元代高峰原妙是著名的禅师，他最初参禅多年一无所得，一天睡觉中醒来忽然想起赵州"万法归一，一归何处"的话头，挑起了他的疑情，七天七夜没睡，茶里饭里、静时闹时都在参。一天随众上堂，看见法堂上有个偈子"百年三万六千日，反复原来是这汉"，豁然间一念脱落，开悟了。这就是禅宗的"破本参"。他下来对老师说："你以后不要再用棒子打我了。"老师说："你还没有了。"他说："那你考我嘛。"老师就问他："日间浩浩时做得主么？白天应酬周旋时做得主不？也就是八风吹得动不？"高峰说："做得主。"老师又问："那晚上睡觉做梦时做得主不？"他说："做得

主。”——梦里心可以不动了。大家知道，白天理智活动清醒，容易把自己的思想管住，梦里可不同了，白天不敢做的事，梦里往往敢做。白天不动心的，梦里却会动心。所以要知道这两句话的分量。不昧已灵，又能做主是谈何容易。可是他的老师并没有到此为止，在人闻所未闻、想所未想的地方又逼一拶：“无梦无想时，主人公又在何处呢？”高峰答不出来了，以后才到天日山去闭死关，用了五年的时间才把这个问题解决了。笛卡尔和那些哲学家会不会花上这样的功夫，达到这样的境界呢。可以这样试问笛卡尔：诚然我思故我在，如果我不思、我不想，这个我又在哪儿呢？以至父母未生我之前，或者烧成了灰之后，这个我还有没有，又在什么地方呢？这里就是“拈花一笑”，就是诸佛的心印。世间各宗各派在这个问题上都不能更进一步，可以说百尺竿头到了顶。但禅宗却要你百尺竿头更进一步，要你放身舍命。不如此，怎么谈得上更进一步呢？这的确是要命之处，没有如实修行，纸上谈兵哪里能到得了这里。那些口头禅、狂禅，在公案里拣了几句，认为自己悟了，或者在理论上推来推去，认为自己懂了，都是不行的，那是得不到解脱的。

四

经文

“善知识！何名般若？般若者，唐言智慧也。一切处所，一切时中，念念不愚，常行智慧，即是般若行。一念[1]愚即般若绝，一念智即般若生。世人愚迷，不见般若。口说般若，心中常愚。常自言我修般若，念念说空，不识真空[2]。般若无形相，智慧心即是，若作如是解，即名般若智。

“何名波罗蜜？此是西国语，唐言到彼岸，解义离生灭。著境生灭起，如水有波浪，即名为此岸；离境无生灭，如水常通流，即

名为彼岸，故号波罗密。

“善知识！迷人口念，当念之时，有妄有非。念念若行，是名真性。悟此法者，是般若法，修此行者，是般若行。不修即凡，一念修行，自身等佛。

“善知识！凡夫即佛，烦恼[③]即菩提。前念迷即凡夫，后念悟即佛。前念著境即烦恼，后念离境即菩提。

“善知识！摩诃般若波罗密，最尊最上最第一，无住无往亦无来，三世诸佛从中出。当用大智慧，打破五蕴烦恼尘劳[④]，如此修行，定成佛道，变三毒[⑤]为戒定慧[⑥]。

注释

①一念：时刻之极短促者也。

林子《坛经讥释》：“或问何以谓之一念也。林子曰，夫所谓一念者，盖谓一切处所，一切时中，念念如此，而无复有他念也。犹言心心如此，而无复有他心也。故心心念念，自忏前愆；心心念念，自悔后过。心心念念，去假归真；心心念念，离假离真。心心念念，弃邪归正；心心念念，无邪无正。心心念念，见性以为功；心心念念，平等以为德。心心念念，内心谦下以为功；心心念念，外行于礼以为德。心心念念，敬上念下，矜恤孤贫；心心念念，和光接物，通达无碍。凡若此类，是皆一念之大旨也。”

②真空：见《禅源诸诠·上》：“龙树提婆等菩萨，依破相教，广说空义；破执有，令洞然解于真空。空者，是不违有之空也。”

③烦恼：见《唯识述记·一本》：“烦是扰义，恼是乱义。扰乱有情，故名烦恼。”

《智度论·七》：“烦恼者，能令心烦，能作恼故，名为烦恼。”

④尘劳：尘是六尘，劳谓劳倦，由尘成劳，故云尘劳。

⑤三毒：贪、嗔、痴三种烦恼。

⑥戒定慧：防身之恶曰戒，使散乱之心静曰定，去惑证理曰慧。

《名义集·四》："防非止恶曰戒，息虑静缘曰定，破恶证真曰慧。"

《三藏法数·九》："如来立教，其法有三。一曰戒律，二曰禅定，三曰智慧。然非戒无以生定，非定无以生慧，三法相资不可缺。"

《破相论》："三聚净戒香，即制三毒心也。制三毒，成无量善法聚。聚者，会也。无量善法，并会于心，故名三聚净戒。"《问如经》所说："'三聚净戒者，誓断一切恶，誓修一切善，誓度一切众生。今惟言制三毒心，岂不文义有乖也?'答：'佛所说是真实语也。菩萨于过去因中修行时，为对三毒发三誓愿。誓持一切净戒，对贪毒；誓断一切恶，常修一切善，对嗔毒；誓度一切众生，故常修慧，对痴毒。由持如是戒定慧三种净法，故能超彼三毒，成一佛道也。誓断一切恶（摄律仪，戒也），誓修一切善（摄善法，定也），誓度一切众生（饶益有情，慧也），以上三聚净戒也。'"

译文

“善知识！什么叫作般若呢？梵语般若，中国人的说法就是智慧。在那一切的空间里，在那一切的时间里，如果每一个念头都不愚痴，常用智慧行事，这就是般若行。如果一念愚妄，就尽失般若；一念离妄，就能出生般若。世间凡夫，愚迷不悟，不能见到实相般若。虽然口说般若，心中却为愚迷所惑；虽然常常自己说自己是“我在修行般若法”，口中念念说着“空”字，但却不识得那真空之理。般若实相没有形相可说，智慧的心灵才是真实的。若是能够做这样的会解，也就可以称为般若智慧。

“什么叫作波罗密呢？这是西方印度国的语言。中文译作到那边的岸上，若是解释其意，则就是‘离开了生存与灭亡’。心灵如果执著了境界，则生存与灭亡便也随境现起了。也如同那水的流动，便兴起了波浪。这就叫作是这边岸上。心灵如果离开了所缘的境界，则生存与灭亡便无法再现起了，就如同水平常的通流一样。这样的境界就叫作是那边的岸。因此，就称这为波罗密。

“善知识啊！迷性而不悟的人只知道口头念诵，而念诵的时候，就已经是虚妄而错误的了。若能够心心念念实践修行，才是真实不二的真如法性。觉悟了这大法的，也即是般若法；依照法性修行的，也即是般若行了。不这样修行，即是凡夫俗子，若能够有一个念头这样来修行，自己当下即与佛平等无异了。

“善知识啊！凡夫俗子原本就是佛，烦恼原本即是菩提觉悟。前一念头迷惑的时候即是凡夫，后念觉悟的时候即是佛；前一念执着了境界即是烦恼起，后念离开了所执的境界即是菩提现了。

“善知识啊！摩诃般若波罗密啊，是最尊、最上、最第一的。没有现在、过去和未来，三个世间众佛都从其中出。应当运用大智慧，打破断除

那五蕴、烦恼和尘劳。像这样的修行，必定能够成就佛道，变贪、嗔、痴三毒为戒、定、慧三无漏学。

智慧解析

六祖这里讲的全是真实的功夫，并且对口说和实修划清了界线。作为学问研究是可以的，但要以学问解脱则不行。禅宗的修行就是不二法门。你若在二六时中念念执着，念念成“二”，在善恶是非，有无真幻上钻牛角尖，就不是般若行。说回来，也不要在外面去找什么修行的方法，就在这些成“二”的念头本身上去参，慢慢就会念念般若。首先你应相信自己，相信万法就是你自己，“二”是你自己，“不二”也是你自己，烦恼是你自己，菩提还是你自己。这一切，都是你自己本来具备的，不是外来的，你还会去分什么主观、客观、善恶、是非呢？这样，你就不会陷在相对之中出不来。这就是般若行。这样久了，烦恼自然会一天天轻，智慧自然会一天天长。真正心中般若现了，就会“念念不愚”了。

结合气功来讲，就不要管什么“大周天”“小周天”。周天，就是循环不息、没有障碍。你若念念执着，念念都在相对的“二”中，身上的气息怎么能达到畅通无阻呢？那些在这上面毫无所见的人，自称周天通了，岂不是自欺欺人吗？真正通了周天，他的身心性命自有不

同常人之处，从道德、智慧、修养来讲，必定达到了更高的层次。以禅宗来讲，这就是“无相周天”。要念念般若、念念智慧、念念开花、念念自由，而且念念都是大小周天，这种周天，谁见过呢？在禅宗上可以多用功夫，这个法是智慧法，并可以直达智慧之源。这是真实可靠的。

波罗密是印度音，翻译成中文就是到彼岸，意思是脱离了生死。此岸是生灭，彼岸是不生不灭。但生灭从何而起呢？佛教认为，你一着境，一落入相对之中，生灭就起来了。如同水里的波浪一样，一波一浪，一起一伏，一生一灭。古人说：“仁者爱山，智者爱水。”山是一种静相，喻永恒，而水呢，则是动相，喻变化。一个人的道德应确立不拔、巍然而立。一个人的智慧应无形无相，变化无穷。六祖这里以水的波浪喻生灭，也就是用水的变化来开人的智慧。有些文人爱以浪花自喻，哀叹人生的短暂无常，这就是生灭，就是此岸。但这些浪花、波浪却形成了永流不息的长江大河。把永流不息、无穷无尽的波浪都汇归自己，就是永恒，就是彼岸。六祖说：“着境生灭起。”你着在境上，如同一个短暂的波浪一样，怎能不哀叹人生的无常呢？“离境无生灭”，你若放下了，不执着世上的是是非非、利害得失，把烦恼打破了，那就是“如水常通流，即名为彼岸”。要知道此岸就是彼岸，不是离开了此岸而别有什么彼岸，不是离开了一个又一个的波浪而别有一个长江大河。

在这一段中，六祖再一次强调了要心口相应，不要口念而心不行，并开示说：“悟此法者，是般若法，修此行者，是般若行。”所以，般若法、般若行并不是什么高不可攀的东西，“念念若行，是名真性”，只要明白了这个道

理，就在日常的工作和生活中，在喜怒哀乐中去修、去参、去行，就是这个“真性”，不是如《聊斋》中的那个故事，还需要换头、换心才达得到。所以六祖又说：“不修即凡，一念修行，自身等佛。”就这一念，就是人们现在虚灵不昧的这一念，就是生活、学习和工作的依据，就是万法的源头。不在这个“一念”上修，或离开这个“一念”去另外修什么，就是“凡”，就是外道。你若在这个“一念”上修了，行了，那你就可以“自身等佛”。

这里，六祖还在中国佛教中响亮地提出了“凡夫即佛，烦恼即菩提”的主张。这个主张，尽管以前也有人提出过，并在理论上加以推导，但却加了许多前提。只有六祖才如此直接，如此鲜明，并且不附带任何前提。

有和尚问法眼文益禅师：“如何是佛？”法眼说：“我说出来，恐怕你信不过。”那个和尚说：“和尚是大善知识，不打妄语，我怎么会信不过呢？”法眼说：“你信得过，那我给你坦白地说，你就是佛。”这个和尚立即就开悟了。前念迷即凡夫，后念悟即佛。一般用功的人，就差这么一点点。

五

经文

“善知识！我此法门[①]，从一般若生八万四千智慧。何以故？为世人有八万四千尘劳[②]。若无尘劳，智慧常现，不离自性。悟此法者，即是无念[③]。无忆无著[④]，不起诳妄，用自真如性，以智慧观照，于一切法[⑤]，不取不舍，即是见性成佛道。

“善知识！若欲入甚深[⑥]法界及般若三昧[⑦]者，须修般若行，持诵《金刚般若经》，即得见性。

“当知此经功德，无量无边，经中分明赞叹，莫能具说。此法门是最上乘，为大智人说，为上根人说。小根小智人闻，心生不

信[8]。何以故？譬如大大下雨于阎浮提，城邑聚落，悉皆漂流，如漂枣叶；若雨大海，不增不减。若大乘人，若最上乘人，闻说《金刚经》，心开悟解，故知本性自有般若之智，自用智慧，常观照[9]故，不假文字。譬如雨水，不从天有，元是龙能兴致，令一切众生、一切草木、有情无情[10]，悉皆蒙润。百川众流，却入大海，合为一体。众生本性般若之智，亦复如是。

“善知识！小根之人，闻此顿教，犹如草木根性小者，若被大雨，悉皆自倒，不能增长。小根之人，亦复如是。元有般若之智，与大智人更无差别，因何闻法不自开悟？缘邪见障重，烦恼根深，犹如大云覆盖于日，不得风吹，日光不现。般若之智亦无大小，为一切众生自心迷悟不同。迷心外见，修行觅佛，未悟自性，即是小根；若开悟顿教，不能外修，但于自心常起正见[11]，烦恼尘劳，常不能染，即是见性。

“善知识！内外不住，去来自由，能除执心，通达无碍[12]。能修此行，与般若经本无差别。

注释

①法门：见《注维摩经·八》肇曰：“言为世则谓之法，众圣所由谓之门。”

②八万四千尘劳：犹言八万四千烦恼也。尘劳即烦恼之异称，可以污吾人之真性者。

《止观·一》：“一一尘有八万四千尘劳。”

《破相论》：“无明之心，虽有八万四千烦恼情欲，及恒河沙众恶，皆由三毒以为根本。此三毒心，自能具足一切诸恶。犹如大树，根虽是一，所生枝叶，其数无边。彼三毒根，一一根中生诸恶业，百千万亿倍过于

前，不可为喻。”

③无念：无妄念也，即正念之异名。

《三慧经》：“问曰：‘何等能知一万事毕?’报曰：‘一者，谓无意无念，万事自毕。意有间念，万事皆失。’”

古德云：“无念者，心体灵知，湛寂不动，如镜鉴像，如灯显物。其像之妍丑，物之纤洪，而镜与灯不知也。虽曰不知，未尝毫发少隐也。其照体本空而能显物，曾何念虑于其间哉！所谓繁兴大用，举必全真。我常于见闻知觉之顷，欲觅念相如毫发许，了不可得而曰无念，非不念也。无念之念，生无生相，住无住相，异无异相，灭无灭相，非思虑计度所知。惟洞彻法源者，颇测其仿佛。未易与缠情缚识者语也。”

④无著：不执着于事物之念之谓也。

⑤一切法：见《智度论·二》：“一切法，略说有三种。一者有为法，二者无为法，三者不可说法。此三已摄一切法。”

《楞伽经》：“佛告大慧，一切法者，谓善、不善、无记，有为、无为，世间、出世间，有罪、无罪，有漏、无漏，受、不受。”

⑥甚深：法之幽妙者名深，深之极者名甚。

《探玄记·十一》：“超情曰深，深极曰甚。”

《光明文句》：“彻到三谛，故言甚深。”

《清凉观经疏》：“一真法界，谓寂寥虚旷冲深包博，该括万有。即是一心。”

⑦三昧：见《大乘义章·二》：“以心合法，离邪乱，故曰三昧。”

《玄应音义·三》：“三昧，正言三摩地，译云等持。等者，正也，正

持心也；持谓持诸功德也。或云正定，谓住缘一境，离诸邪乱也。”

《大智度论·四十三》：“般若不异三昧，三昧不异般若。般若不异菩萨三昧，菩萨三昧不异般若。般若三昧即是菩萨，菩萨即是般若三昧。”又一百卷：“散乱心中，但有智慧，不名三昧；今从师闻已，一心思维，名为三昧。摄心不散，智慧变成三昧。”

《翻译名义集》：“三昧此云调直定，又云正定，又云正受。”

远法师云：“夫称三昧者何？专思寂想之谓也。思专则志一不分，想寂则气虚神朗，气虚则智恬湛照，神朗则无幽不彻。”

⑧不信：心念不澄净，于三宝之实德不乐欲也。

⑨观照：以智慧照见事理曰观照。

《肇论》：“观照般若，照事照理故。”

《法藏心经疏》：“观照能观妙慧。”

⑩无情：指草、木国土而言。

⑪正见：为八正道之一，离诸邪倒之正观也。

《胜鬘经》：“非颠倒见，是名正见。”

《四教仪集注·中》：“正以不邪为义。”

⑫通达无碍：通达者，通于事理而不壅滞之谓也。

《金刚经》：“若菩萨通达无我法者，如来说名真是菩萨。”

《往生论注·下》：“无碍者，谓知生死即涅槃，如是等入不二门无碍相也。”

译文

“善知识啊！我这个法门，从一个实相的般若里能够生出八万四千种智慧来。为什么呢？就因为世间的人有那八万四千种烦恼与尘劳。假若世人没有了尘劳，便能够时常发现自性中的智慧，心心念念都不离开那菩提的自然本性。觉悟了这种法门的人，也就是没有妄念了。心中没有了思量

与执着，不再生起虚诳、妄想。随着机缘应用自然的本性真如，以智慧观照一切，对于一切色心、诸法都不争取也不舍离，这就是见到自然本性而成就佛道了。

“善知识啊！如果想要进入这非常深湛的一真法界以及般若正定的人，必须修持这种般若的实践，奉持读诵这《金刚般若波罗密经》，即能够见到自然的本性。

“应当知道这部《金刚经》的功绩与福德，是无量无边的，所以经中分明已经赞叹出来，说是“不能尽说”啊。这种法门是最上乘的教法，专门为那拥有大智慧的人讲说、为具有上等根器的人讲说的。小根器、小智慧的人听闻了这种方法，心中便会生出疑惑来。这是什么缘故呢？譬如说天龙降雨给阎浮提世界，城市和村落里，都漂流在大水中，如同漂流的草叶一样。如果雨是下在大海之中，那海水是不见有什么增加和减少的。假使是大乘根性的人，假使是最上乘根性的人，听闻他人讲说这《金刚般若波罗密经》，即能够心中开悟理解，因而知道本性中自然有着那般若的智慧。这是因为自己运用智慧，时常进行观照，不是假借着文字言语的灌输而后知道的。譬如那雨水的降临，不是从本来无有的地方生出来的，而是因为自然的天龙能够兴云致雨，令一切的众生、一切的草木，有情的和无情的众生，统统都蒙受雨水的润泽。百条川江众流，都注入到海之中，却能够与大海水合为一体。众生的自然本性、般若智慧，也是这个样子的。

“善知识！小根性的人听闻此顿教法门，犹如草木一样，根性小的，

如果被大雨一淋，就会全部倒下，不能继续生长。小根性的人，听闻大法的情形也是这样。他们原有的般若智慧，和大智慧的人并没有差别，为什么闻此顿教法门不能开悟呢？因为他们执着邪见，所知障重，烦恼习气根深蒂固，好像密云遮蔽了日光，没有风来把云吹散，日光就不能透现出来。般若智慧，人人本来具足，没有大小之分，只因为一切众生自心有不同的迷悟所致。心有迷惑，向外求法，离心觅佛，不能悟见自性，这就是小根性的人。如果领悟顿教法门，不用心外修行，只在自己心中经常生起正见，自然一切烦恼尘劳不能着染，这就是见到自性。

"善知识啊！于内外境界一毫也不住着，生死往来都能够得到自由，能够遣除了执着的心理，这便是通达无我、无有障碍了。能够如是来修行这种般若行的，便与《般若经》所说的没有什么差别了。

智慧解析

烦恼和智慧从本体上来讲是没有差别的，你若能"智慧常现，不离自性"，把尘劳转过来就是智慧。用智慧观照一切法空，没有什么可执着的，这样烦恼就失去了依托，这样的境界中自然无念。要知道，这个无念，里面是活泼的，不是空空荡荡什么都没有的顽空，里面是"智慧常现""不起诳妄的"。而"着空""无记空"本身就是妄念——里面没有智慧，一潭死水，却自认为得了涅槃。再说一下，六祖这里所说的"无念"，不是百不思、百不想，而是清净常流的一念，"应无所住而生其心"的一念，没有执着的一念，是"一切即一，一即一切"的一念，是万法之源的一念。不然，悟来悟去，悟成了石头土块，岂不是笑话。所以六祖大师和许多祖师们提持的这个"无念"，是开悟后的一种高级境界，绝不是什么念头都不起了、不用了。没有念头还了得，那这个社会文明是从哪儿来的呢？三藏十二部从哪里来的呢？八万四千法门从哪儿来的呢？

"无念"，才能"于一切法，不取不舍"。它本身就是一切法了，又怎么

会取舍呢？正如对自己的身体，你是取头呢？还是取脚呢？要眼睛呢？还是要耳朵呢？这是不可能的，这些都是自我，用不着你去要，当然也不可能舍。“一切万法不离自性”，自性怎么会对它们取舍呢？一有取舍，便是小道，便陷入了相对之中。明白了这个道理，“如此修行，定成佛道，变三毒为戒定慧”。六祖的法真是太妙了。

六祖这里讲“上根”“小根”之类的话怎么理解呢？般若自性本无差别，为什么又有迷悟的不同呢？这就需要好好谈一谈了。《法华经》里有个故事：如来要说法了，说法前如来说：“我过去讲的法都是对小根、小器的人讲的，今天要重开大法。”佛说完后，下面就有五百罗汉退席。然后佛又说：“那是当然的，他们有他们的根器，只有那么大，给他们少倒点水还可以，若把全部的海水倒给他，他就受不了了。”讲《法华经》《金刚经》等大乘经典，就等于把全部海水——佛性给你，你要是见了性的人，那好办，全部海水都可以一口吞尽。唐代庞居士去见马祖。他问什么是佛？马祖说：等你一口吞尽西江水，我就告诉你。许多人对此公案不解，明明问什么是佛，与西江水有什么关系呢？明白了以上的道理，你才会知道祖师们在这上面的机锋所指。

佛教的修行讲究人的根器，因根器的不同，而相应设立种种的法，一般把根器分为上、中、下三种。禅宗是为上根利器，也就是大智慧人开设的法门，所以六祖说：“此法门为最上乘，为大乘人说，为上根人说。”为什么不为小根人说呢？因为“小根小智人闻，心生不信”。譬如对一般人讲，说成佛很不容易，若

成了佛，就有三身四智、五眼六通、智慧圆融、神通广大，大家都会羡慕。如果对他说，你就是佛，你的烦恼就是菩提，那就把他吓跑了，谁敢相信呢？这些人一身的烦恼，一肚皮的苦水，连一点小安乐都没有见过，给他说他本来是佛，的确很少有人相信的。

但是必须明白，所谓小根小器也是对众生的一种教育方法。谁愿意承认自己是小根小器之人呢？一切众生皆有佛性，皆可成佛，在这上面是没有大小高低之分的，一切众生都绝对平等。你相信就是上根大器，小根小器也是大根大器；若不相信就是小根小器，大根大器也是小根小器。所以不能把这一句话看死了，但的确有那么一些人信不过。信不过也没有关系，你可以去修其他的法嘛，佛教里的法多得很，八万四千法门，你挑你认为合适的修就行了。但六祖既在这里提持禅宗，就不得不强调禅宗的特点。

六

经文

“善知识！一切修多罗[①]及诸文字，大小二乘[②]，十二部经[③]，皆因人置，因智慧性，方能建立。若无世人，一切万法本自不有。故知万法本自人兴，一切经书，因人说有。缘其人中有愚有智，愚为小人，智为大人，愚者问于智人，智者与愚人说法，愚人忽然悟解心开，即与智人无别。

“善知识！不悟即佛是众生；一念悟时，众生是佛。故知万法尽在自心，何不从自心中，顿见真如[④]本性？

“《菩萨戒经》云：‘我[⑤]本元自性清净[⑥]，若识自心见性，皆成佛道。’《净名经》云：‘即时豁然，还得本心。’

“善知识！我于忍和尚处，一闻言下便悟，顿见真如本性。是

以将此教法流行，令学道者顿悟菩提，各自观心，自见本性。若自不悟，须觅大善知识，解最上乘法者，直示正路。是善知识有大因缘，所谓化导[⑦]令得见性。一切善法，因善知识能发起[⑧]故。三世诸佛，十二部经，在人性中本自具有[⑨]，不能自悟，须求善知识，指示方见。若自悟者，不假外求。若一向执谓须他善知识方得解脱者，无有是处。何以故？自心内有知识自悟。若起邪迷，妄念颠倒，外善知识虽有教授，救不可得。若起正真般若观照，一刹那间，妄念俱灭，若识自性，一悟即至佛地。

注释

①修多罗：修多罗或翻为契经。契理合机名契；贯穿法相，摄持所化，如经之于纬名经。

②大小二乘：对小机说罗汉道，名小乘。对大机说作佛之道，名大乘。又四部《阿含经》为小乘，《法华经》《维摩经》等为大乘也。

《法华游意·下》："佛教虽复尘沙，今以二义往收，则事无不尽。一者赴小机，说名曰小乘。二者赴大机，说称为大乘。"

③十二部经：一切经分为十二类之名也。

《智度论·三十三》："一修多罗，此名契经；二祇夜，译为应颂，又为重颂；三伽陀，译为讽颂，又为孤起颂；四尼陀那，此译因缘；五伊帝目多，此译本事；六阇多伽，此译本生；七阿浮达磨，新名阿毗达磨；八阿波那陀，此译譬喻；九优婆提舍，此译论义；十优陀那，此译自说；十一毗佛略，此译方广；十二和伽罗，此译授记。以上十二部中，惟修多罗、祇夜与伽陀三者，为经文中体裁之上者，其余九部，不过记载其经文，从别事而立名耳。"

④真如：见《唯识论·二》："真，谓真实，显非虚妄；如，谓如常，

表无变易。谓此真实，于一切法，常如其性，故曰真如。”

⑤我：我者，常住于己身之一主宰也。《唯识论》：“我为主宰。”

⑥自性清净：即自性清净心也。吾人本有之心，自性清净，离一切之妄染者是。

⑦化导：见《演密钞·五》：“化谓教化，导谓示导。”

《法华经·妙庄严王本事品》：“若善男子善女人，种善根故，世世得善智识。其善智识，能作佛事，示教利喜，令入阿耨多罗三藐三菩提。大王当知善智识者，是大因缘。所谓化导，令得见佛，发阿耨多罗三藐三菩提心。”

⑧发起：物之初起也。

《注维摩经·二》：“显维摩诘辩才殊胜，发起众会。”

⑨本自具有：见《华严·出现品》：“无一众生，而不具有如来智慧；但以妄相执著，而不证得。若离妄相，一切智、自然智、无碍智，即得现前。”

译文

“善知识啊！一切经典以及一切文字、大小二乘教法、十二部经教，都是随着众生的根性大小的不同而施设的。因为众生智慧根性的原因，方

能够建立这些经教。如果没有了世上的众生，本来也就没有一切万法了。所以，我们知道这一切万法原本是世人所兴起来的，一切的经典书籍，原本也是因为世人而说成的。因为在世人中间，有那愚蠢的，也有那智慧的人。庸俗愚蠢的就称为小人，有智慧的就称为大人。庸俗愚蠢的人请问于有智慧的人，有智慧的人便对那些庸愚的人进行说法、教育。庸愚的人如果忽然觉悟理解，心地开朗了，即与那有智慧的人没有差别了。

"善知识啊！不悟的时候，那么佛也就是众生；一念悟解的时候，虽然是众生，却也都成就为佛了。所以，我们知道，那万法完全是在自己的心中，那么，为什么当下不从自己的心中顿时见到没有分别的本性呢？《菩萨戒经》中说：'我们的本源自性是清净无染的，若是能够识得自心、见得自性，都能够成就佛道了。'《净名经》中说："当下豁然开朗，返见自己本心。'

"善知识！我在弘忍和尚那里，一听闻他说法，言下即便开悟，顿时见到真如本性，所以将此顿教法门流传广布，让学道的人顿悟菩提，各自观照自心，见到自己的本性。如果自己不能领悟，必须寻访大善知识，也就是理解最上乘法的人，直接指示正路。这善知识有大事因缘，就是所谓教化示导，令众生得见自性。这是因为一切善法能够由善知识发起。在每个人的自性中，本来就具足三世诸佛、十二部经，如果愚迷而不能自悟，必须请求善知识的指示方能得见。能自悟见性的人，自然不须向心外求觅；如果一味执着希望靠善知识，以期得到解脱的话那是错误的。为什么呢？众生自心内原有般若智慧可以自悟。如果另起邪见，迷自本心，颠倒妄想，心外的善知识虽然给予教导，也无法得救。如果能够生起真正的般若观照，一刹那间，妄念即能完全熄灭；如果能识得自性，这一悟便可以直入佛地。

智慧解析

修多罗是印度音，就是“经”的意思。六祖这里说一切的佛经，不论大乘小乘，不论在十二种体裁的经中怎样说，都是因为有了众生才可能建立起来的。如果没有了众生，那么一切万法都失去了作用，何况佛法。因为有了不同根器的众生，佛才分别说了十二门的法。为什么“因智慧性，方能建立”呢？一是佛能说，二是众生能听懂——因为众生本具佛性智慧嘛，不然，佛说这些法有什么意义呢？古今一切万法，都来自人的认识，都是人与环境的矛盾的产物，如果没有人的认识，哪里去找这些法呢？三是因为人世间的众生有那么多的烦恼，陷在生老病死之中不得解脱，佛才相应地说了那么多法。有一个烦恼，就有一个相应的法，两者是相依互存的，关系是可以转变的。烦恼可以转为菩提，愚人可以转为智者，凡夫可以转为佛。六祖巴不得所有的人都能认识到自己本来就是佛，所以一再把话挑明：“不悟即佛是众生；一念悟时，众生是佛。故知万法尽在自心，何不从自心中，顿见真如本性？”

修行中常有这么一句话：自己就是一本无字天书，里面什么法都有。但一般人不知道翻自己这本书，老是在外面求秘方、求口诀、求密传。六祖在这里处处强调这一点。“若自悟者，不假外求”

“自心内有知识自悟”，所以，一定要认识自己就是一本天书，要在自己身上用功夫。有的人读经读迂了。看到六祖说“不悟即佛是众生”就火冒三丈，佛还会迷吗？还会不悟吗？当然佛是不可能迷的，六祖这里用的是反语，让众生增强信心，从而强调了“自性”“自悟”这一关键问题，把话说得再明

白不过了。但真正要众生悟入也不是容易的，你说祖师们急不急呢？唐代道吾禅师看见老师药山禅师接引两个师弟，其中一个师弟老是上不了手，回答不出，道吾在一旁急得把自己的手指都咬烂了，他在想，这么简单明了的事，你为什么还不能懂呢？你为什么不能在心中顿见真如本性呢？你就是真如，为什么不能直下便是呢？

这里要谈一谈善知识的作用。六祖说："我于忍和尚处，一闻言下便悟，顿见真如本性。"这里五祖是善知识，对六祖的大悟起到了重要的帮助。六祖悟了之后又干什么呢？是不是到山里去了，到净土里去享福了呢？不，地狱不空，誓不成佛，众生还没有得度，怎么能不管呢？悟后的六祖又成了众生的善知识。要知道，大道无私，佛法无私，里面是没有什么秘密可言的。佛法是众生的法。没有众生，哪来的佛法？不度众生，就不是佛法。所以对世间的事，要积极去做，要多为众生着想。有的人关在家中修"报化"，不知为众生做事才是你修报身、化身的根本道场，自私自利的那颗心，怎么修得来报化呢？六祖确实是明眼人，他处处为众生着想。对上根人，六祖希望他们"各自观心，自见本性"，对不能自悟的下根人，六祖希望他们"须觅大善知识，解最上乘法者，直示正路"。所以，一般人能找得到"解最上乘法"的善知识，是有大福分的。佛教中常说"人生难得，中土难生，正法难遇"嘛，那"解最上乘法者"就更难遇到了。"一切善法，因善知识能发起故"，只有善知识才能帮助你把自己本来具有的菩提心发动出来。

这里再强调一下自己这本无字天书。六祖说："三世诸佛，十二部经，在人性中本自具有，不能自悟，须求善知识，指示方见。"六祖这里说得再明白不过了，佛都可以从自己这部天书中产生出来啊！可惜一般人不能明白这个

道理。但如果遇到了大善知识的开示，便能自见。大家可以反省一下，自己求道的心，求解脱的心，是否迫切而坚决呢？道不远人，而人自远之。想来，如果求道的心迫切，并持之以恒，那么，精诚所至，金石为开，必定会有花开见佛的日子，乃至“一悟即至佛地”。

七

经文

“善知识！智慧观照，内外明彻，识自本心。若识本心，即本解脱。若得解脱，即是般若三昧，即是无念。何名无念？若见一切法，心不染著[①]，是为无念。用即遍一切处，亦不著一切处。但净本心，使六识[②]出六门[③]，于六尘[④]中无染无杂，来去自由，通用无滞，即是般若三昧，自在[⑤]解脱，名无念行[⑥]。若百物不思，当令念绝，即是法缚，即名边见。

“善知识！悟无念法者，万法尽通；悟无念法者，见诸佛境界；悟无念法者，至佛地位。

“善知识！后代得吾法者，将此顿教法门，于同见同行[⑦]，发愿受持[⑧]，如事佛故，终身而不退者，定入圣位[⑨]。然须传授从上以来默传[⑩]分付，不得匿其正法[⑪]。若不同见同行，在别法中，不得传付，损彼前人，究竟无益。恐愚人不解，谤此法门，百劫千生，断佛种性。

注释

①染著：爱欲之心，浸染外物，执着而不离，名染着。

《新译仁王经·中》："愚夫垢识，染着虚妄，为相所缚。"

②六识：眼识、耳识、鼻识、舌识、身识、意识也。

③六门：眼、耳、鼻、舌、身是外五门，内有意门，共六门。

④六尘：色、声、香、味、触、法。

⑤自在：进退无碍名自在。又心离烦恼之系缚，通达无碍，名自在。

⑥无念行：见《海水一滴》云："直了自心，无性无念，则在眼曰见，在耳曰闻，在手执捉，在脚运奔。六根门头，无障无碍；六尘堆里，无染无杂。谓之无念行"。

⑦同行：为三善知识之一。同心而行道者之谓也。

《止观辅行》："言同行者，己他互同，递相策发，人异行同，故名同行。"

⑧发愿受持：发起誓愿也。

《阿弥陀经》："应当发愿，生彼国土。"

受，领受；持，忆持。以信力故受，以念力故持。为《法华》五种法师行之一也。

《胜鬘宝窟·上本》："始则领受在心曰受，终则忆而不忘曰持。"

⑨圣位：三乘圣果之位也。

《华严经·二十六》："愿一切众生，速入圣位。"

⑩默传：以心传心，见性成佛。宗门之传授，在言语之外，故名默。

⑪正法：真正之道法也。不差于理，故名正。

译文

“善知识啊！智慧的观照，就能里里外外光明澄彻，认识自己本来的真心。若是认识了自己本来的真心，即是得到本来无碍的自在解脱。若得自在的解脱，即是进入般若正定，而般若正定即是一心无念。什么叫作无念呢？对于所知、所见的一切境色诸法，心中不感染执着，就是无念。应用的时候就能遍及一切地方，亦不滞留于任何地方。只要清净了自己的本来心地，使六种意识走出六根门头，于六尘境中不起丝毫的杂染执着。出入来去，自由自在，通达应用、无滞无碍，这就是‘般若正定’‘自在解脱’，亦叫作‘无念行’。如果一味执着‘万物不思’的谬说，将会使心念断绝，这就是被法束缚住了，亦叫作片面的见解。

“善知识啊！若是悟出了‘无念法’的人，就能够万法皆通而无有障碍；而悟出了无念法的人，即已亲眼见到诸佛的境界；悟出无念法的人，即已到达了佛地的果位了。

“善知识啊！后代得到我这大法的人，能够将这顿教的法门，对于同一见地和同一心行中发愿信奉行持的，如同事奉佛陀一样，终生精进而不退转。他就一定是能够进入圣位的人。所以，必须传授他从上以来所默传的心印吩咐，切切不可隐匿了宗门的正法。倘若不是同一见地和同一心行而在其他宗派中的人，那就不得妄加传授了。以免损害了他原修宗派的前辈的传承，究竟还是没有什么益处的。更怕有些愚痴的人不能了解，诽谤了这种法门，将使百劫千生而断绝佛教的种性。

智慧解析

关于“无念”，一些修行的人并不懂六祖这个“无念”的真意，很久以来，都以为般若三昧就是无念——就是没有任何念头。这种说法误人不浅，禅宗后来的衰微，也与这个错误的理解有关，所以有必要再次申说一下。其实六祖在《坛经》中涉及“无念”的几个地方都解释明白了，不知那些人为什么会产生那样的误解。或许这是因为后人把“无念”两字执着了，不结合佛法做彻底研究，认为只这两个字就够了，佛法也可以不讲了，祖师们的开示也不必听了。一说用功，就是什么都不要想，因为一想就“有念”嘛。于是经也不看，论也不看，戒律也不管，参话头也只参一个，等等。总之无事可做，无事可言，好事、坏事做不做都一样。这就把一个好端端学佛的人，变成了一个对社会毫无用处的废物，头脑也越来越简单。他们认为，因为“无念”嘛，就是要扫除一切思想内容。须知这种“无念”绝不是六祖大师强调的那个“无念”。当然，在特定的条件下，不思不想对身心的调节也还是有益处的，如一天工作劳累下来，练练气功，扫除杂念，使自己的精神和身体放松，得到较好的休息和恢复是可以的。如果认为这就是道，就什么都可以不干了，什么都不想了，成年累月在那儿空坐，那就大错了。

“念”在佛法里有两层意思：一是指记忆，即以不忘不失为性；二是指系

念，即把某件事情放在心上。两者相近而不同，都是精神和思想的重要功能，没有这个功能，思想就没有积累和创造。修行的人，非但要用这个功能，还应把它锻炼得更加有用才行。所以，无念若理解为不思、不想、不忆、不系念，那就危险了。

但六祖大师这里的无念的真解是什么呢？就是六祖紧接着说的“若见一切法，心不染著”“用即偏一切处，亦不著一切处”。这里有两层含义：一是已灵不昧，神用无滞的感知能动；二是不染不着、不受拘系，超然相对的自在。这是清净常流的一念，是“应无所住，而生其心”的一念。若在修行上达到了这种火候，当然就会“万法尽通”“见诸佛境界”乃“至佛地位”。

八

经文

“善知识！吾有一无相颂，各须诵取。在家出家，但依此修。若不自修，惟记吾言，亦无有益。听吾颂。”曰：

说通及心通[①]，如日处虚空；
唯传见性法，出世破邪宗[②]。
法即无顿渐[③]，迷悟有迟疾；
只此见性门，愚人不可悉。
说即虽万般，合理还归一；
烦恼暗宅中，常须生慧日[④]。
邪来烦恼至，正来烦恼除；
邪正俱不用，清净至无余。

菩提本自性，起心即是妄；
净心在妄中，但正无三障[5]。
世人若修道，一切尽不妨；
常自见己过，与道即相当。
色类自有道，各不相妨恼；
离道别觅道，终身不见道。
波波[6]度一生，到头还自懊；
欲得见真道，行正即是道。
自若无道心[7]，暗行不见道；
若真修道人，不见世间过。
若见他人非，自非却是左；
他非我不非，我非自有过。
但自却非心，打除烦恼破；
憎爱不关心，长伸两脚卧。
欲拟化他人，自须有方便；
勿令彼有疑，即是自性现。
佛法在世间，不离世间觉；
离世觅菩提，恰如求兔角[8]。
正见名出世，邪见是世间；
邪正尽打却，菩提性宛然。
此颂是顿教，亦名大法船[9]；
迷闻[10]经累劫，悟则刹那间。

师复曰："今于大梵寺说此顿教，普愿法界众生言下见性成佛。"时韦使君与官僚、道俗闻师所说，无不省悟。一时作礼，皆叹："善哉！何期[11]岭南有佛出世！"

注释

①说通及心通：心通即宗通也。宗通者，即自证殊相之相也。说通者，说法逗机之相也。

《楞伽经·三·一切佛语心品》："尔时大慧菩萨复白佛言：'世尊！惟愿为我及诸菩萨说宗通相。若善分别宗通相者，我及诸菩萨通达是相。通达是相已，速成阿耨多罗三藐三菩提。不坠觉相及众魔外道。'佛告大慧：'谛听谛听！善思念之。当为汝说。'大慧白佛言：'惟然，受教。'佛告大慧：'一切声闻缘觉菩萨，有二种通相，谓宗通及说通。大慧！宗通者，谓缘自得胜进相，远离言说文字妄相，趣无漏界自觉地自相，远离一切虚妄觉想，降伏一切外道众魔，缘自觉趣光明辉发，是名宗通相。云何说通相？谓说九部种种教法，离异不异有无等相，以巧方便，随顺众生，如应说法，令得度脱。是名说通相。大慧！汝及余菩萨，应当修学。'"

南巢法惠宏德禅师《证道歌注》："宗通者，即悟诸佛之心宗也，乃达磨大师单传直指之道。不可以智知，不可以识识，惟在当人自证自悟，到无证无悟之地。所以从上诸老递相出兴，向千圣顶𩕳上提持者一著子，俾学者尽得单传直指之妙，方谓宗通也。然后命掌藏钥，披阅一代圣教，备知

顿渐秘密不定之方，藏通别圆之味，方谓说通也。”

②邪宗：凡不以见性为宗者，曰邪宗。

③顿渐：顿教与渐教也。此二者以判诸大乘教。

④慧日：譬喻佛之智慧，如日能照世之暗冥也。

《无量寿经·下》：“慧日照世间，清除生死云。”

⑤三障：障正道、害善心之三障也。三障者，一烦恼障，如贪欲、愚痴等之惑；二业障，如五逆十恶之业；三报障，如地狱、饿鬼、畜生等苦报。

⑥波波：犹言奔波也。

⑦无道心：无求佛果之心也。

⑧兔角：愚人误认为兔之耳为角，此以喻物之必无也。

《楞严经》：“无则同于龟毛兔角。”

《智度论·一》：“有佛法中方广道人言，一切法不生不灭。空无所有，譬如兔角龟毛常无。”

⑨大法船：佛法渡人过生死海到涅槃岸，譬如船筏，故曰法船。

《付法藏传·六》：“欲出三界生死大海，必假法船方得度脱。”

⑩迷闻：闻而不悟也。

⑪何期：哪里想到。

译文

“善知识啊！我有一首《无相颂》，你们各人必须要记诵。无论是在家的还是出家的，只要依照这《无相颂》去修行就好了。假如不自己去修行，只是牢记我的言语，也是没有什么益处的。那就听我的颂说：

说法通及自心通，犹如大日处虚空；

唯有传授见性法，出世才能破邪宗。

法性本来无顿渐，迷惑觉悟有迟疾；

只这见性之法门，庸愚之人不能知。

说来虽然万般异，吻合真理体归一；
烦恼好似暗宅中，时常照耀需慧日。
邪念来时烦恼至，正念来时烦恼除；
邪正二法都不用，清净笃时境无余。
菩提本是自性觉，若起心念就是妄；
净心处在妄心中，但正心念无三障。
世人若要修佛道，一切法门都不妨；
时常反省自己过，便与大道能相当。
众生各自俱有道，各自不妨亦不恼；
自离其道别求道，终身无地得见道。
风尘波波了一生，到头还是自悔懊；
想要得见真实道，行为正直就是道。
自己如果无道心，暗行不能得见道；
若是真正修道人，不见世间有过错。
如果看见他人错，自己过错却在左；
他人有非我不非，我非人是自己过。
只要自止非人心，就能打除烦恼破；
憎怒喜爱不关心，稳伸两脚自在卧。
想要教导感化人，自己必须有方便；
不使他人有所疑，就是自性来显现。
佛法常住在世间，并不离开世间觉；
离开世间寻菩提，正如寻求兔角危。
正见名为出世智，邪见即名为世间；
邪正两见尽扫净，菩提自性现宛然。
这首颂是顿教法，亦是名叫大法船；
迷闻不悟历多劫，顿悟只在刹那间。

六祖又说道："现在我在大梵寺里讲说的这顿教法门，普遍愿望法界

里一切众生都能够在我的话下即时得见此正法而成就自性真佛。”当时，韦刺史和他的同僚们，听六祖大师开示后，都有所反省、体悟。大家一同向大师行礼，并同声赞叹道：“太好了！哪里想到在岭南这一带，居然有佛出现于世呢！”

智慧解析

在本段中，六祖对上面讲的做了一些总结，并向听众谕示了他的“无相颂”。首先，六祖希望后世弟子得了无上大法的，要与那些“同见同行”的道友们一起“发愿行持”顿教法门，实际上是尊崇、事奉你自己。你如果如此修、如此行，就能如《金刚经》上所说的：“若见诸相非相，即见如来。”就会“终身而不退”“定入圣位”。佛法是无私的，是要讲布施的，六祖强调的“然须传授从上以来默传分付，不得匿其正法”——这里会有什么密法舍不得布施给众生呢？

但是，“若不同见同行”，那些认识不一致，又“在别法中”——不是禅宗顿悟法门路上的人，你就不得传授给他，因为他们本不相信，愿意走三大阿僧祇劫的路。你若传给他，自己已认为是邪道，也不会如法修持，反而引起毁谤。有的人更是一身烦恼，开口闭口捡了不少“烦恼即菩提”的话头自欺欺人，以盲引盲，似禅非禅。对他们必须和重证悟、重实践的真正禅宗严

格区分开来，不能同流合污，败坏宗风。永明寿、莲池大师等提持念佛，就是针对这些禅门败类、伪禅而设立的。这类人不是禅宗的根器，未证言悟，未证言证，结果烦恼连动都没有动一下，其危害性极大，所以六祖郑重吩咐，对这类人不得传法。

为了方便听众受持，六祖在这里传下来一个“无相颂”，并强调说：“各须诵取。在家出家，但依此修。若不自修，惟记吾言，亦无有益。”所以，见了正法，一定要身体力行，万万不要仅仅停留在口头上，那就毫无益处，枉自蹉跎了。这是实践问题，要把禅宗的见地放在实地的修行活动之中。从根本上说，就是要紧紧盯着自己的烦恼。这是修行的起步，烦恼从哪里来，又到哪儿去呢？你就参嘛，有一天把烦恼的根子抓住了，你就开悟了。

什么是“颂”呢？佛教在传法中，为了让人们学习方便，特别是为了记忆方便，经常使用的一种文体就是“颂”。颂与汉地的诗歌相近，但不像汉地古诗那样讲究平仄格律。颂有赞颂、赞叹、庄严的含义。通常所说的三藏十二部，三藏就是经藏、律藏和论藏。十二部就是十二部文体，颂就是其中的一种文体。颂比经文中的长行精简得多，长行也是十二种文体之一，相当于今天的散文。而其中意思集中，用长诗的句法总摄起来便于传诵的就是颂文。有的经论也有颂文，如著名的《中论》，就全是颂文。在印度三十二个字算是一个颂。有的如《华严经》本是长行，但里面又有十万偈、十万颂，都是按三十二个字一颂计算的。《华严经》八十卷中的颂文属重颂体，什么是重颂呢？就是前面是长行，后面是颂，也就是前面讲了那么多的道理，为了提醒

人们的注意，后面再举颂一遍，把前面的意思强调一下，集中一下，就是重颂。这也是十二部中的一种体裁。《坛经》中的“无相颂”也是重颂，六祖在前面把道理讲了，为了集中强调，重复一下前面讲的，也是为了方便大家记忆诵持，所以交待了这个“无相颂”。

在经论和祖师的开示中，经常会看到有“说通”“心通”的句子，这两个词，出自《楞伽经》。该经是唯识宗的根本经典之一，阿赖耶识和唯识学中许多重要的理论在这部经中都有。在大小乘佛经里，谈阿赖耶识的经不多，唯识宗建立阿赖耶识，其主要依据之一就是这部经。要知道，禅宗的开山祖师达磨来中国传法，就是以《楞伽经》印心。达磨到二祖、三祖、四祖，都是以这部经印心的。到了五祖时有一个转变，更重视《金刚经》了，并以《金刚经》印心。

禅宗里有许多语句，不少来自《楞伽经》。通常说禅宗是“宗门”，宗是什么呢？《楞伽经》里就有“说通”“宗通”。说通就是你说的东西要符合道理，你要度众生，必须先把道理弄通，说出来的不符合逻辑、不符合理智是不行的，别人听不懂，或引起反感都不行。说通有两层意思：一是讲的东西要有道理，要使人能懂；二是讲时要契机，要与众生根器相符合，当深则深，当浅则浅，当直就直，当曲就曲，这样才利于听者的契入，达到“信受行持”的效果。所以要弘法必须说通。

宗通就是心通，就是见性，就是见道。真正的善知识，不仅要说通，更要心通。因为心不仅是在语言文字上进行的，语言文字只是心

的全部功能中的表层部分而已，心还有更深、更高层的内容。仅在那里分析观想，不通过“言语道断，心行处灭”而见性、开悟，这个心是通不了的。所以真正的大乘佛法，必然是宗通、说通两者兼备，缺一不可。悟彻宗通的人，没有说不通的，凡是说不通的，就是悟不彻。真正两者都通达了，那就“如日照虚空”，哪里有照不到的地方呢？虚空就是无碍嘛，光明的太阳在无碍的虚空里，还有什么不能照到的呢？

颂里的内容，前面都讲到了，六祖这个“无相颂”文字也明白，大家可以自看、自修，里面有几处在这里强调一下。“世人若修道，一切尽不妨”。一个人若真正发心修道，一切处都是道场。烦恼来了，正好参；业障来了，正好参；报障来了，仍然正好参。大慧杲有段对他的学生的话最好，他说：茶里饭里，静时闹时，公事酬酢时，朋友讲习时，妻儿交头时，无不是用功的好时候。大家想一下，吃茶时有禅，吃饭时就没有了吗？盘脚时有禅，上班时禅就跑了吗？既然是道，那就无处不在、无事不在、无时不在，怎么可能有的地方有、有的地方无呢？大慧杲这段话，真是既高妙，又平实，大家应以此对照，在日常的动静中不松手。

另外，“常自见己过，与道即相当”“若见他人非，自非却是左”“但自却非心，打除烦恼破”。六祖这一类的话，切不可当劝世文读了，这些都是踏实的功夫。能经常看到自己的错误，本身就是修行，就是道行。孔子喜闻过，曾子三省吾身，与六祖这里所谈的差不多。

以世间法来讲，能经常反省自己的，就是圣贤的行为，何况出世间法。那么，这是否就见了般若呢？也不是，但与般若相应。能常检查自己的人，勇于改正错误的人，在执着上就轻，反之，执着就重。

不执着，就放得下。能彻底放下，就见性了。这是修行的重要门径，大家一定要知道从这儿下手。

“佛法在世间，不离世间觉；离世觅菩提，恰如求兔角。”这是许多学佛人背得烂熟的话；在六祖许多精辟的语句中，这也是其中的一句。说来容易，真正理解了、实行了的人还是少见啊！佛法从哪儿来的呢？从众生的烦恼而来的嘛，没有众生的烦恼，哪儿来的佛法？若有，又有什么用处呢？所以，佛法就在你的烦恼之中，是离不开你在世间烦恼中的觉悟，你觉悟到世间如幻如化，必然是在世间才能觉悟到，觉悟与世间是不能相离的，没有世间，你又哪儿去求觉悟呢？哪儿去找菩提呢？要知道，从性体上讲，菩提和烦恼是没有两样的，千万不要离开了自己的烦恼去求菩提。

有人说，佛是不动烦恼的。对，佛的确不动烦恼，但佛懂得烦恼，佛会掌握、运用烦恼。如果说佛无所不能就是不会用烦恼，那么佛就有缺陷，还不完满。既然是完满的，无所不能的，那么对用烦恼也不能排除。

烦恼都不会使用，喜怒哀乐都没有了，你说这像什么佛！该喜则喜，该怒则怒，喜怒哀乐的本性就是菩提。佛经上说：“菩萨未成佛时，以菩提为烦恼，菩萨成佛时，以烦恼为菩提，何以故？以第一义不二故。”就是这个意思。回头做好事的那个力量，就是他以前干坏事的那个力量嘛。所以六祖说“佛法在世间，不离世间觉”，千万不要离开世间，离开自己的烦恼到别处去求什么法。

你要在世间觉悟到世间的真相，倒过来世间的一切烦恼都变成了你的妙用，全是菩提了。

如果没有这些喜怒哀乐，佛又用什么来给众生说法呢？用什么方便来接引众生呢？《楞严经》里如来问阿兰，阿兰答不上来，佛马上就呵斥他。但佛也是要欢喜的，一时皤然，脸笑开了，眉间毫光就出现了，就给众生说种种法门。

佛是烦恼学的专家，是烦恼学的大博士，究其原因，佛就是从烦恼中钻出来的，深通烦恼，故能明了一切众生的烦恼，也才因之建立了种种降伏烦

恼、转烦恼成菩提的法。赵州和尚说，“众人被十二时辰使，老僧使得十二时”。意思就是，众生都在子丑寅卯十二时辰中被烦恼牵着鼻子走，而这一切都得听我的使唤。

所以“离世觅菩提，恰如求兔角”。走遍天下，哪儿找得到长角的兔子呢？这四句的确太好、太妙了，可以说是禅宗的总纲。

有的人一说修行，总想找个清净地方，化募点钱，带点油盐酱醋，就要去闭关了。你见那些闭关的有几个成功的？以前有人要住山了，别人会问他有没有住山的本钱，“不是菩萨不坐山，没有开悟不闭关”，闭关是有大本钱才行的，不然，凭什么闭得下来呢？这些人不懂得佛法在世间，只有在世间才能觉悟的道理，也没有半点火候，就去闭关，往往烦恼一来，想老婆了，想酒肉了，想朋友了，想热闹了，结果是闭不了几天的。

有的人倒是有勇气，鼓着精神强撑，结果弄出病来。有些人倒是有“成果”，结果修成了“百不思、百不想”的废人。

什么是“世间”“出世间”呢？六祖说：“正见名出世，邪见名世间。”出世是什么意思呢？不是躲在山上，不食人间烟火，而是要有正见——有了真正的见地，当下就出世了。

如果见地不正，甚至还有邪知、邪见，不论你修什么法，也不论你躲在哪儿修，都是没有出离世间。因此世间、出世间的差别就在于你见地上的邪、正，千万不要以为另有一个世界可供你出离的。

到了这里，六祖还怕你在正见上起执着，于是更进一层开示说：“邪正尽

打却，菩提性宛然。”要知道，真正见了性，就入了不二法门，那时不但邪见不要，正见也不要。

有的人到这里害怕了，正见怎么会不要呢？你若未到这一步，正见当然要，但若真的见了性，恰恰是你自心本性全体现前。正见是对邪见而言的，正如东方是对西方而言的，没有东方就没有西方，同样，邪见一经扫除，正见也就无踪无影了。

疑问品第三

一

经文

一日，韦刺史为师设大会斋[①]。斋讫，刺史请师升座，同官僚士庶肃容再拜，问曰："弟子闻和尚说法，实不可思议[②]。今有少疑，愿大慈悲，特为解说。"

师曰："有疑即问，吾当为说。"

韦公曰："和尚所说，可不是[③]达磨大师宗旨乎？"

师曰："是。"

公曰："弟子闻达磨初化梁武帝，帝问云：'朕一生造寺度僧，布施[④]设斋，有何功德？'达磨言：'实无功德。'弟子未达此理，愿和尚为说。"

师曰："实无功德，勿疑先圣之言。武帝心邪，不知正法。造寺度僧，布施设斋，名为求福，不可将福便为功德。功德在法身[⑤]中，不在修福。"

注释

①大会斋：大会，大法会也。大会而兼吃斋，故云大会斋。

《般舟赞》："一一大会随人入。"

斋，戒也，敬也。又，斋食也。就戒律上言，食分时非时：正午以前为正时，正午以后为非时。时则可食，非时则不可食。

《大毗卢遮那经》："我以佛眼普观一切众生大菩提心之正因，惟以持斋为根本。"

②不可思议：言理之深妙，事之希奇，不可以心思、不可以言议也。

《注维摩经·一》："生曰：'不可思议者，凡有二种。一曰理空，非惑情所测；二曰神奇，非浅识所量。'"

《金刚般若经》："当知此经义不可思议。"

③可不是：犹云岂不是。

④布施：见《大乘义章·十一》："言布施者，以己财事分布与他，名之为布。辍已惠人，曰之为施。"

⑤法身：见《维摩经慧远疏》："佛以一切功德法成，故名法身。"

《大乘义章·十八》："言法身者，解有二义。一、显本法性，以成其身，名为法身；二、以一切诸功德法而成身，故名为法身。"

《唯识论·十》："大觉世尊，成就无上寂默法，故名大牟尼，亦名法身。无量无边力无畏等大功德法所庄严故。"

译文

有一天，韦刺史为六祖摆设了一个大会斋。吃完了斋饭，韦刺史便恭请六祖升坐于法座上，就和官僚以及信众们整齐了仪容，向六祖再拜顶礼，请问六祖说道："弟子听闻和尚所说的法理，实在微妙得不可心思口

议啊。现在我还有一些疑问，希望和尚能够大发慈悲，特为我们解释说明。”

六祖回答说："有什么疑问就立即问吧，我也一定会为你们解说的。”

韦刺史说："和尚现所说的，是不是达磨祖师的宗旨呢?”

六祖说："是的。”

韦刺史说："尝闻达磨初化梁武帝时，武帝问：我一生造寺度僧、布施设斋会，有什么功德呢？达磨祖师说：实在没有功德。这些话我不明白其中的道理，希望和尚为我们解说。”

六祖说："实在没有什么功德可说啊，不要怀疑先圣的话！武帝执着了有为而心存邪见，不认识真正的法性。建造寺庙、敕度僧人、布施财物、供设斋饭，名称叫作求人天的有漏福，不可将这福报当作功德。因为功德原本就在法身中，不在修福德的事上去追求。”

智慧解析

佛陀在世的时代，如果在家信徒家里面有婚丧嫁娶、开工上梁之类的事情，不是像现在这样，要做什么水忏、梁皇忏、大悲忏、地藏忏。在佛陀时代，都是直接把僧人请到家里来供斋。供完斋之后，如果家里有去世的人，僧人就给他祝福，念诵一些很简短的三皈依。如果是祈福的，一般就是念诵极短的《吉祥经》。那个时候都是用这样简单的形式，不像现在越发展越隆重。

梁武帝一生造寺度僧，布施设斋，他从已经翻译的经典里面摘选各种各样的经典汇集成《梁皇宝忏》，让大家能够忏悔自己的罪业。他曾三次舍身出家，最后动用了所有的政府官员拿着国库的钱，到庙里把他赎出去。他还曾经下过几道圣旨，要求在汉地他统治的南朝地域，所有的佛教徒一年三个月禁杀、不准屠戮，要求僧人吃素，同时自己也身体力行在皇宫内吃素。

汉地佛教吃素的传统可以说是由梁武帝建立并推广开的。

他做了这么多的事，达磨大师却轻描淡写一句话，完全否定了，“实无功德”。

梁武帝也懂得佛法呀，他马上就问，那“对朕者是谁？”谁坐在我面前，谁在跟我说话呢？达磨大师更厉害，回答说：“不识。”两个字，我不认识，不知道。梁武帝一听，话不投机，拂袖而去。

达磨大师一看，因缘不成熟，骑了头驴就赶往江北少林寺。他刚刚骑驴走，志公禅师来了。志公禅师就是宝志和尚，是梁武帝的国师和好朋友。梁武帝把他和达磨大师的对答跟志公禅师说了，志公禅师说：哎呀，真是圣人啊，达磨大师已达无我之境。

“对朕者谁”，他“不识”，他已经达到无我之境了。

梁武帝一听，当面跟圣人错过，马上派兵来追，追到一座山时，达磨大师看到追兵将至，就催促驴子快跑。驴的身体刚过，尾巴还没过，山就合拢，把尾巴夹住了，于是那座山就叫夹驴山，据说现在还有这个山。他骑的那头驴便是断尾巴的。达磨大师到了长江边上，后面追兵赶来，他显了一下神通——一苇渡江，凭一苇叶渡过长江，到少林寺后山，面壁九年。

很多人确实是会产生这样的很深的疑惑，尤其是今天，不少人会问：我又布施，又印经，又放生，又念佛，又参加各式各样的法会，甚至参与社会上的一些慈善事业，我有何功德呀？用六祖的话来说，并无功德。为什么这样说呢？在后面讲。

“弟子未达此理，愿和尚为说。”

“师曰：‘实无功德，勿疑先圣之言。武帝心邪，不知正法。’”六祖真

的是了不起，他能一下子抓到问题的根本，直指人心，见性成佛。他看这些问题，看这些修行人的困惑所在之处，也是直捣黄龙，不及余物，总是在最根本的问题上阐述。

“造寺度僧，布施设斋，名为求福。”你“造寺”也好，“度僧”也好，“布施”也好，“设斋”也好，那只能叫“求福”。

“不可将福便为功德。功德在法身中，不在修福。”福德跟功德是两回事。

修福是一个有为法、有形的法。有为、有限量、有数目的东西，可不可以跟心的本体比量呢？不管用多少有限的东西去叠加，它仍然是有数的、有量的。心的本体“其大无外、其小无内”，是不受这些有为法制约的。因此以求福德心去做，那真像是仰天射箭，永远也着不了边，所以说功德“不在修福”。

二

经文

师又曰：“见性是功，平等①是德。念念无滞，常见本性，真实妙用，名为功德。内心谦下是功，外行于礼是德。自性建立万法是功，心体离念是德。不离自性是功，应用无染是德。若觅功德法身，但依此作，是真功德。若修功德之人，心即不轻②，常行普敬。心常轻人，吾我不断，即自无功。自性虚妄不实，即自无德。为吾我自大，常轻一切故。善知识！念念无间是功，心行平直是德。自修性是功，自修身是德。善知识！功德须自性内见，不是布施供养之所求也，是以福德与功德别。武帝不识真理，非我祖师有过。”

注释

①平等：无高下浅深之别。平等对差别而言，宇宙本质皆同一体；一切法，一切众生，本无差别，故曰平等。

②不轻：不轻人也。

译文

六祖说："能自见真如自性就是功，能视一切众生平等就是德。念念之间没有滞碍，常见真如本性。本自具有的真实妙用，这就叫功德。内心谦虚卑下就是功，外行坚守礼节就是德；不离真如自性而建立万法就是功，心体离却一切妄念就是德；念念不离自然本性就是功，应用而不染着就是德。假使要寻求功德法身，只要依照此法去做，便是真正的功德。如果真是修行功德的人，心中就不要轻慢他人，时常能对一切众生都普遍尊敬。倘若心中常常轻慢他人，自我的执着没有断除，就自然没有功绩了。自己的心性虚妄不实在，自然也就没有福德了。这就是自我执着、自我夸大，而常常轻视一切人的缘故。善知识啊！随顺法性念念不间断就是功，心行平衡而正直不曲就是德。自己修持心性就是功，自己修持身行就是德。善知识啊！功绩与福德必须从自然本性内去见识，不是借着布施财物和供奉养活所能求得到的。所以说，福德与功德是不同的。这问题是在于武帝不认识真理，并不是说我们的祖师有过错。"

智慧解析

“念念无滞，常见本性”，很多人在修禅法的时候，为什么不能相应，总要找到一个有所依法才能安心？因为他们没有想到自己的“念念”——前念、今念、后念——之间的空隙都能不留贪嗔痴的余地。

“念念”之间“无滞”“用即了了分明”，不用即安守本位，那就是真正的大用功。可能他不怎么打坐，可能他不修边幅，可能他也不去做那些外在的行仪或形式，但是他常见本性，真实妙用。“真实妙用，名为功德”。

“自性建立万法是功”，就像六祖听完五祖讲《金刚经》开悟，说“何期自性，本自清净；何期自性，本不生灭；何期自性，本自具足；何期自性，本无动摇；何期自性，能生万法”，这才是空有不二的自性。假如自性不能够建立万法，只能在空中，不能生起妙有和幻用，那么佛教、佛法在这个世间又有什么作用呢？完全没作用。所以一个好的东西，要有用处才算好。如果不能解决人们的生命及身心的实际问题，再好也不是好。

“心体离念是德”“建立万法”是有，“心体离念”是空，这就是空和有的不二。

“不离自性是功，应用无染是德”，一切身口意的行为，所建立的一切法，有情的或无情的，都“不离自性”，这是“功”，而“应用无染”，是用，是外，是“德”。所以把两边都破除，在中道第一义上去起功用。

“若觅功德法身，但依此作，是真功德。”真要见性开悟，打坐修行是最

根本的功夫。

“若修功德之人，心即不轻，常行普敬。”真正要“修功德”见法身，心就不能轻视任何东西。普贤十大愿前面的两个愿：一者礼敬诸佛，二者称赞如来。“礼敬诸佛”，不只是礼敬已经成佛的佛，还包括礼敬一切具备佛性的众生，普敬而没有差别。

“心常轻人”，一个人心里常常轻忽他人，轻忽外在的一切，以为我有福报，以为我有财产，以为我有地位、权力，就可以随便乱用，轻视他人，这是不对的。

“吾我不断”，这就是对自我的执取。《金刚经》里面的“我、人、众生、寿者”四相中的“我相”不断，“即自无功”。

“自性虚妄不实，即自无德；为吾我自大，常轻一切故。”自己把自性给染污了，因为没有体会到谦卑礼节，没有体验到自性能生万法又无染无滞，所以产生的是狂妄自大、常轻一切。常轻一切的结果就是：我以什么对待外在的缘，外在的缘就必然以什么样的方式对待我。这就好比做人，你对人轻估、瞧不起，尽管表面上礼节周全，人家也会一样瞧不起你。实际上众生的心都是全知全能的，所谓的差异在哪里呢？“法则无顿渐，迷悟有迟疾”，或迟或疾，悟出来都是一样的。如果轻慢人，结果就是这个样子：自己“吾我自大”骄傲自大，以为别人不知道，实际上别人是完全清楚的。“吾我自大，常轻一切”，就离开了真实的功德。

“不识本心，学法无益”。本心就是真如自性，一定要在自性中去建立功德，而不是“布施供养之所求也”。外在的财布施、法布施，包括讲经说法，仍然是属于福德的事情，不是功德。

但是“福德”“功德”二者可以完美结合。如何完美结合呢？在做任何一件事情的时候，如果当下能做到三轮体空——内不见是我在做，外不见给什么人做，中间不见所做的任何事情——当下“福德”就变成“功德”。

三

经文

刺史又问曰："弟子常见僧，念阿弥陀佛[1]，愿生西方。请和尚说，得生彼否？愿为破疑！"

师曰："使君善听，惠能与说。世尊[2]在舍卫城[3]中，说西方引化[4]，经文分明，去此不远。若论相说里数，有十万八千，即身中十恶八邪[5]，便是说远。说远为其下根[6]，说近为其上智。

"人有两种，法无两般，迷悟有殊，见有迟疾。迷人念佛求生于彼；悟人自净其心。所以佛言：'随其心净即佛土净。'

"使君东方人，但心净即无罪。虽西方人，心不净亦有愆。东方人造罪，念佛求生西方；西方人造罪，念佛求生何国？

"凡愚不了自性，不识身中净土，愿东愿西；悟人在处一般[7]。所以佛言：随所住处恒安乐。使君心地但无不善，西方去此不遥。若怀不善之心，念佛往生难到。今劝善知识，先除十恶，即行十万；后除八邪，乃过八千。念念见性，常行平直，到如弹指[8]，便睹弥陀。"

"使君但行十善[9]，何须更愿往生？不断十恶之心，何佛即来迎请？若悟无生[10]顿法，见西方只在刹那；不悟念佛求生，路遥如何得达？惠能与诸人移西方于刹那间，目前便见，各愿见否？"

众皆顶礼[11]云："若此处见，何须更愿往生？愿和尚慈悲，便现西方，普令得见。"

师言：“大众！世人自色身[12]是城，眼耳鼻舌是门。外有五门，内有意门。心是地，性是王。王居心地上，性在王在，性去王无。性在身心存，性去身心坏。佛向性中作，莫向身外求。

“自性迷即是众生，自性觉即是佛。慈悲[13]即是观音，喜舍[14]名为势至[15]。能净即释迦，平直即弥陀。

“人我是须弥，邪心是海水，烦恼是波浪，毒害是恶龙，虚妄是鬼神[16]，尘劳是鱼鳖，贪嗔是地狱，愚痴是畜生。

“善知识！常行十善，天堂便至；除人我，须弥倒；去邪心，海水竭；烦恼无，波浪灭；毒害除，鱼龙绝。自心地上觉性[17]如来，放大光明[18]，外照六门清净，能破六欲诸天[19]。自性内照，三毒即除，地狱等罪，一时销灭，内外明彻，不异西方。不作此修，如何到彼？”

大众闻说，了然见性。悉皆礼拜，俱叹善哉！唱言：“普愿法界众生，闻者一时悟解。”

注释

①阿弥陀佛：见《鼓音王经》：“阿弥陀佛父名月上转轮圣王，其母名殊胜妙颜，子名月明。”

阿弥陀佛有十三号。《无量寿经·上》：“是故无量寿佛，号无量光佛，无边光佛，无碍光佛，无对光佛，焰王光佛，清净光佛，欢喜光佛，智慧光佛，不断光佛，难思光佛，无称光佛，超日月光佛。”

《名义集·卷一·诸佛别名篇》曰：“阿弥陀。”《清净平等觉经》翻：“无量清净佛。”

②世尊：佛之尊号也。以佛具万德，为世所尊重故也。

《清净大经疏》：“佛具众德，为世钦仰，故号世尊。”

《佛说十号经》："天人凡圣世出世间成皆尊重，故曰世尊。"

③舍卫城：在中印度境，侨萨罗国之都城。为区别南侨萨罗国，故名。

④引化：引接化度也。

⑤十恶八邪：十恶，十不善也。

《法界次第·上之下》："十恶者，一杀生，二偷盗，新名不与取，三邪淫，非自己之妻妾而行欲者，四妄语，新名虚诳语，五两舌，新名离间语，六恶口，新名粗恶语，七绮语，新名杂秽语，语含淫意者，八贪欲，九嗔恚，十邪见。"

八邪，八正道之反对也。一邪见，二邪思维，三邪语，四邪业，五邪命，六邪方便，七邪念，八邪定也。

⑥下根：根性劣者，根机弱者。

《涅槃经·十四》："极下根者，如来终不为转法轮。"

⑦一般：见《语录解义》："一般，一样也。"

《海水一滴》："能了心无碍，则南北东西，在在处处无往不通，全无别趣触向，面前寂光妙土。是谓在处一般。"

⑧弹指：见《戒疏·二下》："僧祇云，二十念为瞬，二十瞬为弹指。"

⑨十善：不杀生，不偷盗，不邪淫，不妄语，不绮语，不恶口，不两舌，不贪欲，不嗔恚，不愚痴也。

⑩无生：见《大智度论·七十三》："无生忍者，乃至微细法不可得，是名无生。得是无生法，不作不起诸业行。是名得无生法忍。"

⑪顶礼：五体投于地，以吾顶礼尊者之足也。《归敬仪·下》："经律文中，多云头面礼足，或云顶礼佛足者。我所贵者，顶也；彼所卑者，足也。以我所尊，敬彼所卑者，礼之极也。"

⑫色身：自四大五尘等之色法而成身，故名色身。

⑬慈悲：诸佛菩萨，以爱念给一切众生之心，曰慈悲。

⑭喜舍：亦名净舍，净施。喜施财宝也。

⑮势至：即大势至菩萨也。菩萨之大智至一切处，故名。

《法华义疏》云："大势至者，所经之处，世界振动，恶道休息也。"

黄檗《传心法要》："观音当大悲，势至当大智。"

⑯鬼神：见《释摩诃衍论》："鬼并及神云何差别？障身为鬼，障心为神。"

⑰觉性：离一切迷妄之觉悟自性也。

⑱光明：自莹名光，照物名明。

《探玄记·三》："光明亦二义，一是照暗义，二是现法义。"

《往生论·下》："佛光明，是智慧相也。"

⑲六欲诸天：欲界六重之天也，亦名六欲天。一四王天，有持国、广目、增长、多闻之四王；二忉利天，亦译三十三天；三夜摩天，又译时分。彼天中时唱快哉快哉；四兜率天，亦译喜足。于五欲之乐，生喜足心；五乐变化天。于五欲之境，自乐变化；六他化自在天。使五欲之境，变化自在。见《智度论·九》《俱舍论·八》。

译文

韦刺史又问道："弟子常见一般出家或在家的人称念阿弥陀佛名号，发愿往生西方极乐世界。请和尚解说，这样的修行是否能往生西方极乐世界？希望和尚为我破除心中的疑惑！"

大师说："请韦史君用心听！我为你解说。释迦牟尼佛在舍卫城中，宣说西方接引化度的经文，很清楚地指出西方净土去此不远。若依相上说，西方距离我们娑婆世界有十万八千里，这十万八千里其实就是象征众生的十恶八邪，因为十恶八邪的障隔，所以便说西方遥远。说西方净土遥远，是为根性下劣的一般人随相而说的；说西方净土很近，是为根性锐利的上智人随性而说的。人的根性虽有利钝两种，但佛法并没有两样。因为众生有迷和悟的差别，所以见性就有时间上迟速的不同。执迷的人着相念

佛求生西方净土，觉悟的人只求净化自己的心，所以佛说："随着自心清净，自然佛土清净。"

"韦使君啊！东方的人只要能够使自己心灵清净下来，也就没有罪过的了；虽然是住在西方的人，自己心灵不能净化，也是会有罪过的。东方的人造下了罪过，就想着念佛追求往生到西方去；那么西方的人造下了罪过，又将念佛而追求往生到哪一个国土上去呢？凡愚人不能够了悟自然的本性，不认识自己身中的极乐净土，却是愿生东言，愿往西方；而觉悟的人无论在什么地方，都是一样的。所以，佛祖说过：随便身体所存在的地方都会常得安乐。使君啊！只要心地没有不善良，西方极乐世界离这里就不远了。倘若心地怀有不善良，念佛追往生就难以到达了。我现在就劝说善知识，先追求去掉那十种恶行，也就行走了十万里路程；再追求除去那八种邪见，就等于继续行过那剩下的八千里路程。念念都能够自己见到真如本性，常常行走在平坦的正直大道上。弹指之间也就到了那里，一下子就亲眼见到阿弥陀佛了。"

"使君啊！只要能够实践那十种善良的行为，又何必再求往生到什么地方呢？倘若不断除十种恶行的心理，到时候又有什么佛会前来迎接你往生净土呢？若是能够觉悟到那无生的顿悟之法，要看见西方也就只在刹那之间；要是不能够觉悟无生顿法的话，那念佛而追求往生的路途也就遥远了，如何能够到达目的地呢？我惠能要为诸位在一刹那之间转移过西方的净土来，在眼目前便可以见到。各位愿意看见西方净土吗？"

大众一起向惠能大师顶礼说：“如果能够在这里就见到西方净土，又何必再另求往生西方呢？希望和尚慈悲，方便示现西方净土，让大家都能得见。”

惠能大师说：“各位！世间的人，自己的色身就如同一座城，眼耳鼻舌诸根好比是城门。在外面有五座门，里面有一座意门，心就是土地，性就是国王，性王就住在心地上。自性不离心地，国王就存在；自性离开了心地，国王也就不存在。所以自性若在，则身心俱存；性若离，则身心俱坏。要做佛，须向自性中求，切莫向身外去求做佛！

“自性若迷，就是众生；自性若觉，就是佛。心存慈悲，自身就是观音菩萨；能够喜舍，自身就是大势至菩萨。能净化身心，自身就是释迦牟尼佛；心地平等正直，自身就是阿弥陀佛。

“心中分别人我，就是一座障碍正道的须弥山；心里起了贪欲邪念，就是波涛汹涌的大海水；无明烦恼，就是翻滚的波浪；心存毒害，就是凶猛的恶龙；心地虚伪狂妄，就是扰人的鬼神；常在尘劳中奔波，就如同鱼鳖；贪嗔炽然，等于自造地狱；愚痴不化，就等于无知的畜生。

“善知识！经常修行十善，天堂便能现前；除去人我分别，须弥山便会崩倒；息去贪欲心，海水就会枯竭；烦恼不生，波浪就会平息；忘却毒害之心，鱼龙便会绝迹。于是自己心地上的真如觉性自然就会放大光明，外照六根门头清净无染，能破欲界六天的欲业；内照自心本性，即能消除贪嗔痴三毒，地狱等罪业也能同消灭。如此内外光明澄彻，就如同清净的西方极乐净土一样，如果不做这样的修行，如何能到西方极乐世界呢？”

大家听了惠能大师的开示，洞然明白，照见自性，于是向六祖恭敬顶礼，同声赞叹说：“好极了！”又高唱道：“普愿法界一切众生，听闻的人都能立即觉悟。”

智慧解析

从《疑问品》这一段文字中可以看到，当时的净土法门可以说是家喻户晓，包括偏远的岭南。所以韦使君提出了这样的问题，六祖大师对此做了精辟的回答。一般修净土的人，听到六祖这一段谈话心里会有些不自在，但仍希望他们能好好看看《坛经》，了解一下净土与禅宗到底有没有关系。

一般单纯修持禅宗的人，往往依据《坛经》的这一段文字来呵斥净土，而古代祖师也常常有类似的呵斥。但禅宗内也有相当数量有影响的大禅师提倡净土，如宋初永明寿禅师在《宗镜录》里就说六祖只具一只眼。为什么说只具一只眼呢？他认为六祖没有看到净土的好处。这是需要抉择的重大问题。有的人说，要禅净双修，一面参禅，一面念佛，三百多年来丛林里大多都是这样。有的人说，你念佛就念佛，不要在那儿搞双修，小心把你去西方的事耽搁了。还有一些人说，净土是一种没出息的办法，只知道靠着阿弥陀佛，自己没有半点英雄气概。有的人还说，一切都靠阿弥陀佛，那与基督教念上帝有什么区别呢？极乐世界与天堂又有什么区别呢？这样的佛教又与别的宗教有什么区别呢？

这样说来说去麻烦太多了。一是修净土的人不愿意听，认为这是禅宗或外道在捣鬼；另一方面会使一些修净土的人产生怀疑，人家念佛念得好好的，你在那儿说东说西，出了问题是要承担因果责任的。这里有没有问题呢？不

要怕，佛法是智慧之法，不怕有问题，越有问题，才越需要智慧来加以解决，这样才能断你的疑，才能产生坚固的信心。到了这里，许多禅师是慎重的，不愿随便说的，就是怕引起种种麻烦。

如果仅从表面上看，禅宗与净土的主张是不一样的，但这儿讲《坛经》，讲禅宗，要有个抉择，禅净间共同之处就还它共同，不同之处就还它不同。如果非得把禅宗、净土说成一样，那佛教又何必分那么多的宗派呢？虽然不一样，它们却同样都是佛法。所以要知道，既然成立了一个宗派，就必然有它自己的特色，既然各有特色，彼此间自然就有不同之处。但不论有多大的差异，它们都是佛法，都是为了帮助众生解脱的。所以不能随便、简单地说谁好谁不好，这个结论不能下。这里有必要给大家谈谈有关净土的知识，后面看六祖大师所讲的，大家就能有所取舍了。

什么是净土呢？净，简单说来就是干净，有三个方面的内容。第一是依报净，那个世界的环境是非常美好的、净洁的。第二是共业净，那里的众生全是干净的，没有现在这个世界政治的、经济的、文化的、民族的等各方面的矛盾是非。第三，别业净，那里每一个众生的业行都是干净的，从生理到心理都是干净的。而现在这个娑婆世界则是三不净，或者叫作五浊恶世，处处都与净土相反。

佛教认为，每一个佛都有他的净土，不要误会只有阿弥陀佛才有净土。道理是正报要转。你这里成佛了，你的环境就会变为净土，所以有无量的佛，就有无量的净土。净土有两种，一是诸佛的自受用净土，即佛自己享受的净土。二是应化净土，那是为众生而设立的。自受用净土又叫常寂光土。常就是不变，寂就是安宁，光是指智慧光明。这个净土是与佛的法身分不开的。

从佛这一边说，就是佛的法身；从佛的受用而言，就是常寂光土。这个净土，不说众生，菩萨也进不去，根本烦恼没有断是到不了常寂光土的。而应化净土是佛为了众生，用愿力和通力设立的。若以净土为宗，要去的净土就是佛的应化净土。

应化净土则因诸佛的愿力不同而有差别，但只要你发愿，就可能往生。佛教的经教里介绍说，西方有阿弥陀佛，东方则有阿閦佛，又叫不动如来，他的净土叫妙喜世界，也是为众生设立的净土。这个净土往生的条件与阿弥陀佛要求的不一样。这里提一下，往生并不等于就了了生死，要了生死，非见道、非断烦恼不可，不然这个生死是了不了的，就是到了净土，你还得继续修行，只不过环境变好了。

还有一点，就是要把念佛和称名区别开来，一般人把念佛号当作念佛。不是的，这只是称名而已，就是称持阿弥陀佛的名号。什么是念呢？念是不忘，念是念佛的种种功德，念是念佛不可思议的力量和智慧。所以念佛是要在心里不要忘记佛，要使自己身语意三业的活动与佛相应，这才是念佛的本意。大家把净土的有关经论好好看一看，就知道怎样才是真正的念佛了。

西方极乐世界大家是熟悉的，现在介绍另外几个净土。有部经叫《阿佛圆经》说，东方有净土名妙喜世界，其佛名阿閦佛，他也发了愿，欢迎众生往生。在西藏密宗经典里，阿閦佛属于金刚部，阿弥陀佛属于莲花部。阿閦佛对往生的条件是，第一要证空性，这就与《弥陀经》要求的重点不一样，《弥陀经》的重点是要你多做善事，多做饶益众生的事作为往生的资粮。而阿閦佛则要求你多修戒定慧，要证无生法忍，不能证无生法忍，也得证空性，

不能证空性，你能有所解悟都行，这就是往生的资粮。在这里，六祖大师之所以强调在心上用功，在解脱上用功，可不是与净土离得远。依不动如来的条件来看，六祖大师早就到了阿閦佛的净土了，他在这儿已经见道了嘛，往生的资粮是足够的。所以不一定非要你念他，只要你这边证了空性，阿閦佛国那边就为你准备好了莲座。

东方还有一个净土就是药师佛的净土，《药师经》就是介绍这个净土的。《药师经》又名《消灾延寿经》，你如法修行，既可让你消灾，又可使你延寿。这与西方极乐世界有什么不同呢？西方净土重点在人临终时的归宿，你这辈子完结了，该往哪儿去呢？阿弥陀佛愿意在他那儿接纳你。药师佛则不然，他是让你有现前的受用，就算你最后有个西方世界作为归宿，但你现在的病苦怎么办呢？所以药师佛发了十二大愿，就是要让人们在现实中有种种的受用。阿弥陀佛是让人善其死，药师佛是让人善其生。药师佛也有他的净土，你念药师佛，他也会接纳你，但却又注重现在，让你在人间也生活得好好的。这两者的趋向不同，但都属净土的范围，因为都是要仰仗佛力而解脱。

另外，往生净土还有一种，就是发愿上升兜率，到兜率内院。佛的经教说，兜率天是第四层天。佛教把天分为好几层：第一层就是四天王天；第二层是忉利天，也就是三十三重天；第三层叫焰摩天；第四层就是兜率天。兜率天内有个内院，是一个很特殊的地方，那是弥勒菩萨居住的地方。兜率内院也算是净土，我国历史上许多著名的高僧，如东晋的道安法师，唐朝的玄

奘法师，现代的虚云法师都是往生兜率内院的。为什么兜率天内也有净土呢？此处认为，菩萨是不能舍弃众生的，西方极乐世界等诸佛净土离人们这儿实在太远了，以阿弥陀佛的西方净土而言，就有十万亿佛土。一个佛土有多大呢？一个佛土就是一个大千世界，这可不是小小地球可以相比的，起码相当于一个银河系。这样的佛土要经过十万亿才能达到西方极乐世界。因为那么远，所以西方极乐世界不在这个世界里，而兜率天则在这个世界里，在人间的人们头上的第四层天上。

弥勒菩萨为什么要住在兜率天呢？因为他是释迦牟尼佛的接班人，他是下一世的佛，因此不会舍弃需他领导的这个世界。在中国历史上，那些发愿往生兜率内院的大师，都是悲心很重的，能荷担如来家业、难行能行、难忍能忍的大角色，他们也不愿舍弃这个世界的众生。有一部经叫《弥勒上升经》，讲弥勒菩萨如何到兜率天的。还有一部经叫《弥勒下生经》，讲弥勒菩萨如何来到世间的。发愿往生兜率内院，就是与弥勒菩萨结缘，也就是准备以后帮助弥勒菩萨度化众生，并一起成佛。这也是一种净土思想，而且是要把这个世界改造成为净土的。但这个未来的、应化净土的众生就复杂多了。五浊世界嘛，对佛菩萨来说，改造娑婆世界成为净土是一项艰巨的任务。

往生到底有没有凭据呢？如往生西方，念佛到底能不能往生呢？首先就得估计自己的力量行不行。有一部经叫《般若三昧经》，就是指导人们用净土的思想，用念佛的方法使你现前得定，在定中可以看见西方三圣。凡愚之处就在于妄心太重，心灵是难得明明历历的。现在一些对气功有些深入的人都

知道，调身容易，调息也不难，难就难在调心。功夫用到调心的时候，念头往往收拾不住。般若三昧就是帮助你解决调心问题的，相当于现在说的闭关，就是闭关念佛，里面有种种方法，就不多说了。总之就是以闭关的办法来念佛，来专修，或七天，或四十九天，在印度叫“小七”“大七”。打七并不是中国创立的，而是在印度先有的。佛经里明文规定，在这一时期你得专修般若三昧，要念佛的功德，佛像的好，佛的种种一切，把自己的心全放在这上面。念到最后，一切杂念息了，万念归于一念，精神也就专一了，稳定了，不可思议的力量就来了。

修净土的朋友若方便，可以找个清净的地方，结几个道伴相互护持，专门修几天，照着《般若三昧经》所指示的方法去修。这样修不是散修，闲杂事情一定要丢开，要使大家的精力集中，以期定中见佛。要知道，一个人一心不乱都不易达到，要定中见佛就更难了。但你若能精诚专致，虽不能定中见佛，也可以梦中见佛，这样功夫就可以逐渐生根了。虽不敢说绝对往生，但总多了几分把握。依佛经讲，一个人临命终时，那恍恍惚惚的情况与做梦时差不多。你若能在梦中念佛、见佛，那么临命终时就可以保持念头不失。

憨山大师晚年说，现在有很多人念佛感到不得力，虽是易行道，但也并非每个人都能得到受用。所以念佛是念佛，仍然要守戒、修定、修慧、闻思修，六度万行要配齐才行，单凭一句念佛是不行的。道理很简单，就在于念佛是不是在用“心”念，若用“心”在念，那么戒定慧、六度万行必然都会在其中了。大家可以做个试验，你看你在喜怒哀乐之中，在日常动静之中，自己回光返照，念一句阿弥陀佛效果如何？在矛盾是非、利害得失等关头，一句阿弥陀佛下来，能否把那些偷心打掉，能否使自己气象祥和。这些都是检验功夫的基本方法。那些功夫上手的人，一句阿弥陀佛，如同紧靠须弥山，自己在万事万物之中就做得了主。你若达到这样的功夫，往生与否，想都不用想了。阿弥陀佛不接你又接谁呢？若你对现在的事都没有把握，没有力量，也做不了主，那么临命终时往生的可靠性就不那么大了。总之，至少要做到

一心不乱。为了把六祖大师的开示弄清楚，把净土的情况介绍一下是非常有必要的。

六祖大师是提持禅宗的，他当然应当强调禅宗。他谈净土，并没有反对净土，只不过是把净土纳入禅宗的认识上来讲。再如后面六祖讲戒定慧，都是纳入了禅宗的认识，这是宗风使然。以戒定慧而言，教下各宗都是先戒次定、定次慧，在六祖那里就成了先慧而后戒定。深一层说，“戒”“定”“慧”都是一样的，没有什么先后之分。并不是六祖故意这样讲，禅宗的法就是这样，不二法门就是这样，离开了这种方法，就不是禅宗了。认识到了，即定，即慧，即戒，这样对开悟来说，就方便得多了。你若要先戒，后定，后慧，当然也可以，同样是佛教的方法嘛。你若要修禅宗，就非得定慧等持，所以唐代有人问药山禅师如何是戒定慧，药山说老僧这里无此闲家具。戒定慧是互体而通的，你一个都不能了，还来问三个，这对开悟是有障碍的。再如有人问赵州和尚如何是佛，赵州的回答也很干脆，他说，老僧这里只有本分草料，你是驴是马，该吃什么草就吃什么草。若问三藏十二部，经有经师，论有论师，你问他们好了。赵州也并非排斥教下，他这里只卖禅宗这一味药。佛教内各宗各派都是根据不同根器的众生而设立的，千万不能认为六祖在排斥其他宗派。六祖这里不提持这一招，禅宗的宗风又如何建立得起来？许多人看《五灯会元》看不懂，当然看不懂，隔行如隔山嘛！你用念佛的方法，或用其他宗派的方法来理解禅宗，当然看不懂。但一旦你懂了，你就会感到祖师们说的，无论是天一句、地一句，种种奇谈怪论，全都在禅宗的本分事上，全都丝丝入扣、刀刀见血，还会不由自主地鼓之舞之。所以要知道，六祖这里名为说净土，实际上是在谈禅宗。《坛经》里的一切地方，都是在说禅宗，一切都会归到这一点上，所以千万不要在这上面有所怀疑。

话说回来，真正修净土的人，就应好好去修，不要听禅宗一说心里就怕了。你一心一意地修，见佛那天，说不定就是开悟的那天。并不是念佛就不能开悟，若能定中见佛，离开悟还会有多远呢？同样，修禅宗的人也不要怕人说，正报会转，依报也会转，这边一开悟，那边就是常寂光土。对有些事

情禅宗的看法是反的，到了你真正感到一点抓拿、依傍之处都没有的时候，千万不要害怕，那恰是最好最妙境界快来的时候。你若还有所抓拿、有所依傍，就与开悟隔了十万八千里。当你感到内也靠不住，外也靠不住，佛也靠不住的时候，仍然敢笔直走下去，见法身就快了。

云门大师有三句：头一句是：见山河大地无丝毫过患，犹是转句——山河大地，万事万物都与自己和谐无碍了，但这仅仅是修行中的初步转身；第二句是：眼前不见一物，始是半提——什么都没有了，万法皆空。但见了空性不要以为就了事了，修行仅到了一半。所以还有第三句：须知有向上全提时节——全提，这里不仅正报转了，依报也转了，什么都转了。你成佛了，你的环境还不成为净土吗？不然全提个什么？

上面提到这些，在佛经里都是有根据的，如《文殊菩萨所说般若波罗密多经》上就说，只要证了无生法忍，必然就会有净土。这部经是禅宗祖师们提倡过的，四祖大师就曾叫人以这部经来修。所以不要一提禅宗就以为不要文字了，禅宗恰恰是从佛的经教中产生出来的，你若把《文殊菩萨所说般若波罗密多经》看完，里面说的比禅宗祖师们说的还吓人，而禅宗祖师们的提持，也没有超过这部经的。如佛问文殊："如来得了阿耨多罗三藐三菩提吗？"文殊说："如来没有得。"佛问："那么如来没有得到阿耨多罗三藐三菩提吗？"文殊说："也不是这种说法。"里面层层剥剔。如佛问："你见到如来了吗？"文殊说："我见到了。"佛问："你是怎样见到的呢？"文殊说："我在无相中见到的。"佛问："无相中为什么能见如来呢？"文殊说："无相就是如来

嘛。”佛又问：“你得到无碍智慧了吗？”文殊说：“我本身就是无碍智慧，还需要另外去求吗？”再如佛问：“你看到戒律的道理了吗？”文殊说：“看到了。”佛问：“那戒律的道理在哪儿呢？”文殊说：“非有相，非无相，非有见，非无见，一切都不是，才是真正的戒。”你如果把这些经都读通了，你就会知道释迦佛的用心，也就知道各宗各派的方便了。所以，真正佛所说的净土，并不是一般人所理解的那样，真正的禅宗，也不是一般人所理解的那样。这些都是要通过艰巨如法的修行，只有在修行的实践中，才能得到其中的真味，也才能得到正确的认识。那些以讹传讹的说法，不知把多少人弄得颠倒恐惧。

四

经文

师言：“善知识！若欲修行，在家亦得，不由在寺。在家能行，如东方人心善；在寺不修，如西方人心恶。但心清净，即是自性西方。”

韦公又问：“在家如何修行？愿为教授！”

师言：“吾与大众说无相颂，但依此修，常与吾同处无别。若不依此修，剃发出家[①]，于道何益？”颂曰：

心平[②]何劳持戒[③]？行直何用修禅？

恩则孝养父母，义则上下相怜。

让则尊卑和睦，忍则众恶无喧。

若能钻木出火，淤泥定生红莲[④]。

苦口的是良药，逆耳必是忠言。

改过必生智慧，护短心内非贤。

日用常行饶益，成道非由施钱。

菩提只向心觅，何劳向外求玄。

听说依此修行，西方只在目前。

师复曰："善知识！总须依偈修行，见取自性，直成佛道。时不相待，众人且散，吾归曹溪。众若有疑，却来相问。"

时，刺史、官僚、在会善男信女，各得开悟，信受奉行。

注释

①剃发出家：剃须发、染衣，为佛弟子出家之相也。且去骄慢，且别于外道之出家，是三世诸佛之仪式。

②心平：即心平等义。

③持戒：为六度之一，受持戒律而不触犯也。

④红莲：赤色之莲华也。

译文

六祖大师说："善知识啊！若要修行、学佛，在家也是可以得到的，不一定非要出家在寺院里才行。在家的人如果能够依法修行，就恰如身处东方的人却能心存善行；出家在寺却不能依法修行，就好像身在西方极乐却心存恶念。只要内心清净，就是在自性中得见西方极乐世界。"

韦刺史又问道："在家的人应该怎样修行呢？希望和尚能够给我们教导传授！"

六祖大师说道："我给大家说一个《无相颂》，只要依照这"无相颂"去修行，就无异于经常与我同在一处。若是不做这样的修行，即使剃了头

发出了家，但在修道上又有什么益处呢？”这道偈颂说：

心地平等何须烦劳持戒？行为正直哪里还用修禅？

知道报恩就能孝养父母，明白义理就能上下相怜。

懂得谦让就能尊卑和睦，能够忍辱就能制止众恶。

若能如钻木取火般勤修，污泥之中定能生出红莲。

苦口的常是治病的良药，逆耳的必是利行的忠言。

改正过失必定能生智慧，维护短处必定心内非贤。

日常生活中常利益他人，成道不是只由布施钱财。

菩提只需要向内心寻觅，何必徒劳向外求取玄妙？

听我说偈之后依此修行，西方极乐净土就在目前。

六祖大师又说道：“善知识啊！大家总是要依照偈颂所说的去修行，自己认取自己的自然本性，直接成就佛道。佛法不会等待，大家现在暂且散会，我要回曹溪去了。你们若有疑问的话，就到曹溪去问我吧。”

当时，韦刺史和官僚们以及在会的善男信女，各人都得到了开悟，共同信受教法，遵守奉行。

智慧解析

《坛经》的这一段也很重要，六祖从另一个侧面，给人们开示了修行的大法，也为人们破除了修行中的一种成见。很多人认为要修行就必须出家，不出家就说不上修行，或者成就不了佛。这似乎很有道理，但仔细一想，问题就来了。佛说一切

众生都有佛性，都可以成佛。并没有说过出家人才有佛性、才能成佛；在家人就没有佛性，不可以成佛之类的话嘛。涅槃会的屠夫、龙女都是在家人，他们不都成佛了吗？维摩居士也是在家人，他的成就不是与佛一样吗？所以出家只是修行的一种方式，当然是特殊的、专业化的方式，也是殊胜的方式，但不是唯一的方式，所以说修行也并不一定非出家不可。六祖说："若欲修行，在家亦得，不由在寺。"而这里的无相颂，更是专门说给在家修持的人的。依照这个无相颂修行，你的家庭、单位、生活和工作都会处理得和谐，有了安宁的心理和环境，再在明心见性上狠下功夫，那么，你是能够有所成就的。

定慧品第四

一

经文

师示众云："善知识！我此法门，以定慧[1]为本。大众勿迷，言定慧别，定慧一体，不是二。定是慧体，慧是定用，即慧之时定在慧，即定之时慧在定。若识此义，即是定慧等学。诸学道人，莫言先定发慧、先慧发定各别。作此见者，法有二相。口说善语，心中不善，空有定慧，定慧不等。若心口俱善，内外一如，定慧即等。自悟修行，不在于诤；若诤先后，即同迷人。不断胜负，却增我法，不离四相[2]。

"善知识！定慧犹如何等？犹如灯光。有灯即光，无灯即暗，灯是光之体，光是灯之用。名虽有二，体本同一。此定慧法，亦复如是。"

注释

①定慧：调摄乱意名定，观照事理名慧，又名止观。

《六波罗密多经·八》：“佛果大菩萨，定慧为根本。”

②四相：见《金刚经》：“若菩萨有我相，人相，众生相，寿者相，则非菩萨”。

六祖《金刚经注》：“有我相者，倚恃名位权势，财宝艺学，攀高接贵，轻慢贫贱愚迷之流。人相者，有能所心，有知解心，未得谓得，未证谓证，自恃持戒，轻破戒者。众生相者，谓有苟求希望之心，言正行邪，口善心恶。寿者相者，觉时似悟，见境生情，执著诸相，希求福利。有此四相，即同众生，非菩萨也。”又曰，“实无有法者，谓初悟人尚有微细四相也。但少有悟心，是我相。见有智慧，能降伏烦恼，是人相。见降伏烦恼，竟是众生相。见清净心可得，是寿者相。不除此念，皆是有法。故云实无有法发阿耨多罗三藐三菩提心。”又曰，“始即令诸学人先除粗重四相，如《大乘正宗分》中说也。次即令见自性之后，复除细微四相，如《究竟无我分中》说也。此二分中，即皆显出理中清净四相。若于自性无求无得，湛然常住，是清净我见。若见自性本自具足，是清净人见。于自心中本无烦恼可断，是清净众生见。自性无变无异，无生无灭，是清净寿者见。”

译文

六祖大师对大众开示说：“善知识啊！我的这个法门，是以禅定和智慧为根本的。大家不要着迷而说什么禅定与智慧有分别！禅定和智慧是同为一体的，不是各别而成为两个的。禅定是智慧的实体，智慧是禅定的妙

用，即在开慧的时候禅定也就在智慧中，即在入定的时候智慧也就在禅定中。如果认识了这个意义，也就是禅定与智慧均等地得到修持。诸位学习佛道的人啊！不要说什么先禅定而后开发智慧，或者先开慧而后发禅定等有分别的话！做这样的见解的话，那就说明这法有二种相了。口里虽然说着好话，但心中却不存有善良的念头，空有那禅定与智慧的名称，而禅定与智慧却并不平衡均等。如果心口相应都善良，内外一体全如如，禅定与智慧也就平衡均等了。这一法门贵在自己觉悟修行，不在于口头争执辩论，若争执辩论禅定与智慧的先后顺序，就如同那痴迷的人一样。若是不断除胜利与亏负的心理，就将增长自我的法相，便不能远离我、人、众生、寿者四相了。

“善知识啊！禅定与智慧好比什么呢？就好比是灯与光。有了灯就有了光明，没有了灯就会黑暗下来。灯是光的实体，光是灯的妙用。名称虽然有两样，但实体本来却是统一的。这禅定与智慧之法，也是这个样子的。”

智慧解析

禅宗讲明心见性：一切万法不离自性，戒也是这个，定也是这个，慧也是这个，世间是这个，出世间也是这个。把一切法的界限打破，明明白白指

出“这个”来的是禅宗，也是从禅宗开始的，佛教其他各宗各派都没有做到这一点。这一点，就是不二法门的精义，而且就在你自己身上，就在你的自性之中，不需要到别处去找。你看，在家出家不二，戒定慧不二，内在的身心、外在的世界不二，西方净土、东方秽土不二，烦恼菩提不二，生死不二，等等，一切回归不二。这样，你要解脱，你要成佛，中间就没有那条不可逾越的鸿沟了。这一点，不是禅宗故意指出来的，佛法的真理就是如此。若以教下来讲，戒是戒，定是定，慧是慧，各自有一整套学习和修持的方法，到了一定阶段，才由戒生定，又由定生慧。禅宗不这么讲，既然一切万法不离自性，不离自己，那么谁在修戒、修定、修慧呢？禅宗认为：戒就是定，戒就是你；定就是戒，定也是你；定就是慧，慧还是你。根据这个道理，禅宗还认为，教下讲的由戒生定，由定生慧是对的，那也并非只此一路，还可以由慧生定、由慧生戒嘛。一个人若经开悟，有了智慧，那个心就不动了，心不动，就是定；不动心，就能守戒。譬如知道狗屎吃不得，是慧；不论别人怎样吹嘘狗屎好吃，我不动心，不上当，就是定；没有像别人那样吃狗屎，并且永远不吃就是戒。

一般人把定讲得太远、太玄了，总与自己不挨边。有的人学问很好，讲戒定慧一整套，居士戒、沙弥戒、比丘戒、比丘尼戒、菩萨戒他全懂；说定，四禅八定讲得头头是道；说慧，三身四智、一切智、一切种智等都会谈。但在生活中却把持不住，烦恼多得很，他自己也明白，于是想修定来改变自己。但是不行，一坐下来就打妄想，弄得自己苦恼不堪。这就是与戒定慧隔了一层，而且越走越远。要知道，生活就是戒定慧的道场，永嘉大师说“行亦禅，

坐亦禅，语默动静体安然”，这里戒定慧全有。永嘉大师还说：“不求真，不断妄，了知二法空无相。无相无空无不空，即是如来真实相。”这就是禅宗的方法与境界。你若把你自己忘了，把戒定慧当作学问，当作知识，当作自己以外的东西来把握它，或者用它来改造你自己，这就走了弯路，往往也不易得力。若知道戒定慧就是自己、就是自性的功用，其中就有戒、有定、有慧，那么障碍和鸿沟就都无影无踪了。生活中的一切无不在戒定慧之中，所以才有那种洒脱自如的境界。所以才这样说，有的人双脚一盘时有定，双脚一放时定就没有了，白天众人之中知道守戒，无人之处心就动了，晚上做梦时就管不了许多了，打开经书时有慧，面对自己的烦恼时慧就不知跑到哪里去了。所以六祖说“内外一如，定慧即等”“名虽有二，体本同一”。

二

经文

师示众云：“善知识！一行三昧[①]者，于一切处行住坐卧，常行一直心是也。《净名经》云：直心[②]是道场，直心是净土。莫心行谄曲，口但说直，口说一行三昧，不行直心。但行直心，于一切法勿有执着。迷人著法相，执一行三昧，直言常坐不动，妄不起心，即是一行三昧。作此解者，即同无情，却是障道因缘。

“善知识！道须通流，何以却滞？心不住法，道即通流。心若住法，名为自缚。若言常坐不动是，只如舍利弗[③]宴坐林中，却被维摩诘诃。

“善知识！又有人教坐，看心观静，不动不起，从此置功。迷人不会，便执成颠[④]，如此者众。如是相教，故知大错。”

注释

①一行三昧：见《三藏法数·四》："一行三昧者，惟专一行，修习正定也。"

《大智度论·四十七》："云何名一行三昧？住是三昧，不见诸三昧此岸彼岸，是名一行三昧。"

②直心：见《维摩经·佛国品》："直心是菩萨净土。"

《注维摩经·一》肇曰："直心者，谓质直无谄。此心乃是万行之本。"什曰："直心，诚实心也。发心之始，始于诚实。"

《普观记》："言直心者，离屈曲故，谓以此心直缘真如。由此方便，发起正智也。"

③舍利弗：亦名舍利子，佛之大弟子也。

嘉祥《法华疏·一》："从母立名，母以眼似舍利鸟眼，故名母名舍利。其母于众女人中聪明第一。以世人贵重其母，故呼为舍利子。"

④颠：痴颠病也。

译文

六祖对大众开示说："善知识啊！所谓的一行三昧，就是能够在一切地方，无论是行走、居住、静坐、偃卧等，都能够经常修行一颗正直心。《净名经》上说道正直的心灵就是修道的场所正直的心灵就是清净的国土。千万不要心中实践的是谄媚邪曲，而只是口头上说什么正直的话！不要口里说着一行三昧，而不实践正直的心！只要实践正直的心行，而不在一切法上有所执着！愚迷的人执着于法相，执着于一行三昧，开口就直说什么：常常静坐而不动，妄想不从心上起。说这就是一行三昧。做这种见解

的人，就如同没有情识的木石一样，却反而是阻碍修道的因缘。

“善知识啊！道是要灵通流畅的，为何却反而加以滞塞呢？心不滞住在法相上，道就能灵通流畅了；心意若是滞住在法相上，那就叫作自己缠缚自己。如果说常常静坐而不动，只会像舍利弗静坐林中那样，却反被维摩诘呵斥。

“善知识啊！还有许多人，教人要静坐下来，看着自己的心，观着境界的静，不动作也不起身来，要用这样的方法置办功德。愚迷的人不领会，却因为执着不舍而病成痴颠，像这样的人是很多很多的啊。像这样的教导开示，应该知道那是最大的错误。

智慧解析

什么是“一行三昧”呢？三昧是印度音，翻译成中文就是等持，也就是定；一行就是专一的行为。总的意思就是指在行为上得了定，在一种修持方法上得了定，就叫一行三昧。也就是说，你只认准某件事情去做，不再做其他的事，并能够坚持下去，那么你在这个事情上就算是有了定力。所以，你要想得定，就要专心致志地做那个事情，就要“一行”，能做到“一行”，就必定得定。二六时中，行住坐卧，念念都在这个事情上。从因上来讲，就是功夫；从果上来讲，就是定。这就是禅宗讲的一行三昧。

六祖对一行三昧是怎样开示的呢？他说："善知识，一行三昧者，于一切处行住坐卧，常行一直心是也。"净土念佛，教人得念佛三昧，念念不忘，久后可以得定；密宗持咒，教人得持咒三昧，久后也可以得定。六祖这里讲的，就是要大家在一切时间和地点，不论行住坐卧，都要"行一直心"——念头不要拐弯。学习禅宗就要这样，在一切处，不论行住坐卧，都要念念不忘般若，念念不忘自己是佛，念念不忘一切法空，这样坚持下去就可以得定，就可以开悟。所以《维摩诘经》说："直心就是道场。"哪儿去找这么好、这么方便的道场呢！这就是一行三昧。

有的人念经、念佛时记得，不念时就忘了。与道友们谈论时记得，谈过就忘了。这就不是一行三昧，这样修道是不能成功的。再说一下，你若念念不忘这个，不离这个，不要忘记你自己，心里认为对的就做，认为不对的就不做，简单洒脱。但正因为真正的道太简单了，人就颠倒了、忽视了。记住，真传一句话，假传万卷书。学问越做得高，越谈到根本。

再谈一谈"直心"，用现在的通俗话说，就是做事不昧良心。一般纯洁朴实的人，受到道德陶冶的人，对是非曲直有种本能的反应，如：听说某人贪污腐化，立刻有一种恨的心理；看到某人的不幸，立刻有一种同情的心理等。这一类心理感受，都可以认为是良心。有的人受的污染多了，该恨的恨不起来，该同情的不同情，失去了正常人的是非曲直的判断，这类人就叫"昧了

良心”。人们要在工作和生活中“常行一直心”，心里认为是对的事，当然可以做，但做了会吃亏怎么办呢？你就不要怕吃亏嘛。这里是吃亏，那里却讨了便宜，当下敢于吃亏之时，就是你当下断此烦恼之时，同时也是你当下做了功德之时。吃了一个亏，断了一个烦恼，做了一件功德，何乐而不为之呢？现在经常有人说老实人吃亏，但不知道老实人最容易成佛。有的人爱引用“人不为己，天诛地灭”来遮掩自己的丑恶行为。这是佛教里所说的“邪见”，千万不能信那一套。要记住，做好事就不要怕吃亏，要修行就不要怕吃亏，不怕吃亏就是直心，就是道场。

有的人会说，直来直去往往要惹祸事，那该怎么办呢？要知道，直心不是不要方便，比如一个人病得很严重，你对他说，不要紧，很快就会好，病人就会安宁。有的人病虽不重，不好好医就会发展变重，有时医生会威吓他：“你注意，你的病严重啊，要好好地医。”他反而会老实地听医生的。这就是直心的方便，也是直心。史书上说，有个人问孔子：“其父窃羊，其子证之，可谓直乎？”孔子回答说，这不算直，应该是“父为子隐，子为父隐，可谓直矣”。又有人问孔子，“以德报德，以怨报怨”对不对？孔子说，应该是“以德报德，以直报怨”。直，里面的学问大得很：一方面心理、道德上要平直，不要曲谄；另一方面，又要把环境处理好。这是功夫，可不是随便就达得到的。所以，六祖在下面指出了一个重要的问题，就是“道须通流”，学道就是要流通，精神解放了，自然就会活泼起来。如果一个人学道反而成了呆子，那学的是什么道呢？什么是通流呢？“心不住法，道即通流”“心若住法，名

为自缚”。你如果做到了“于一切法勿有执着”，那么自然整个身心就流通了，也就是无论何时何地，在工作和生活中都不要忘记这个东西，同时也不要执着于这个东西。这实际就是一行三昧，就是一切放下。全体放下，对事不要执着，对法也不要执着，不论四谛法、三十七道品、六度万行都要放下，都不能执着。若认为有个法妙得很，自己很得好处就舍不得放下，那么，这个很妙的法就在这里把你障住了，把你缚住了——应该说自己用这个法缚住自己了。在这里是没有客气可讲的。这里是在讲“直心”，讲一行三昧，什么人敢在这上面奉承人呢？如果佛说过的就必须执着而放不下，那就不是佛法。不但世间的一切法要放下，对佛法也同样应该放下。要知道，释迦佛说的法都是对症下药，你没有这个病，就没有必要吃这个药。你有这个病，吃这个药好了，病好了这个药也用不着再吃了。不能因为得了一次感冒，就非得吃一辈子的感冒药嘛。所以，释迦佛经常说，我没有说法，四十九年来我一个字也没有说过啊！只有这样，“道即通流”才真正地自由了。

三

经文

师示众云：“善知识！本来正教①，无有顿渐，人性自有利钝。迷人渐修，悟人顿契，自识本心，自见本性，即无差别。所以立顿渐之假名。

“善知识！我此法门，从上以来，先立无念为宗，无相为体，无住为本。无相者，于相而离相；无念者，于念而无念；无住者，人之本性。于世间善恶好丑，乃至冤之与亲，言语触刺欺争之时，并将为空，不思酬害，念念之中，不思前境。若前念今念后念，念

念相续不断，名为系缚[②]。于诸法上，念念不住，即无缚也。此是以无住为本。

“善知识！外离一切相，名为无相。能离于相，则法体[③]清净。此是以无相为体。

善知识！于诸境上，心不染，曰无念。于自念上，常离诸境，不于境上生心；若只百物不思，念尽除却，一念绝即死，别处受生，是为大错，学道者思之！若不识法意，自错犹可，更误他人；自迷不见，又谤佛经。所以立无念为宗。

“善知识！云何立无念为宗？只缘口说见性迷人，于境上有念，念上便起邪见。一切尘劳妄想[④]，从此而生。自性本无一法可得，若有所得，妄说祸福，即是尘劳邪见。故此法门立无念为宗。善知识！无者，无何事？念者，念何物？无者，无二相，无诸尘劳之心。念者，念真如本性，真如即是念之体，念即是真如之用。真如自性起念，非眼耳鼻舌能念。真如有性，所以起念。真如若无，眼耳色声当时即坏。

“善知识！真如自性起念，六根[⑤]虽有见闻觉知，不染万境，而真性常自在。故经云：能善分别[⑥]诸法相[⑦]，于第一义[⑧]而不动。”

注释

①正教：所说契于正理，名正教。

②系缚：烦恼之异名。烦恼能缠缚身心，而使不得自由。

《正法念》云："如绳系飞鸟，虽远摄即还。众生业所牵，当知亦如是。苟非觉悟，何有解期？"

③法体：有为无为诸法之体性也。

《八宗纲要·上》："三世实有，法体恒有。"

④妄想：见《大乘义章·五本》："谬执不真，名之为妄。所取不实，故曰妄想。"

⑤六根：根，能生之义。眼根对于色境而生眼识，乃至意根对于法境而生意识名根。

⑥分别：分别有三。一自性分别，二计度分别，三随念分别。此即第二之计度分别，谓思量推度，种种差别之事也。

⑦法相：殊别之相可见于外者，名为法相。

《大乘义章·二》："一切世谛有为无为，通名法相。"

《维摩经·佛国品》："善解法相，知众生根。"

⑧第一义：见《楞伽经·二》："第一义者，圣智自觉所得，非言说妄想觉境界。"

又二之下，"究竟不成就，则度诸妄想。然后智清净，是名第一义"。

唐译《楞伽经》："第一义者，是圣乐处。因言而入，非即是言。"

《大智度论·四十六》："第一义名涅槃。"

译文

六祖大师对大众开示说："善知识啊！本来的正道大教是没有顿悟与渐悟之分的，只是因为人的根性有锐利与迟钝的差别。愚迷的人逐渐地依次而修行，而觉悟的人却靠顿然和契悟。如果自己能够认识自己的本心，自己证见自己的本性，也就没有什么顿与渐的差别了。因此，也就设立了顿悟与渐悟的假名。

"善知识啊！我的这个法门。自从先祖大师以来，首先建立无念为宗旨，无相为实体，无住为根本。所谓的无相，就是处在一切相中而能够离开一切法相；所谓的无念，就是在念念之中却能够无杂念心；所谓的无住，就是人的本来自性。对于世间善的、恶的、好的、丑的，乃至冤仇和恩亲，言语的触犯讽刺、彼此的欺凌纷争的时候，一并将其视为虚空幻相，不曾思想过报酬与残害。在心心念念当中，不再追思先前的境界。倘若是那前念、今念、后念，一念一念地相续不断绝，就叫作维系与绑缚；在一切法上，念念而自己不去执住，就是没有系缚了。这就是所谓的以无住为本。

"善知识啊！在身外离开那一切法相，就叫作'无相'。能够离开法相的执着，则自然本性的法体就会得到清净。这就是所谓的以'无相'为体。

"善知识啊！在一切境界上，心灵能够不被外境所污染，就叫作无念。在自己的心念上，常常能够远离一切外境，不在所遇到的境界上生心动

念。假若只是‘百千事物都不思’，那就把念头全部尽行断绝了。一念断绝就是死，到别处再去投胎受生，这是非常大的错误。学道的人想想看！若是不认识真正地佛法意旨，自己错了还可以宽恕，但却又去劝说他人去做就更加错了；自己愚迷而不见本性，却来毁谤佛教经典！所以就建立无念为宗旨。

“善知识啊！怎么样建立无念为宗旨呢？只因为那些口头上说着见识佛性的愚迷之人，心理还在外境上有所系念，进而在所想念的事物上生起了邪见。一切的尘劳与妄想，也就都从此邪见产生出来了。自己的菩提自性本来就无一法可得，倘若是有所得的话，而乱说灾祸与幸福，那就是尘劳邪见了。所以，此法门中便建立无念为宗。善知识啊！所谓的无，无的是什么事呢？所谓的念，念的是什么物呢？所谓的无，就是没有那二种法相，没有那些烦恼与尘杂的心理；所谓的念，就是念的真如自然本性。这真如就是心念的本体，心念就是真如的妙用。真如的自然本性能够生起心念，而不是眼睛、耳朵、鼻子与舌头等器官能够思念的。真如本来有本性，所以能够随着因缘而生起心念；真如若是没有心念的话，那么眼睛与色、耳朵与声当时也就丧失功用了。

“善知识啊！真如的自然本性随着因缘而生起心念，六根虽然有了见识、听闻、感觉、认知。然而真如自性却不会染着万种境界，而真如本性却恒常而自由自在。所以经中说道：能够善于分别一切的法相，但在第一义上却如如不动。”

智慧解析

这一段极为重要，六祖大师从另一个方面指出了修道的要径。两千多年来，关于佛教的修持，有的说顿悟成佛，有的说必须渐修。教下有顿、渐之说，禅宗也有顿、渐之说，是是非非，说不清楚。六祖在这里说“本来正教，无有顿渐”，佛法就是佛法。从根本上说，是没有顿、渐的分别的，但是因为“人性自有利钝”，所以在修持上，就出现了“迷人渐修，悟人顿契”这一差别现象。但归根到底，不论你渐修也好，顿悟也好，都是为了解脱，为了成佛，要认识自己的自心、本性，就这一点上来说，顿、渐是没有任何区别的。顿悟是认识自己，渐修也是认识自己，自己对自己而言，还有什么差别呢？认识别的或许还难，自己认识自己还有什么障隔，还有什么难的呢？这里当下即见：为什么不可以顿悟呢？所以，在这个问题上，顿渐只是假名，顿悟都是多事。不悟是你，悟了还是那个你，这个“自己”，可是不增不减的，所以不要在法上执着有什么顿，有什么渐，只要在这条路上走下去，自识本心，自见本性，就绝对错不了。

下面六祖提出了自己的纲领：“无念为宗，无相为体，无住为本。”这三件事本来是一回事，为了方便大家理解，六祖把它分为三点来说。“无念”这个法出自《楞伽经》，无念，简单明确地说，就是不执着，就是对里里外外的一切事情都不去执着，连这个不执着也不要执着。要知道，一切法空还有一

个理解，就是一切法都是活的，不是死的，你把它弄死了，就是有念，就是自缚了。

任何人，都是在有念之中生活，都在“二”之中生活，因而就有烦恼和生死。无念，就进入了不二，不二，就没有那些念头，如主观、客观、善恶、是非、过去、未来等那些相对的东西。如果要问什么是主观，禅宗的回答是：客观。如果要问什么是因，禅宗的回答是：果。禅宗认为，主观就是客观，因就是果。离开了客观哪里去找主观呢？离开了因哪里去找果呢？反过来也一样，总之不能执着于一面。

王阳明的一个学生问他：你老人家说万物都在心中，但前面山里的花开花落，若没有看到，那花又怎么会在心里呢？王阳明回答得好，他说，我没有见花时，那花与心同归于寂；当我看花时，花与心同时都明明白白了，可知花不在心外。又有个学生问王阳明：你老人家说天地万物都离不开自己，但是某人死了以后，天地万物仍然存在啊！王阳明回答说：你问得好，但我反问你，某人死了以后，他的那个天地万物还在不在呢？大家明白了吗？这个法是很普通的，只要你在自己的心上下功夫，自己认识自己，有什么难的呢？这里就必须超出相对而进入绝对，如果思想只是在相对之中打转，那是开悟不了的。要开悟，就必须把一切相对的东西摆脱。若开悟了，一真一切真，全体都解决了。无念为宗的道理明白了，无相为体、无住为本的道理也

就迎刃而解了。什么是无相呢？因为世界上任何事物都是因缘而生的，都具有空性，哪里有固定不变的相呢？一切都回归于无相，无相就不会执着。你懂了一切法空、凡所有相皆是虚妄的道理，并且不执着，那么你就懂了无相为体的这个“体”了。还有无住为本，无住，就是没有立足的地方，一切法不住。没有丝毫值得留恋的地方。所以赵州和尚说，有佛处不得住，无佛处疾走过，就是于法不住。

《金刚经》内有许多著名的语句，如：“过去心不可得，现在心不可得，未来心不可得。”前念已经过去了，哪儿去找呢？现在这个心你抓嘛，抓不住，一念当头，转瞬间就成了过去。未来心更说不清楚，谁知道未来是什么呢？如果有谁横了心，非要把过去、现在、未来抓住，那也只是水中捞月，空抓一场。在这个意义上，六祖说无念、无相、无住真是太亲切了。

六祖对无念、无相、无住做了种种解说之后，又总提了一下：“无者，无二相，无诸尘劳之心。念者，念真如本性，真如即是念之体，念即是真如之用。”一方面，无念的这个“无”，要除去一切相对的，属于“二”的种种思维分别；另一方面，无念的这个“无”，要除去一切尘劳烦恼妄想。剩下的这个“念”，就是“能离于相，则法体清净”的法体，就是真如本性。归根到底，念就是念自己，自己的真正本性就是真如。

真如在佛教里是个非常重要的名词，一切法的本来面目就是真如。真为

不假，如则不倒，宇宙的真实就是真如，而这个真如又决不能离开人们的认识。如果说宇宙有个真如，人们在真如之外，那就错了。真如以外是没有任何东西的。一说真如，宇宙人生全包括在自己身上；一说真如，绝对离不开你能知的那个心，所以你那个心就是真如。你想，没有这个念头、认识、知觉，谁在说真如呢？若那个是真如，那自我呢？如果自我是假的，那人们所认识的那个真如可靠吗？所以，必须你就是真如，真如就是你；念就是真如，真如就是念。对六祖讲的这些，一定不要停留在口头上，要深入到自己的身心性命之中，要"口念心行"，这样，才真正是学禅宗，才真正是六祖的弟子。

六祖最后说："善知识！真如自性起念，六根虽有见闻觉知，不染万境，而真性常自在。故经云：能善分别诸法相，于第一义而不动。"顿悟顿悟，依据的是什么呢？六祖这里谈的，就是顿悟的依据。没有这个真如自性，人们又凭什么去顿悟。不说顿悟，渐修也失去了依据。

坐禅品第五

一

经文

师示众云："此门坐禅①，元不著心，亦不著净，亦不是不动。若言著心，心元是妄，知心如幻，故无所著也。若言著净，人性本净；由妄念故，盖覆真如，但无妄想，性自清净。起心著净，却生净妄，妄无处所，著者是妄。净无形相，却立净相，言是工夫，作此见者，障自本性，却被净缚。

"善知识！若修不动者，但见一切人时，不见人之是非善恶过患，即

是自性不动。

“善知识！迷人身虽不动，开口便说他人是非长短好恶，与道违背。若著心著净，即障道也。”

注释

①坐禅：坐而修禅，息虑凝心以究明心性之术也。达磨来此，法始盛于中国，与从前之四禅八定不同。

译文

六祖大师开示听法的大众说：“这宗门中的坐禅，原本不是要去观看心念，也不是去观看清净，也不是枯坐而不动。倘若是说要观看心念的话，这自家心念原本就是一种幻妄，因为知道心念犹如幻妄，所以也就没有什么要观看的东西了。倘若说要观看清净的话，人的自然本性本来就清净无染，由于有妄想的念头，便把那真如本性给覆盖住了。但是只要没有了虚妄的幻想，本性自然是清净的；一旦生起心来去观看清净，却反而生起了清净与虚妄的念头。虚妄本来就没有一定的处所，观看清净的人也就是虚妄的所在了。清净本来就没有什么形相，现在却立出了一个清净的形相，还说是那修行的功夫。把持这样

一种见解的人，会障碍自己的真如本性，反而被那清净的形相给缠缚住了。

“善知识啊！对于修行那如如不动的法门而言，只要在见到任何人的时候，都不会见他人的是非正误、善良丑恶、功过得失等，这就是自然本性的真正不动。

“善知识啊！愚迷的人身体虽然枯然不动，但是一开口便说他人的是非长短和好坏，这就与修道相违背了。这与执着于守心看净一样，也是障碍修道的。”

智慧解析

六祖大师这里讲的坐禅，与其他法门讲的不一样，既不看心，也不看净；既不是让你在那儿看自己的那个心，也不是要你把自己的心打扫干净，如果那样，就成了神秀的“时时勤拂拭，勿使惹尘埃”了。为什么呢？六祖说：“若言著心，心元是妄。”常人的那个心，都是烦恼妄想塞满了的，若说不妄，谁能找出一个不妄的心来呢？你若起心去看，就是更大的妄念。好多人用功时心思收拾不住，越是治妄，心里越闹，这是因为以妄治妄，怎么治得了呢？南宋时有个修行人问破庵祖先禅师，他说：“猢狲子捉不住，怎么办呢？”就是说，我起心看净，但妄想老是消除不了、扫不干净，你老人家有什么办法帮助我呢？破庵禅师说：“用捉干什么？！那可是如风吹水，自然成纹啊。”这时，在旁边当侍者的无准师范却言下大悟。这是什么道理呢？因为那个心本来是清净的，本来用不着你去看、去打扫。但是问题来了，这个心既然本来就是清净的，那么这么多的妄念、烦恼又是从哪儿来的呢？这就需要去参、去悟。悟了，就是那个妄念、烦恼充塞的那个心，就是清净的真如的那个心。佛教爱用“颠倒”这个词，颠倒时，是妄念，是烦恼。你若悟了，倒过来就是菩提。所以，“知心如幻，故无所著也”。

有妄想，想扫除妄想，但谁知道哪个是妄想呢？谁又想去扫除这个妄想

呢？知道妄想，扫除妄想的那个念是什么呢？

当觉察到自己有妄念时，那个“觉”的心，与发生妄念的那个心是不是两个呢？当然不是，你觉知妄念的那个心，与产生妄念的那个心是一回事，都是自我，都是同一个心。妄念产生于这个清净的心，觉悟也产生于这个清净的心，都是你啊！你若明白了这个道理，才知道起心看净不是妄念也是多事。为什么呢？本来清净，你自己信不过，还要净上加净，怎么不多事呢？净上加净，实际上就是妄上加妄。所以净无形相，若有个什么具体的净相，你认为应该的那个净相，它就不净了。若你要刻意去求个什么净，到头来也就是一个百不思、百不想的废人，如同木石瓦块一样。这绝不是功夫，仍然是妄见。为什么呢？这是因为“障自本性”，把自己活泼的自性束缚了、障碍了。

二

经文

师示众云："善知识！何名坐禅？此法门中，无障无碍，外于一切善恶境界，心念不起，名为坐；内见自性不动①，名为禅。善知识！何名禅定？外离相为禅，内不乱为定。外若著相，内心即乱。外若离相，心即不乱。本性自净自定，只为见境思境即乱。若见诸境心不乱者，是真定也。

"善知识！外离相即禅，内不乱即定。外禅内定，是为禅定。《菩萨戒经》云：我本元自性清净。善知识！于念念中，自见本性清净②，自修、自行，自成佛道。"

注释

①不动：即于第一义而不动。

②清净：见《海水一滴》云："非是脱尘垢而得净相。佛及众生，本

然性空，谓之清净。深达此理，则念念禅定，事事空行，常住无间那伽大定。”

译文

六祖大师开示大众说：“善知识啊！什么叫作坐禅呢？这顿悟的宗教法门中，一切自在而没有障碍。在外对一切善恶的境界，不生起心念，这就称为坐；在内见得自然本性原本就不移动，这就称为禅。善知识啊！什么叫作禅定呢？在外离开了一切法相就叫作禅，在内心灵本性不乱就叫作定。若是在外心灵执着于境界法相，内心自然就会散乱；若在外境上心念不执着于法相，心灵也就不会散乱了。本来的天性原本就是自己清净、自己安定的，只是因为遇到了境界、思虑起境界的时候，内心也就散乱了。如果见到了一切的外在境相而心灵不散乱的话，这才是真正的安定。

“善知识啊！在外离开诸种法相就是禅，在内心灵不加散乱就是定。外边有禅而内心有定，就叫作禅定。《菩萨戒经》说道：我们本来的心性原初就是清净的。善知识啊！在一念一念之中，自己能够见得本来天性清净，自己修持，自己实践，自然就能够成就佛道了。”

智慧解析

有关绝对与相对的关系，善恶、是非、成败、因果、烦恼、菩提等，都是相对的，是“二”，不是“不二”。六祖这里以“一切善恶境界”概括了一切相对的、分别的境界。能超越了这些相对的、分别的境界，你才能见性，才能无障无碍，也才能“心念不起”，这就是禅宗的“坐”。这种“坐”超越了坐相，哪怕你并没有坐在那儿用功，而在日用动静中，你仍然是“坐”。反之，你达不到这种境界，心里乱哄哄地在那些相对的分别境中打转，哪怕你坐上一百年，却与“坐”无关。“坐”是不动的意思，“站”是动的意思。但对于动静也不能看死了，动静是“二”，不是“不二”。这好比人们的心。你说它是有念还是无念呢？若说有念，现在什么都没有想：若说无念，却什么都在想。那它到底是有念还是无念呢？这个道理其实好懂，有念的与无念的都是自我，若要认定那个有念或无念的是自我，反者则非，那就错了。那么，是不是这两者合在一起来的呢？也不是，这两者都是从体相上显示出的作用而已，不是合并在一起的。若明白了这层道理，就达到了六祖所说的“内见自性不动，名为禅”。

下面来欣赏一首禅诗，是南台和尚写的：

南台静坐一炉香，终日无心万虑忘。

不是息心除妄想，只缘无事可商量。

“南台静坐一炉香”，他点起香，坐在那儿，“终日无心万虑忘”，一天到晚都无所萦怀，一切东西都不住于心了，什么修行，不打妄想，看心看净等，统统忘记了。“不是息心除妄想”，我坐在这儿，并不是硬要把心息下去，故意不起妄想，而是因为有下面点眼的结句“只缘无事可商量”。本来就没有事嘛！见了性，就没有事了。所以昭觉和尚说：“我看这千万人都是迷糊的，都跑到这儿来找佛，找菩萨，没有看见过一个无心道人。”注意，这个“无心道人”并不是故意无心，是因为见了道以后，世间的那个心就死了，不起作用了，这才是坐禅。

再如药山禅师见道后，有一天在庙外的石头上坐禅，石头问药山禅师道：你在这儿干什么？药山说：我什么都没有做。石头说：那你是在闲坐了？药山说：如果是闲坐，那就是有所作用了。石头说：我这里针扎不入。药山说：我这里如石上开花。这才是禅宗的坐禅，里面什么东西都没有。但境界却大得很。从这里，你再看那些观心、观净的，全是在打妄想。你再看临济大师，他在黄檗处见性后，一天在僧堂里睡觉，黄檗来查房，看他睡觉，就用

杖子打了他一下。临济睁眼一看是师父，又合眼睡去。黄檗禅师又到上房去查，看见首座和尚在那儿坐禅，于是用杖子打他说："下面那个小和尚都知道坐禅，你却在这里打什么妄想。"大家好好参一参，临济睡大觉，打都打不醒，黄檗大师却说在坐禅；首座和尚明明在坐禅，而黄檗大师却说他在打妄想。里面的道理何在呢？就是六祖大师上面所说的道理嘛。"若见诸境心不乱，是真定也"。临济被他的师父打都打不醒，其实他们明白得很，临济是"见诸境心不乱"，所以尽管睡大觉，而黄檗大师却赞叹他的是真正的坐禅。

"外离相即禅，内不乱即定。外禅内定，是为禅定"，这就是六祖为禅定所下的定义。总之，说到底就一个"着相"，"着相"就是无明。佛的三藏十二部，说的、破的，就是这个东西。要知道，世界上没有多少东西，就是这一点点执着，佛法就是要把这一点连根拔掉。世上的人放不下，总要抓一个东西才安心，抓一件又一件，一直抓到死都脱不了手。"坟地给我看好啊""儿女要给我照顾好啊""千万记住你的妈妈，明年清明要来上坟啊"！你看，这怎么得了。基督徒要把上帝抓住，佛教徒则把阿弥陀佛、观音菩萨抓住，这些都是执着。所以禅宗说"顿破"，就是破这个东西；三藏十二部，大说小说、圆说顿说，种种说，反复说，都是为了破这个东西。

这里，六祖大师引《菩萨戒经》说：我本性元自清净。因此，一切学佛的人要念念不忘自己的本性，要看到自己本来就是清静的本性，如此而已。所以要"自修、自行，自成佛道"。自己修自己行，自己按照自己的本性行动，用不着只想依靠着什么别的力量，自己的本性就是佛嘛！所以祖师们大悟后，往往第一个感叹是："啊，原来是这样，其实我早就成佛了！"开悟就是这个意思，所以《坛经》坐禅这

一品并没有讲怎样坐禅，而是放在“本性”这个点上来讲的。六祖千言万语，就是一句话，只是叫你明心见性，自成佛道，一切都在这里。

唐代有一位很有名的禅师，叫马祖。他为什么叫马祖呢？因为他俗家姓马，出家后的法名叫道一，所以叫马祖道一。他是四川什邡人，气宇不凡，非常用功，后来离开四川到湖南衡山怀让禅师的庙里挂单，一天到晚都在静坐。怀让发现他是个人才，很想度他，多次找他谈话，但马祖坐在那里理都不理。怀让于是拿了一块砖，天天在马祖面前磨，马祖也不理。不知过了多久，马祖终于忍不住了，说：“和尚，你在干什么啊?!”怀让说：“我在磨镜。”马祖很奇怪，说：“镜子是用铜磨，你用砖磨，怎么成得了镜子呢？”怀让说：“既然砖头磨不成镜子，那么你在那儿坐禅就成得了佛吗？”马祖的确不凡，立刻有所省悟，并且请教说：“那怎么修持才对呢？”怀让仍然用比喻进一步说：“如果一头牛拉的车停在那儿，要牛车上路，该打牛还是该打车呢？”马祖说：“当然该打牛。打车有什么用！”怀让说：“因此你应当知道，人的身体等于一辆车，心等于是牛。要想成佛，必须在心上用功，不在于坐啊！”怀让又说，“你是学坐禅，还是学坐佛呢？若说坐禅，禅非坐卧；若学坐佛，佛非定相，于无住法，不应取舍；汝若坐佛，即是杀佛，若执坐相，非达其理。”马祖于言下就大彻大悟了。

生活中如何用功呢？用功，佛教内一般都是止观双修、定慧等持。懂得了“万法皆空”的道理，用功时就应多修空观，以达到不思善、不思恶的境地，到这个时候，你的念头不求净而自净，自然而然地进入轻安自在，这时你就应该定住，越长越好。若定不住，念头起来时怎么办？禅宗用功，决不去打这个念头，一打就是妄上加妄了。当念头起来时，你不去管它，也不随它发展，你只是心里明白就行了。这样，念头自然而然就去了，轻松得很。你若用力去排除，那就是自讨麻烦。还有一种方便，念头起来时，你可以追问，这个念头是谁的念头呢？它从哪儿来，又到哪儿去呢？就这么去参。不要听那些“炼精化气，炼气化神，炼神还虚”之说，只要在空观上功夫到家，这些自然都在里面。就在这时，如果豁然一念脱落，那就值得给你道喜！那

时，精化气是它，气化神是它，神还虚是它，虚合道还是它。用不了多大的劲，该周天通时自然就通——只要证了空性，一切功夫自然会来的，何必着急呢！

禅有许多层次，有各种各样的禅，凡夫禅、外道禅、小乘禅、大乘禅、无上乘禅，这里简单做些介绍。

先说一下三界唯心的三界。三界是什么呢？就是欲界、色界和无色界。欲界的表现就是饮食、男女、睡觉，还有其他种种，但主要是这三件事，所以叫欲界。色界里饮食、男女、睡眠三者都没有了，但还有他的身体和环境可以看得见，所以叫色界。无色界则全是精神的世界，没有身体，也没有山河大地，所以叫无色界。色界以上又叫定界，没有禅定功夫的人，是到不了这两个世界的。

欲界里有天道、天人，是六道轮回中的一道，不需要得定，只要善因够了就可以去。天人也在欲界里，而色界、无色界是属于定界，必须得了定才能去。欲界里的六层天是：天王天、忉利天、焰摩天、兜率天、化自在天、他化自在天、都是欲界，都有饮食男女，不过睡眠比我们少，烦恼比我们轻而已，所以仍然是欲界。

色界里有四层天：一禅天、二禅天、三禅天、四禅天。必须得了定才能去。无色界呢？里面又有四层天：空无天、虚无天、无有处天、非想非非想天。总括色界、无色界叫四禅八定。一层天比一层天高。色界四天尚有颜色质碍，而无色界四天则是纯精神的世界。

忏悔品第六

一

经文

时，大师见广韶洎[1]四方士庶，骈集山中听法，于是升座告众曰："来，诸善知识！此事须从自性中起。于一切时，念念自净其心，自修其行，见自己法身，见自心佛，自度自戒，始得不假到此。既从远来，一会于此，皆共有缘。今可各各胡跪[2]，先为传自性五分法身香[3]，次授无相忏悔。"

众胡跪。师曰："一戒香[4]，即自心中，无非、无恶、无嫉妒、无贪嗔、无劫害[5]，名戒香。二定香[6]，即睹诸善恶境相，自心不乱[7]，名定香。三慧香[8]，自心无碍，常以智慧观照自性，不造诸恶。虽修众善，心不执着，敬上念下，矜恤孤贫，名慧香。四解脱香[9]，即自心无所攀缘，不思善，不思恶，自在无碍，名解脱香。五解脱知见香[10]，自心既无所攀缘善恶，不可沉空[11]守寂，即须广学

多闻，识自本心，达诸佛理，和光接物⑫，无我无人，直至菩提，真性不易，名解脱知见香。

“善知识！此香各自内薰⑬，莫向外觅。

注释

①洎：洎，音忌，及也。

②胡跪：见《慧琳音义·三十六》：“胡跪，右膝着地，竖左膝危坐。或云互跪也。”

《归敬仪》：“佛法顺右，即以右膝拄地，右腿在空，右指拄地；又左膝上戴，左指拄地，使三处翘翘，曲身前就。故得心有专至，请悔方极。”

③五分法身香：以五种功德法而成佛身也。

《行宗记·一上》：“五分法身香，戒、定、慧，从因受名；解脱、解脱知见，从果受号。由慧断惑，断惑惑无之处名解脱。出缠破障，返照观心，名解脱知见。”

五分法身香者，即一戒香，二定香，三慧香，四解脱者，五解脱知见香。

《维摩经·二·方便品》：“佛身香，即法身也。从无量功德智慧生，从戒、定、慧、解脱、解脱知见生。”注，肇曰：“五分法身也。”

④戒香：见《破相论》：“佛在世曰，令诸弟子以智慧火烧如是无价宝香，供养十方诸佛。今时众生，不解如来真实之义，惟将外火烧于世间沉檀熏陆质碍之香，希望福报。云何可得乎？”又达磨曰，“戒香，能断诸恶，能修诸善。”

⑤劫害：见《南山戒疏·二之上》：“不白而取曰劫。”

《观音疏记》：“乖慈名害。”

⑥定香：见达磨云：“深信大乘，心无退转。”

⑦自心不乱：言自心本不散乱。《起信论》："以知法性常定，体无乱故，随顺修行禅波罗密。"

⑧慧香：见达磨云："常于身心内自观察。"

⑨解脱香：见达磨云："能断一切无明结缚。"又曰，"自觉觉他，觉智明了，则名解脱。"

⑩解脱知见香：见达磨云："观照常明，通达无碍。"

解脱知见，谓已实知解脱，即后得智也。

由解生定，由定生慧，由慧得解脱，由解脱得解脱知见。

⑪沉空：沉空者，大乘之菩萨二阿僧祇劫之终，于第七地专修无相观，上可无菩萨之求，下可无众生之度。于是钝根怯弱之菩萨，着此空相，发自他之大行。名七地沉空难。

⑫和光接物：见《老子》："和其光，同其尘。"

骆宾王《萤火赋》："不贪热以苟进，每和光而曲全。"

《庄子》："接于物而生时者也。"

⑬内薰：众生心内有本觉之真如，薰习无明，使以妄心，厌生死之苦，求涅槃之乐，名内薰。佛菩萨之教法及自己之修行，名外薰。

译文

有一次，六祖大师看见广州、韶州以及四方的士人庶民等，群聚在山中来听法，于是便升上法座，告诉大众说道："都过来吧！诸位善知识啊！这修行佛道的大事情必须要从自然的本性中做起啊。在任何时候，在一念一念中自己清净自己的心田，自己修持自己的行为；见到了自己的法性

身，见到了自己的心性佛，自己度化，自己持戒，这样才算没有白来曹溪一趟。你们既然是从远方而来的，一同到了这个大会中，大家都算是共同有这缘分的。现在，各位都胡跪下来！我要先为你们传授‘自性五分法身香’，接着再传授‘无相忏悔’。”

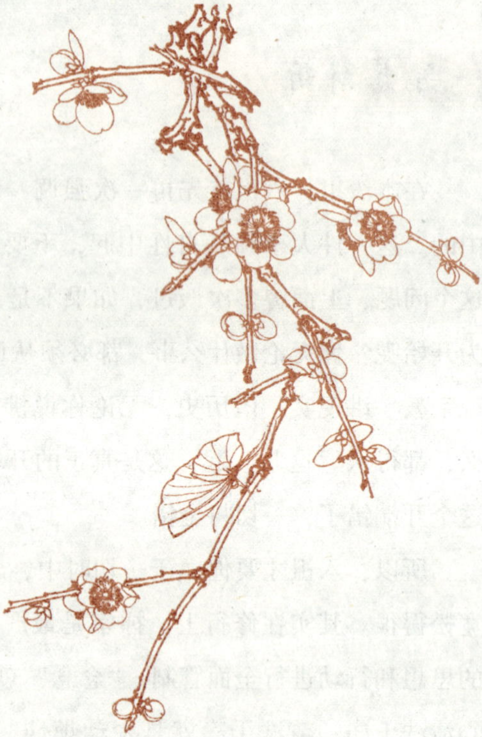

大众都胡跪下来。六祖大师便开口说道：“一为戒香。即是说自己的心中，没有过失，没有罪恶，没有嫉贤妒能的心理，没有悭吝贪忿的念头，没有劫掠杀害的意图，这就叫作自性法身戒香。二为定香。即是说看到一切善良丑恶的境相之时，自己心中不会散乱，这就叫作自性法身定香。三为慧香。即是说自己心中无障无碍，常常以智慧心来观照自己的本性，不造作各种罪恶。虽然修各种善良的事情，但心中却不加执着。尊敬上辈、体念下人、怜悯孤苦、救济贫穷，这就叫作自性法身慧香。四为解脱香。即是说自己的心灵在外境上没有什么攀缘，不思想善良、不思想丑恶，安然自在，没有障碍，这就叫作自性法身解脱香。五为解脱知见香。即是说自己心中虽然没有什么善良丑恶好攀缘的，但也不可以沉落在顽空之中，死守枯寂。应当广泛地参修学习，多闻善法，认识自己的本来心地，通达诸佛的道法真理，待人接物时与一众和光同尘，至少要做到没有自我相与他人相，从初发心一直到那圆满菩提之时，真如自性则丝毫不加变易，这就叫作自性法身解脱知见香。

“善知识啊！这五分自性法身香，都是在各自的内心自己薰陶的，千万不要离开自心自性而向外寻觅！

智慧解析

在本段里，六祖首先再一次强调，佛法不是外面的法，是在自己自性之中的。这一件大事须从自性中起，不要向外求，并把它作为一个起点。对于这个问题，上面曾多次谈过，如果不是从“这里”开始，那其他什么可以作为开始呢？你无论做什么事，都必须从此心、此念、此时开始。无论说科学、说宗教、讲现实、谈历史，无论你说佛、说菩萨、说天堂、说地狱，无论什么，都得从“这儿”起，这是真正的开端。只要这个开端正确，一切全正确；这个开端错了，一切将全错。

所以，六祖才要你“于一切时中，念念自净其心”。有人说，禅宗的修行宽松得很。其实在修行上，禅宗是最严格的，它不准你放松每一件事，对你的思想和行动进行全面管制。“念念”就是一切念、一切时，你都得把自己的心清洗干净。清洗干净就是少动烦恼，这可是功夫，烦恼断尽就可以成佛，不断烦恼就是凡夫。要知道。烦恼并不是从外面来的，而是从你的自性中产生的，烦恼的开端也是在“这里”，“自净其心”的开端还是在“这里”。有人会问，心到底是什么？为什么烦恼是它，成佛也是它呢？前面已经讲过了，这个心是万法俱齐的，善恶是非、大小长短、烦恼菩提都在心中。而这个心又是自由自在的，那些善恶是非、烦恼菩提又全在自心的抉择上。在这里我们就必须留意了。所以六祖说，“于一切时，念念自净其心，自修其行，见自己法身，见自心佛，自度自戒”，一切都离不开自己啊！所以赵州和尚说：金佛不度炉，木佛不度火，泥佛不度水，真佛内里坐。其他的都

不可靠，只有自己度自己最可靠。

什么是“自性五分法身香”呢？一般寺庙传戒，只是说“五分法身香”就行了，而六祖却处处强调自性。要知道，法身就是人们那个不生不灭的本体，也就是人们的心，人们的自性。要想证到这个法身，必须具备“五分”。五分包括戒定慧在内。戒定慧是就“因”而说的，你想要成佛的“果”嘛，就必须有成佛的“因”。但佛门戒与一般人的戒不一样，一般人守戒是很勉强的，如在某师父那里受了戒，因而不敢违犯。而佛所守的却是“自性戒”。而一般人守戒，总感到那个戒是一种外在的权威力量，不敢不守。所以六祖在这儿传的“自性戒”是指成佛以后那个非常圆满的戒。为什么说“圆满”呢？因为根本不需要守外面的什么东西，自己的本性自然而然就是清净有律的。现在叫你守戒，无非是要把你法身中本具的那个戒引发出来。你暂时还做不到，那就只好去“守”，然后慢慢地，就可以把法身中自性戒的“风格”引发出来，你也就自由自在了。明白了自性戒，那自性定、自性慧也就“亦复如是”了。要想得到佛的法身，就必须具备戒定慧这三种功德。

上面只谈了三分，还要加两分才叫作“五分法身”，另外两分就是解脱和解脱知见。解脱，当然是指解脱于生死苦海，说简单形象一点，就是精神上自在洒脱。怎样才能得到解脱这个最终的结果呢？就是因为得到了解脱知见，也就是得到了关于解脱的智慧。说到底，就是开悟，就是见道。开悟了，自然就得到解脱，解脱是果，解脱知见是得到解脱的智慧。戒、定、慧、解脱、解脱知见这五分合起来，就是佛的法身。

在佛教寺庙中做法事都有一定的仪式，如传法时，受法的人就必须跪下，传法人要点上一炷香。点一炷香，诵谕一番有关戒的颂文，受法人受了，就得了戒香。再点一炷香，诵谕一番有关定的颂文，受法人受了，就得了定香。慧香、解脱香、解脱知见香也是这样传授的，这就是传法的仪式。但六祖在举行这种仪式时，却把重点放在各自的本分事上。所以，六祖强调说，在点香的时候，不要以为得到几炷香就得到了法身，必须认识法身的“香”是什么，法身的“香”就是戒、定、慧，就是解脱、解脱知见。这五分“真香”

拿到后，用来“薰”自己，就可以把自己“薰”成佛。如果用外面的那些烟来薰自己，则绝对成不了佛。

二

经文

“今与汝等授无相忏悔，灭三世罪，令得三业[①]清净。

“善知识！各随我语，一时道：弟子等，从前念、今念及后念，念念不被愚迷染。从前所有恶业[②]、愚迷等罪，悉皆忏悔，愿一时销灭，永不复起。

“弟子等，从前念、今念及后念，念念不被骄诳[③]染。从前所有恶业、骄诳等罪，悉皆忏悔，愿一时销灭，永不复起。

“弟子等，从前念、今念及后念，念念不被嫉妒[④]染，从前所有

恶业、嫉妒等罪，悉皆忏悔，愿一时销灭，永不复起。善知识！已上是为无相忏悔。

“云何名忏？云何名悔？忏者，忏其前愆。从前所有恶业：愚迷骄诳嫉妒等罪，悉皆尽忏，永不复起。是名为忏。悔者，悔其后过。从今以后，所有恶业，愚迷骄诳嫉妒等罪，今已觉悟，悉皆永断，更不复作，是名为悔，故称忏悔凡夫愚迷，只知忏其前愆，不知悔其后过。以不悔故，前愆不灭，后过又生；前愆既不灭，后过复又生，何名忏悔？

注释

①三业：一身业，身所做；二口业，口所说；三意业，意所思。

②恶业：乖于理而行，名恶；做身口意之三事，名业。

《四十华严经·四十》：“我昔所造诸恶业，皆由无始贪嗔痴。”

③骄诳：见《唯识论·六》：“骄诳者，心怀异谋，多现不实，邪命事故。此即贪痴一分为体。”按：骄诳者，《唯识》二十随烦恼中之二也。

④嫉妒：害贤曰嫉，相忌曰妒。

《唯识论·六》：“嫉妒者，闻见他荣，深怀尤戚，不安稳故。嗔恚一分为体。”

译文

“现在，就给你们大众传授没有法相的忏悔，以灭除三世的罪业，使你们的身、口、意三种事业都得到彻底的清净。

“善知识啊！你们各人都随着我的话同时宣说：弟子等人，从先前心念、现在心念一直到后来的心念，一念一念都不被那愚痴迷惑所污染，以前所做的一切罪恶事业以及愚痴、迷惑等罪责，现在完全赤诚地加以忏悔。誓愿都能同时消除灭尽，今后永远不再生起。

“弟子等人，从先前心念、现在心念一直到后来的心念，一念一念都不被那骄傲诳妄所污染，以前所做的一切罪恶事业以及骄傲诳妄等罪责，现在完全赤诚地加以忏悔。誓愿都能同时消除灭尽，今后永远不再生起。

“弟子等人，从先前心念、现在心念一直到后来的心念，一念一念都不被那嫉贤妒能所污染，以前所做的一切罪恶事业以及嫉贤妒能等罪责，现在完全赤诚地加以忏悔。誓愿都能同时消除灭尽，今后永远不再生起。善知识啊！以上所宣说的就叫作‘无相忏悔’。

“什么叫作忏呢？什么叫作悔呢？所谓的忏，就是忏恨自己以前所犯下的过失。从前所有的一切罪恶勾当、愚痴迷惑、骄傲诳妄、嫉贤妒能等罪过，完全都忏恨无余。今后永远不再生起，这就叫作忏恨。所谓的悔，就是悔改自己以后再犯下的过失。以后所有的一切罪恶勾当、愚痴迷惑、骄傲诳妄、嫉贤妒能等罪过，现在已觉悟过来，全部永远断绝，更不再有造作，这就叫作悔改。凡夫愚痴迷惑，只知道忏恨自己以前所犯下的过

失，而不知道悔改以后所犯下的过错。因为不悔过，自然前面的罪责不能够灭除，后面的过错又再生起了。前面的罪责既然还没有灭除，后面的过错却又再次生起，这如何能够称之为忏悔呢？

智慧解析

这一品是《忏悔品》，忏悔就是在佛面前忏悔自己的罪孽。但六祖这里与一般的忏悔不同，叫“无相忏悔”。忏，是对过去所犯的错误坦白承认，做自我检查；悔，是发心以后不再犯那些错误，做自我的保证。两者合起来，检查加保证就是忏悔。

忏悔有许多不同的仪轨，如大忏、小忏等。大悲忏就是念观音菩萨的大悲咒并磕多少个头来请求忏悔。如果自己力量不够，加上大悲咒或楞严咒，还可以加上六字大明咒等各种各样的咒，并拜佛、念佛等。忏悔时在佛前当然要上香，六祖这里的意思是，不能注重外在的形式，应该上“真香”，这个“真香”就是“五分法身香”。

什么是“无相忏悔”呢？忏悔当然应该。但是必须懂得一切法空的道理，这样来忏悔，才有力，才彻底，才能得到解脱。畏于因果，你才会去忏悔，明白了礼义，你才会诚恳地忏悔。有的人问，既然讲一切法空，到底还有没有因果呢？这里认为，正是因为一切法空，所以才有因果；如果一切法不空，那反而破坏了因果的必然。譬如一粒种子，如果它本性不空，那就完了，它永远都是一粒种子，就不会发芽、开花、结果。如果这粒种子风吹不进，水浸不进，那又怎能生长呢？所以，这粒种子必须性空，才能有所变化，才能发芽、开花、结果。这一点必须牢记。只有一切法空，才会有因果。西藏宗喀巴大师写过一本书，叫《菩提道次第》，该书的《观品》就是抉择一切法空的。宗喀巴非常强调这一点，这是佛法的正见，如果学习佛法能得到这一点，就算真正有所得了。所以“无相忏悔”就是要懂得一切法空的道理。

人们无始以来烦恼深重、罪孽深重，要想得到解脱，自然应坦坦白白地

向佛承认错误。越是彻底承认自己的错误，就越能放下自己的烦恼，放下那个“人我”“法我”，因此，忏悔一次远比自己闭上眼睛在那儿坐的力量大。认真忏悔的人再去静坐，妄想也自然会轻得多。

要知道，懂得一切法空的道理，你做无相忏悔，这个忏悔就干净彻底，你就会知道原来并没有什么东西叫烦恼，也没有什么东西叫罪恶。唐肃宗有一个宦官叫鱼朝恩，权势很大，连皇帝都怕他。唐肃宗请南阳忠国师入宫问法时，唐肃宗给忠国师介绍说：“鱼朝恩也懂佛法。”

于是鱼朝恩恭敬地问忠国师：“何谓无明？无明从何而起？”忠国师看了看这位宦官，叹息一声说：“国家怎么不困难、不混乱呢？连宦官这样的奴才，居然也有资格问佛法这样神圣的大道了。”鱼朝恩大怒。忠国师说：“你不是在问无明吗？无明就是从这儿来的。”鱼朝恩于是很惭愧。大家听懂了吗？这一念火起，就是无明，若懂了，这一念消下去了，就是菩提。

忏悔一般分为事忏悔和理忏悔。事忏悔是在一定的时间，有一定的仪轨，对某些具体的事，在佛前进行忏悔；理忏悔是以佛法的道理来忏悔自己的罪恶，其中最重要的两个理是因果和一切法空。把自己的罪恶放在因果上，放在一切法空上进行忏悔，就是有的放矢、对症下药，也才能达到药到病除的效果。只有这样，你才能把那些恩恩怨怨、是是非非的东西放得下，也才能真正地进行忏悔。不然，口是心非，忏而不悔，悔而不改，改而不净，这样的忏悔有什么作用呢？

三

经文

“善知识！既忏悔已，与善知识发四弘誓愿①，名须用心正听：自心众生无边誓愿度，自心烦恼无边誓愿断，自性法门无尽誓愿学，自性无上佛道誓愿成。

“善知识！大家岂不道众生无边誓愿度，恁么道，且不是惠能度②。

“善知识！心中众生，所谓邪迷心、诳妄心、不善心、嫉妒心、恶毒心，如是等心，尽是众生，各须自性自度，是名真度。

“何名自性自度？即自心中邪见烦恼愚痴众生，将正见[③]度。既有正见，使般若智打破愚痴迷妄众生，各各自度。邪来正度，迷来悟度，愚来智度，恶来善度。如是度者，名为真度！

“又烦恼无边誓愿断。将自性般若智除却虚妄思想心是也。又法门无尽誓愿学，须自见性，常行正法[④]，是名真学。又无上佛道誓愿成，既常能下心，行于真正，离迷离觉，常生般若，除真除妄，即见佛性；即言下佛道成。常念修行是愿力法。

注释

①四弘誓愿：见《天台法界次第·下》：“今菩萨善达四谛十二因缘，怜悯一切，同于子想。故能为众生久处生死，发心荷负一切，共入涅槃。是以必须大誓庄严，要心不退也。此四通言弘誓愿者，广普之缘，谓之为弘；自制其心，名之曰誓；志求满足，故云愿也。”

《心地观经·七》：“一切菩萨，复有四愿，成就有情，住持三宝，大海劫终不退转。云何为四？一者，誓度一切众生。二者，誓断一切烦恼。三者，誓学一切法门。四者，誓证一切佛果。”

②且不是惠能度：众生自性自度也。

《顿悟入道要门论·上》：“众生自度，佛不能度。若佛能度众生时，

过去诸佛如微尘数，一切众生，总应度尽。何故我等至今，流浪生死，不得成佛？当知众生自度，佛不能度。努力努力，自修莫倚他佛力。经云：'夫求法者，不着佛求。'”

③正见：明知苦集灭道之理也。

《悟性论》：“凡迷者迷于悟，悟者悟于迷。正见之人，知心空无，即超迷悟。无有迷悟，始名正解正见。”

《法界次第·中》：“见四谛分明，故云正见。”

《顿悟入道要门论·上》：“问云何正见？答，见无所见，即名正见。”

④正法：见《新婆沙论·百八十三》：“正法有二种。一世俗正法。谓名句文身，即经律论也；二胜义正法。谓圣道，即无漏、根、力、觉支、道支也。”

正法，真正之道法也。理无差，故云正。法，为三宝中之法宝，以教理行果四者为体。

《无量寿经·上》：“弘宣正法。”

译文

“善知识啊！现在既然已经传授完了忏悔，再与各位善知识发下四个弘大的誓愿，各人都必须专心地谛听：自己心中的众生无边我誓愿普度，自己心中的烦恼无边我誓愿除断，自然本性里的法门无量我誓愿修学，自然本性里的无上佛道我誓愿成就。

“善知识啊！大家不是说什么众生无边我誓愿普度吗？既然这么说了，那就是各位自己度化的而并不是我惠能度化的。

“善知识啊！心中的众生，就是所说的奸邪迷惑心、虚诳妄想心、不为善良心、嫉贤妒能心、罪恶狠毒心，就如等这样的心理，都是自己心中的众生。各人都必须依靠自己的本性来度化自己，这才叫作真正的度化。

如何叫作“自己的本性自己度”呢？就是说将自己心中的邪恶见解、

烦恼痛苦以及愚蠢痴迷的众生，用正确的见解来度化。既然有了正确的见解，那就运用般若的大智慧来打破愚蠢痴迷、虚幻妄想的众生，各自靠自然的本性来度化自己。邪见解来时就用正确的见解度，迷惑来的时候就用觉悟度，愚痴来的时候就用智慧度，丑恶来的时候就用善良度。这样来度化心中的众生，就叫作真正的度化。

“又说什么烦恼无边我誓愿除断。就是运用自然本性的般若智慧，来除掉虚妄不实的思想、心理。又说什么法门无量我誓愿修学，就是必须自己亲眼见到自然本性，常常实践正道法门，这就叫作真正地修学。又说什么无上佛道我誓愿成就，就是既然常能够下定决心，实行真正的佛法；既然离开了迷惑，同时也离开了觉悟，内心里常能生出般若的智慧，除掉了真实也除掉了虚妄，就能见到自身的佛性，也就能在一言之下立即成佛。必须常常持念修行，这就是所谓的愿力法。

智慧解析

四弘誓愿是每一个佛教徒的日常功课之一，人们每时每刻都要把愿力放在这上面，这可是大乘菩萨的精神啊！什么叫“自心众生”呢？没有你这个自性，对众生的认识从哪儿来呢？也不是说众生就是在你的心里，但外面的众生就是你的自性众生，没有你，哪个在承认他们是众生呢？既然三界唯心，万法唯识，这无量无边的众生离开了你的心吗？众生就是烦恼，我当然要度。所以说，外面的烦恼，就是自己的烦恼啊！要明

白这绝不是两件事，这也是“不二”的。“自性法门无尽誓愿学”，不能沉空守寂，无论什么法门都可以学，有什么法在自性之外呢！学佛法，学世间法，乃至端公、巫婆、赌博等莫名其妙的东西都可以学一学。你既然会耍这些把戏，当然就可以度这一类的众生了。《观音普门品》说，应以什么身得度者，即现什么身为之说法。佛教八万四千法门，加上种种度众生的方便，真是无穷无尽，都要学。正人学邪法，用正邪亦正，你怕什么！这里必须明白六祖的提持：无边的众生是自心，乃至无上的佛道也是自己的这个心、这个自性啊。佛道是无上的，但这个无上的佛道并不是高不可及的无上，而是自性。如果你把那些“无量无边”的东西都放在外边，那么，“吾生也有涯，而知也无涯”，你又怎么能得到解脱，又怎么能度尽众生，又怎么能成佛呢？

现在丛林里念诵四弘愿，往往把“自性”二字去了。在这里还是按照六祖大师的方法才彻底，“自性”是不能丢的，不然，你凭什么来修行呢？有的人把世事看破了，遁入空门。出家当然不错，可别把众生忘了。四弘愿就是要面向众生嘛。要断烦恼，就一定要在世间断，要在众生中断，不然你那个烦恼绝断不了，这可是一回事，不是两件事。这一边是度众生，那一边就是度自己啊！譬如说不爱钱，若是身上一个钱都没有，嘴上说不爱钱不是空谈吗？若是自己身上腰缠万贯，结果全都布施了，这才真的是不爱钱。同样，心要放在众生上，不离众生，你的烦恼也才断得了，才能增长功德。六祖下面所说的愚痴迷妄，什么邪迷心、诳妄心、嫉妒心、恶毒心等，一头是你自己，另一头就是众生，这可是不能分开的，所以六祖说：“各须自性自度，是名真度。”认识了自己就是开悟，开悟就要见了般若，见了般若就是得到了解脱。这就是自性自度，没有什么比这更可靠、更方便的法了。

再说一下“法门无尽誓愿学”，前面六祖大师开悟时不是说：“何期自性本自俱足，何期自性能生万法。”但佛也不知道原子弹怎么造，这怎么理解呢？在这里点一下“知之为知之，不知为不知，是知也”，这就是万法具足，要切实记住，不然，这个万法具足就会把你捆起来。所以六祖说：“须见自性，常行正法，是名真学。”见了自性，知道了一切法空，若不执着，就把一

切法学完了。对于一切法，你执着也好，不执着也好，我晓得也好，你晓得也好，一切众生懂得了，就是我懂得了，这样，一切法就学完了。要好好体会这层意思，一切法，一切智智，不是凡夫的妄想，好像什么都必须懂得，世间的一切学问、一切财富都必须抓到手才行，那怎么得了，佛也办不到。你若真的有“知之为知之，不知为不知”的精神，又有“学而不厌，诲人不倦”的劲头，人类的聪明才智还他全人类，不要妄想抓在一个人手上，这样就“各正其位”了。所以，对万法具足，对一切智智要有正确的理解。

四

经文

“善知识！今发四弘愿了，更与善知识授无相三皈依[1]戒。善知识！皈依觉，两足[2]尊；皈依正，离欲尊[3]；皈依净，众中尊[4]！从今日去，称觉为师，更不皈依邪魔外道[5]，以自性三宝[6]常自证明。劝善知识，皈依自性三宝。佛者，觉也；法者，正也；僧者，净也。自心皈依觉，邪迷不生，少欲知足[7]，能离财色，名两足尊。自心皈依正，念念无邪见，以无邪见故，即无人我贡高，贪爱执著，名离欲尊。自心皈依净，一切尘劳爱欲境界，自性皆不染著，名众中尊。

“若修此行，是自皈依。凡夫不会，从日至夜，受三归戒；若言皈依佛，佛在何处？若不见佛，凭何所归？言却成妄。

“善知识！各自观察，莫错用心，经文分明言自皈依佛，不言皈依他佛。自佛不归，无所依处。

“今既自悟，各须皈依自心三宝[8]。内调心性，外敬他人，是自皈依也。

注释

①皈依：见《大乘义章·十》：“皈投依服，故曰皈依。”

《法界次第·上之上》：“皈以反还为义；依者凭也。”

《胜鬘经》：“一切法常住，是故我皈依。”

②两足：福慧两足故。

③离欲尊：离邪曰正，即正法。离欲垢尘染故。

④众中尊：无污染曰净。净于众物中最尊故。

⑤邪魔外道：邪，邪道，不明佛法者。魔，魔道，妨害佛法者。

《传灯录》：“心外求法，名为外道。”《俱舍玄义》：“学乖谛理，随自妄情，不返内觉，称为外道。”

《法事赞》：“不取佛言，名外道。”

外道六师各有十五弟子，合六师而为九十六也。其六师一为富兰那迦叶，二末伽黎翟赊梨子，三删阇耶毗罗胝子，四阿者多翅舍钦婆罗，五迦罗鸠驮迦旃延，六尼乾陀若提子。

⑥自性三宝：一切之佛陀，佛宝也；佛陀所说之教法，法宝也；随其教法而修业，僧宝也。自性三宝，即各自具有之一体三宝也。了法为佛，远离为法，无为为僧也。

按：三宝有同体、别相、住持等异，今即同体三宝也。或名云一体三

宝、自体三宝、自性三宝等，名称有别耳。性自灵觉即佛宝，性本寂灭即法宝，性无乖诤即僧宝，是名同体自性三宝也。

⑦少欲知足：见《要览·躁静篇》云："师子吼菩萨问曰：'少欲知足，有何差别？'佛言：'少欲者，不求不取；知足者，得少悔恨。'"

⑧自心三宝：见《顿悟入道要门论·下》："心是佛，不用将佛求佛；心是法，不用将法求法；佛法无二，和合为僧，即是一体三宝。经云：'心佛与众生，是三无差别。身口意清净，名为佛出世。三业不清净，名为佛灭度。'"

译文

"善知识啊！现在已经发过了四个弘大的誓愿，再给各位善知识传授那没有法相的三皈依戒。善知识啊！归顺依从了觉悟，就是福慧两具足的至尊；归顺依从了正法，就是远离了尘俗欲望的至尊；归顺依从了清净，

就是人天众生中的至尊。从今以后，应当称那觉悟为本师，再也不要去归顺依从其他邪魔外道，而以自然本性中的佛、法、僧三宝经常来自己证明自己。奉劝各位善知识啊，要归顺依从自然本性中的三宝：所谓的佛，就是那觉悟；所谓的法，就是那正法；所谓的僧，就是那清净啊。自己的本心归顺依从了觉悟，邪妄迷惑的念头就不会生。减除掉欲望而心中知足，就能够远离财货、色情，因此就称作两足尊。自己的本心归

顺依从了正法，一念一念都没有邪僻见解。因为没有邪僻见解，就没有他人与自我、贡高与骄慢、贪婪与爱欲等的执着，因此就叫作离欲尊。自己的本心归顺依从了清净，在一切尘劳爱欲的尘境中，自然本性都未有染着，所以叫作众中尊。如果能够如此去修行，便是自己归顺依从了自然本性。凡夫不能领会了解这种没有法相的归顺依从，所以从白天到晚上，接受那形式上的三皈依戒。若说是归顺依从了佛，那佛又在哪里呢？如果见不到佛，那又凭什么去归顺依从呢？所以，说出来反而成为妄语了。

“善知识啊！你们各位要善于自行观察，不要错用了心意！经文上分明是说‘自皈依佛’，并不说‘皈依他佛’。自己的佛性不去归顺依从，也就没有所能归顺依从的地方了。现在既然已经自己觉悟了，各位必须要归顺依从自己心性中的三宝！向内要调整自己的心灵本性，在外要恭敬尊重他人，这就是‘自皈依佛’。

智慧解析

一般学佛的人都知道三皈依，在寺庙里受了三皈依后，才算是正式的佛教徒。有的佛学爱好者，喜欢佛教内的这样或那样，但没有受过三皈依，就算不上佛教徒。所以，三皈依是进入佛门最基本的手续。你想成为一个正式的佛教徒吗？那就必须到寺庙里去做三皈依的仪式。三皈依的对象是三宝，就是佛、法、僧这三宝。为什么叫“宝”呢！宝

贵嘛，皈依了三宝，你就乘上了出离生死苦海的飞船，所以称之为“宝”。不皈依三宝，哪怕你修上了天，却不知断烦恼、出生死，只能是个凡夫在六道中轮回。所以，只有佛法僧三宝能帮助人们出离生死苦海，这在佛教中是“决定义”，不是或可或无的，所以要进入佛门就必须皈依。

释迦牟尼佛创立了佛教，建立了佛法，成立了僧团，三宝都是释迦佛立的。学习佛法的根本保障和依据全是佛所指示的，自然要皈依佛。一佛、万佛乃至无量无边的佛，佛佛同体，皈依了释迦佛，也就皈依了阿弥陀佛，皈依了文殊菩萨、观音菩萨。皈依了佛，佛用什么来帮助你出离生死呢？那就是佛说的法。你用佛说的法来指导修行，就可以出离生死，所以要皈依法。但是释迦佛已涅槃两千多年了，其他的佛更没有见到，怎么办呢？不要急，还有僧，僧是代表佛在世间住持正法、宣传正法的，所以要皈依僧。什么是僧呢？一个出家人不能算是僧，他可以是一位比丘，一位比丘尼；可以是一位罗汉，也可能是菩萨，但不能算是僧。僧是梵语僧伽的省称，翻译过来叫僧团，或法团，必须是三个以上比丘一起修行所组织的法团，也就是一个佛法的团体。对某个出家人是不能称之为僧的，不过现在大家习惯了，对单一的出家人也称之为僧。出家人也自称“贫僧”“山僧”，这在法相上是讲不通的。皈依僧，真正说来要见道以上的才值得皈依，小乘要初果以上，大乘要登地菩萨以上，这些才是真正的僧宝啊！

有的修行人，虽未彻底出离生死，但对出离生死的法懂了，见了道，见与佛齐，这样的修行人实在难找。其次是发了菩提心的比丘，他的确是真的，他不仅自己努力修行，争取成佛，还要帮助一切众生成佛，这样的比丘也不多见。还有就是能守好戒律，三业清净的比丘，这样的出家人，都值得人们

去皈依、去供养。

皈依不是一件小事，你了不起，我尊敬你可以，佩服你可以，绝谈不上皈依。皈，是归老家，即自己的最终归宿；依，是依止、依靠，生生世世都需要的依靠。所以，只有三宝才可以作为人们皈依的对象。三宝的境界即最后结果的境界，也就是道。一个世间烦恼深重的人发心皈依也是不容易的，所以皈依也不是件简单的事，而是人生最大的事。以上是对三皈依的一般讲法，而禅宗对此有自己的特殊性。六祖在这一段里讲的三皈依，是以禅宗自己的特点和道理来讲的。

有的人认为六祖的这种讲法不对，是取消三皈依了。不能这样认为，六祖是针对唐代当时佛教的一些弊病而做了这样的开示的。那时一般的人都热衷于理论的研究，疏忽了修行的实践。六祖对症下药，扫荡了那些虚浮琐碎的东西，他讲的都是要大家回过头来，从自己的身上做起，从自己的本性上下手。《坛经》讲的全是这个内容。如果前面讲的大家真正懂了，那么六祖这里的“无相三皈依戒”也就不难理解了。

六祖大师的种种方便，让你自己和佛搭上关系，佛者觉也，觉悟了就是佛。释迦牟尼在菩提树下觉悟了，成了佛。六祖大师反复强调的是“自修自行，自成佛道”，强调“前念迷即凡夫，后念悟即佛”，所以这里强调“皈依觉”，就是要让你知道自己的觉性也是与佛无二的。皈依佛当然对，但把什么责任全推到佛上，自己一点不用功，佛也度不了你。所以皈依觉，一方面是皈依佛，另一方面就是要把自己的觉唤醒。自己的觉不唤醒，尽管受了三皈依戒，你还是不能了生死的。所以六祖进而以“自心皈依觉”“自心皈依正”“自心皈依净”这样的方式，来疏通被“愚迷”“烦恼”所窒塞了的心性，真是滴滴归源，丝毫不爽。这一切，全都纳入了“无相”的自心自性之中，落实在每一个具体的人上，就使佛与众生贴近了，大家也才感到修行、解脱的可靠。只有禅宗，才有如此直接的方便：“劝善知识，皈依自性三宝。”你自己就是三宝，不给点出来你不知道。佛者，觉也，你觉到了吗？现在大家在这儿听佛法，这就是觉，佛就是凭这个觉而开悟成佛的。皈依三宝就是佛教

徒了。但释迦佛又皈依谁呢？当然六祖大师可以回答，皈依自性三宝嘛！但我们看不到其他人能做如此的回答。他们说释迦佛这辈子没有皈依，但前生前世皈依过迦叶佛、燃灯佛。但迦叶佛、燃灯佛又皈依谁呢？推到最早的佛呢，那最早的第一任佛又是皈依谁呢？这样无穷尽地推下去太困难了。在六祖这儿，“皈依自性三宝”就截断了，人人都有三宝，人人都可以自己皈依自己。这是禅宗的特色，懂了这一点，其他的就不难了。

五

经文

“善知识！既皈依自三宝竟，各各志心。吾与说一体三身[①]自性佛，令汝等见三身，了然自悟自性。总随我道：于自色身[②]，皈依清净法身佛[③]；于自色身，皈依圆满报身佛[④]；于自色身，皈依千百亿化身佛[⑤]。善知识！色身是舍宅，不可言归。向者三身佛，在自性中，世人总有。为自心迷，不见内性，外觅三身如来，不见自身中有三身佛。汝等听说，令汝等于自身中，见自性有三身佛。此三身佛，从自性生，不从外得。

注释

①一体三身：经论所说佛身有二身乃至十身，虽开合多途，可以三身括之。如天台宗所立法、报、应三身，法相宗所立自性、受用、变化三身，《最胜王经》所说之法、应、化三身，大小乘通用之法、报、化三身等是也。又《悟性论》云："飞腾十方，随宜救济者，化身佛也；断惑修善，雪山成道者，报身佛也；无言无说，湛然常住者，法身佛也。若论至理，一佛尚无，何得有三。此言三身者，但据人智有上中下耳。"

②色身：父母所生之身为色身。

③法身佛：法身如来，名毗卢遮那。

④报身佛：报身如来名卢舍那。

⑤化身佛：见《梵纲经·心地品》："我今卢舍那，方坐莲华台。周匝千花上，复现千释迦。一花百亿国，一国一释迦。各坐菩提树，一时成佛道。如是千百亿，卢舍那本身。"

译文

“善知识啊！现在已经发过了四个弘大的誓愿，再给各位善知识传授那没有法相的三归依戒。善知识啊！归顺依从了觉悟，就是福、慧两具足的至尊；归顺依从了正法，就是远离了尘俗欲望的至尊；归顺依从了清净，与你们说“一个体而三重身的自性佛”，使你们都能够见到自性中的三身佛，明了地觉悟自心中的自然本性。大家都随着我的话说：就在自己的肉身中归顺依从清净法身佛；就在自己的肉身中归顺依从圆满报身佛；就在自己的肉身中归顺依从千百亿化身佛。善知识啊！肉身犹如自己的住宅一般，所以不可以说归顺依从这色身。向来法身、报身、化身这三身佛，只是在自己的心性之中，世上的人全都具有。因为自己的心性被无明所迷惑，不能见到内在的佛性，却向外去寻觅那三身的佛如来，却看不见自身之中本来就具有的三身佛。你们好好地听我说！就使你们在自己的身体中见到那自然本性所具有的三身佛。这三身佛，就是从你自己的自然本性中所产生出来的，并不是从外面寻觅所得到的！

智慧解析

一般学佛的人都知道法身、报身和化身，并且到寺院去看，一般的大殿如果足够大，供养的所谓三身佛就是圆满报身佛、清净法身佛、千百亿化身佛，也有的是三世佛，过去的迦叶佛、现在的释迦牟尼佛、未来的弥勒佛，也有的是三方佛，就是此土的释迦牟尼佛、东方净琉璃世界的药师琉璃佛，西方极乐世界的阿弥陀佛。

这些佛都在人们的耳目所及之处，但是说实在话，这些只是修行入门的方便，但它不是门，只是敲门的砖。

真正的三身佛是在自性中去见、去求、去发现、去完善。六祖在这里就

说："善知识，既皈依自三宝竟，各各志心。吾与说一体三身自性佛。"注意这句话，法身、报身、化身，这所谓的三身不是分开的，是一个整体，是一个体三个层面的应用。

"令汝等见三身，了然自悟自性"，即令大家自己能够见到"三身""了然自悟自性"，能够见到自己的"自性"。

也就是说山河大地、日月星辰，无不是清净法身佛的显现。

因此人们了知了"一切唯心"，注意这里所说的唯心不是哲学上的二元对立的唯物、唯心那个唯心的概念，而是说构成人们世间出世间、有情与无情的万法——众缘和合而成的万法——万法的"一切唯心"。懂得这个道理之后，发现一切都是本来清净的，不是人们要它清净才清净的。

"于自色身，皈依清净法身佛；于自色身，皈依圆满报身佛"，这样一说可能大家都蒙了，于是六祖接着给世人解释。

"善知识，色身是舍宅，不可言归"，色身是五蕴之身，也就是色蕴、受蕴、想蕴、行蕴和识蕴，包括了物质和精神两个层面。"色身是舍宅"，它只是一个工具，就像旅店一样，它必然遵从无常无我的自然法则，一定会朽坏的。如果皈依它，将来它朽坏了，人们又到哪里去安住呢？"不可言归"。

先不要有疑惑，既然自己的色身就有三身佛，那么是不是就可以像享乐主义所说的：既然我就是一个清净法身佛、圆满报身佛，我是具足的，那是不是就可以吃喝玩乐、无所不为了呢？当然不能，因为那样导致的就不是正的解脱，而是一些邪定、邪见、邪的受用。由于不是正受，所以会出问题。修行的目的是解脱，所以六祖说“色身是舍宅，不可言归”，避免了这种极端的享乐主义。

六

经文

“何名清净法身佛？世人性本清净，万法从自性生[1]。思量一切恶事，即生恶行；思量一切善事，即生善行。如是诸法在自性中，如天常清，日月常明，为浮云盖覆，上明下暗。忽遇风吹云散，上下俱明，万象皆现。世人性常浮游[2]，如彼天云。

“善知识！智如日，慧如月，智慧常明。于外著境，被妄念浮云盖覆自性，不得明朗。若遇善知识，闻真正法，自除迷妄，内外明彻，于自性中万法皆现。见性之人，亦复如是；此名清净法身佛。

“善知识！自心皈依自性，是皈依真佛。自皈依者，除却自性中不善心、嫉妒心、谄曲心、吾我心、诳妄心、轻人心、慢他心、邪见心、贡高心，及一切时中不善之行；常自见己过，不说他人好恶，是自皈依。常须下心[3]，普行恭敬，即是见性通达，更无滞碍，是自皈依。

注释

①万法从自性生：见《弥陀经疏钞·二》：“称理则自性能生万法。”

《传心法要·下》：“心生则种种法生，心灭则种种法灭。故知一切诸法皆由心造，乃至人天地狱六道修罗尽由心造。”

②浮游：犹言周流也。

《庄子》：“浮游不知所求。”

《淮南子》：“忘肝胆，遗耳目，犹浮游无方之外。”

③下心：谦下其心也。

译文

“什么叫作清净法身佛呢？世人的心性本来就是清净无染的，一切万法都是由自然本性随缘而产生的。若是心中思量着一切邪恶的事情，那么就会生出邪恶的行为来；心中思量一切善良的事情，那么就会生出善良的行为来。这样一来，善良与丑恶等诸法都存在于自然的本性中，就好像天空本来恒常清净，而日月本来恒常光明，只是因为被浮云的遮盖覆蔽，而形成了天空中上边明亮而下面暗的现象。如果忽然遇到一阵风吹来，把浮云吹散开来，那么上面与下面也就都光明起来了，而天光万象也都显现出来了。世人的本性常常漂浮游离，就像那天空中的浮云。

“善知识啊！智譬如日，慧譬如月，而智慧本来就是恒常明朗的。假如在外边滞着在尘境上，就会被自己的妄想心念这个浮云遮盖了自然本性，智日慧月便不得明朗了。倘若是遇到了善知识的开导，听闻到了真理正法，自己便会除去自心中的迷执与妄念，自然就使得内外光明清澈，在自然本性中万法也就都一一浮现出来了。见识到自然本性的人，也就是这个样子的。这就叫作清净的法身佛。

“善知识啊！由自己的本心归顺依从自己自然的本性。就是归顺依从了真正的佛。所谓的自性归顺依从，就是自己除去自然本性中的丑恶不善之心、嫉恨妒忌之心、谄媚枉曲之心、自我分别之心、诳骗诈妄之心、轻人不敬之心、骄恃慢人之心、邪妄见解之心、高傲自大之心以及任何时间中所有不善良的行为。常常自己反省、观见自己的罪过，不说别人的好坏与是非，这就是自性的归顺依从。必须常常怀抱着谦虚卑下之心，普遍地对人恭敬有礼。既然已见识到自然本性而通达了一切，那么心中自然就会没有了滞执挂碍，这就叫作自性的归顺依从。

智慧解析

真如本性是原本清净，这也符合《金刚经》的道理，“无所住而生其心”，也是六祖从刚一开悟就说“何期自性，本自清净；何期自性，本不生灭；何期自性，本自具足；何期自性，本无动摇；何期自性，能生万法”。

“思量一切善事，即生善行。”本来清净的自性，并没有善恶的对立，思量善就自然成善，思量

恶便即是恶，也就是说天堂和地狱的钥匙不在上帝那里，也不在阎王那里，更不在佛菩萨那里——天堂之门的钥匙和地狱之门的钥匙都在身口意的行为上。

佛陀曾经说，这个时代“邪师说法如恒河沙”，恒河沙子像面粉一样细，河中这样细的沙子有多少呢？这些邪师自称是得了无上的智慧，说他比释迦牟尼还高明，比菩萨还厉害，他也说他得了无上的真道，然后广招徒众，最后导致的结果是扰乱了法的真正认知和实践。

有的善知识自受用真正的法，但不会他受用——不会帮助他人。和他在一起能感受到但享受不到。有的善知识有这种方便，能让大家分享得到，“闻真正法”。真正的法就是了义教，大乘、了义、究竟、圆满。

“自除迷妄”，不是除别人的迷妄，别人是否迷妄我们怎么能够衡量和判定呢？如果自己的迷妄已经除掉，眼观之，心想之，一切都没有迷，自己不再迷，就不再有“迷”之说了。

如果自己内心有“迷妄”，看世间的万事万物都是有迷有妄、有真假、有善恶、有对立的；如果自心中没有“迷妄”，看到外边的一切，都是法住法位、法随法行，没有分别的，真的就是“世上本无事，庸人自扰之”，真的是喜悦快乐随身。

六祖教人们什么样的行法呢？六祖的行法是最高的，是最简单却也是最难的。除却自性中的“不善心”等这些心——“不善心”刚刚一动念，“嫉

妒心”刚刚萌芽，“谄曲”“吾我”“诳妄”“轻人”“慢他”“邪见”“贡高”之心刚有一个苗头，则马上以智慧之心、以禅定之力、以戒法来收摄它，让它不起。心不起了，那么一切时中，乃至一切境中的不善之行，自然就没有力量了。

身口二执之中的习气，一些不善之行是不经思量的。比方很多人本来不想伤害别人，也不想教训别人，但是做父母的总以权威自居，虽然不想这样的，但是身体和语言的习气难改，动辄开口便训斥孩子，事后又觉得后悔。心性的运行模式就是这样。

所以这种习气还是要慢慢除，也就是在一切时中、一切境中除不善之行。这还是枝末上的行为，真正的行法是除却自性中的不善心。

有人会问了：既然自性中有不善,那么它的原本清净还在吗？在。自性就涵盖了一切法，因此说“自性能生万法”，善用即天堂，恶用即地狱。

自性本来清净，这个清净不是“染污”和“清净”对应的“清净”，而是缘起性空、无一法可得、无一事可立的“清净”。

有恶的因缘现前了，因此产生了一个不善之心，好比人们的贪心。修行

要戒贪、戒嗔、戒痴。但是喝到一杯好茶，就难免因为喜欢而贪心起来，然后就想再喝一点点，然后老想喝，老是追索这种茶。这就是一种贪心的运行，使心失去平衡。本来饿了就吃，渴了就喝，困了就睡，是非恶非善之法，但是一旦过分地计较贪求，就成为有善有恶的了。

远离了不善之行后，要能够经常自我反省，"常自见己过"。不见他人好恶，是自皈依，计较他人的好恶、短长、是非，则是害人、害己之法。

七

经文

"何名圆满报身？譬如一灯能除千年暗，一智能灭万年愚。莫思向前，已过不可得，常思于后，念念圆明，自见本性，善恶虽殊，本性无二。无二之性，名为实性①，于实性中，不染善恶，此名圆满报身佛。

"自性起一念恶，灭万劫善因。自性起一念善，得恒沙②恶尽。直至无上菩提，念念自见，不失本念，名为报身。

"何名千百亿化身？若不思万法，性本如空。一念思量，名为变化③。思量恶事，化为地狱，思量善事，化为天堂；毒害化为龙

蛇，慈悲化为菩萨；智慧化为上界[4]，愚痴化为下方[5]。自性变化甚多，迷人不能省觉[6]。念念起恶，常行恶道；回一念善，智慧即生。此名自性化身佛。

“善知识！法身本具，念念自性自见，即是报身佛。从报身思量[7]，即是化身佛；自悟自修自性功德[8]，是真皈依。皮肉是色身，色身是舍宅，不言皈依也。但悟自性三身，即识自性佛。

注释

①实性：见《笔削记·一》：“实性即是真如也。”

《唯识论·八》：“二空所显，圆满成就诸实性，名圆成实。”实性即诸法实性。《仁王经·中》：“诸法实性，清净平等，非有非无。”

《仁王经良贲疏》：“诸法实性者，诸法性也。”

②恒沙：恒河中之沙数也。以喻数量之多。

《起信论》：“过恒沙等上烦恼，依无明起。”

《笔削记·四》：“意明烦恼，数过河沙等。”

《智度论·七》：“问曰：‘如阎浮提中种种大河，亦有过恒河者，何故常言恒河沙等？’答曰：‘恒河沙多，余河不尔。复次，恒河是佛生处、游行处，弟子现见，故以为喻。复次诸人、经书皆以恒河为福德吉河，若入其中洗者，诸罪垢恶，皆悉除尽。以人敬事此河皆共识知，故以恒河沙为喻。复次，余河名字屡转，此恒河世世不转，是故以恒河沙为喻，不取余河。’”

③变化：见《荀子集解》：“驯致于善谓之化，改其旧质谓之变。”

又互相生灭之义。自有而无谓之变，自无而有谓之化。易曰：“四时变化，而能久成。”

④上界：指诸天。

⑤下方：指三途。

⑥省觉：省察而觉悟也。

⑦思量：此思量二字，指发出智慧而言。

⑧功德：见《弥陀经疏钞·二》："功德者，无漏性功德也。又，功指其行之善，德指其心之善。"

译文

"什么叫作圆满报身佛呢？譬如有一盏明灯就能够破除千年的黑暗，一种智慧便能够灭掉万年的愚迷。不要想着的事，已经过去的事情是没有办法的；要常想着那在后的行为，时刻保持圆融明彻，自然也就见识到自己的本性了。善良与丑恶虽是不同，但其本性却是没有两样的。这没有两样的本性，就叫作真实的本性。在这真实的本性中，善良与丑恶都不沾染，这就叫作圆满报身佛。

"自然本性若是生起了一念之恶，便可消灭万劫以来所修行的善良因缘；自然本性若生起了一念之善，便可灭尽多如恒河沙一般的罪恶勾当。从初发心一直到成就无上菩提，一念一念之间自然能够彻见本性，并且不再失去本来的心念。这就叫报身。

"什么叫作千百亿化身呢？如果不攀缘思量万种法相，心性本来就如晴空一般。若对万法有了一念的思量，那就叫作变化。心中思量邪恶的事情时，自心就能变化成为地狱的境界；思量善良的事情时，自心就能变化成为天堂的境界。生起毒害的念头时，自心就能变化成为龙蛇的境界；生

起慈悲的念头时，自心就能变化成为菩萨的境界。自性中流露出智慧时，自心就能变化成为上界诸天的境界；自性中出现迷惑愚痴时，自心就能变化成为下方三恶道的境界。自然本性的变化非常之多，愚蠢痴迷的人不能自省自觉。他们一念一念生起的都是邪恶，因此常常行走转轮在邪恶的道路上。如果能回转一念善良心意，般若智慧就会在这个时候生起。这就叫作自性化身佛。

“善知识啊！法身本来就是真实不虚的，一念一念都可以从自然的本性中自己见识到，这就是报身佛。从报身上来思量发智运用，就是所谓的化身佛。自己觉悟、自己修行自然本性的功德，就是真正的归顺依从。皮肉只是一个色身，色身就只是自己的住宅房舍，所以不可以说去归顺依从。只要能够了悟自然本性中本来就具有三身佛，那么也就是认识了自然本性中的佛了。

智慧解析

“莫思向前，已过不可得，常思于后，念念圆明，自见本性。”“念念圆明”，在现实中，一个佛教徒要经常反省自己。有些人总认为佛法是唯一无上之法，实际上这个世界是一个全方位的世界，是一个海、陆、空，是一个过去、现在、未来，是一个东西南北、上下中到处都存在问题的世界。这个世界，是包罗万象的，解决问题的方法也必然是千差万别的，每个解决方法并没有高低、上下之别，

真正对应了那就是最好的法，不能一概地说佛法才是唯一无上之法。

在究竟的层面上、在胜义谛和第一义谛上来讲确实没有超出佛法的存在，但是在处事这个层面上，在社会的责任与义务这个层面上，有很多世间法的功能是佛法不具备的。

很多时候问题就出在这个“理”和“事”的脱节上，真谛与俗谛二元对立，没有圆融起来。所以佛教徒应该反思，让自己谦下，懂得恭敬他人，不再和他人对立，就容易跟人成为朋友。因为可以成为朋友，就容易接受，方便教化，这时候菩萨的六度万行才有了用武之地。

佛法是以解脱众生的烦恼为目的，要解决人的问题。人心的问题解决了，这个世界自然就净化了。

这些问题都是有具体行法的，“莫思向前，已过不可得”，让人们将真正的已过放下，未来的不要去垢染，所谓的“三心了不可得”。让人们当下每一个念，“念念圆明、自见本性”。

“善恶虽殊，本性无二。无二之性，名为实性，于实性中，不染善恶，此名圆满报身佛。”实际上六祖在开篇已经讲到了涅槃的常与不常。佛性是不二之性，非常非无常。“善恶”是二法，而佛性是非善非恶的。

“自性起一念恶，灭万劫善因。”大家可能在阅读中、在网络上，在闻和思的层面上用功多，没有在打坐中真正观察自己心中每一个念头的发起。当你起了一念的恶，“一波才动万波随”，恶念就已经遍于十方法界了。“菩萨畏因，凡夫畏果”，普通的凡夫是当果报现前时才知道害怕的，但是菩萨——一

个醒觉者、智者——在因上就不敢动，“一念”多么厉害。这好比真正的武林高手，无招胜有招，刚一动念出招，已经露出破绽了，如果无招无念，自然攻不破。

“自性起一念善，得恒沙恶尽。直至无上菩提，念念自见，不失本念，名为报身。”要时时呵护圆满的报身，就要在念头之间去用功，这也就是“长养圣胎”。明了法身在自性中有，但是还要呵护所谓的报身正念。

《大珠慧海顿悟入道要门论》一书中讲到，一念的贪爱之心就是卵生，在人们的身心上有具体的运用。知道了这些，人们的行为就有的放矢，整个的修行过程在人们的身心中就完成了。

“若不思万法，性本如空。一念思量，名为变化。”

清静法身好比是新疆的天池，风平浪静的时候，非常的圆满清净，每一个人的清净法身佛性就是那样，但是我们不能安住，“一念思量”：“哦，我在哪里啊？”想认知自己在哪里的想法，哪怕是善法，它已经成了二法。从这个究竟圆满的地方生出了“二”的对立，然后在这个已经生起的小小水泡上生起了无穷的变化。它可以上天成为云，又变成雨；也可能成为冰雹，然后又落回水中；又可能被灌溉田地，又可能被煮茶水，甚至可能被配成毒药。但是无论它如何变，水的水性没有增也没有减。

那个不增不减、自性如如的东西就是自我清净本然的佛性。但是它还是有变化啊，毕竟做毒药是恶用，不能利益他人，甚至伤害其他的生命。

修行要“诸恶莫作，众善奉行”，根除恶、发扬善，然后把善恶的对立彻底超越。

“思量恶事，化为地狱，思量善事，化为天堂；毒害化为龙蛇，慈悲化为菩萨；智慧化为上界，愚痴化为下方。”大家一定要在打坐中深切体会——你正坐得很舒服，突然有人在你耳边弄出声响，你便起一念嗔心来。如果检测一下就能知道这种嗔恨的力量是地狱的能量，一念的“一切唯心造”的力量就有那么大，但只有在定中才有这种效果，普通的念是不容易体会到的。

“自性变化甚多，迷人不能省觉。念念起恶，常行恶道。”所谓“不能省觉”，正如《地藏经》所说的“南阎浮提众生，举止动念，无不是业，无不是罪”“念念起恶，常行恶道”。

“回一念善，智慧即生。此名自性化身佛。”如果懂得在圆满报身上照顾呵护自己的正念，那么“回一念善，智慧即生。此名自性化身佛”。

“善知识！法身本具，念念自性自见，即是报身佛；从报身思量，即是化身佛。”虽然法报化三身有个过程，但实际上一体三身，没有隔法，没有二法，没有三法。

“自悟自修自性功德。”自己“悟”，自己“修”“自性功德”。不是看他，不是修他，不是悟他。佛的境界是佛的，不是我的；他人的境界也是他人的，不是我的——务必要“自悟”，自己悟来的才是真的。如果只是贩卖祖师的言论，打几句痴语，说几句诳禅，并不能解决任何问题，仅仅是增加戏论——在究竟的第一义谛上只是戏论，“但有名言，都无实义”——仅此而已。

八

经文

“吾有一无相颂，若能诵持，言下令汝积劫迷罪，一时销灭。”颂曰：

迷人[1]修福不修道，只言修福便是道。
布施供养福无边，心中三恶[2]元来造。
拟将修福欲灭罪，后世得福罪还在[3]。
但向心中除罪缘，名自性中真忏悔。
忽悟大乘真忏悔，除邪行正即无罪[4]。
学道常于自性观，即与诸佛同一类。
吾祖惟传此顿法，普愿见性同一体[5]。
若欲当来觅法身，离诸法相心中洗。

努力自见莫悠悠，后念忽绝一世休。

若悟大乘得见性，虔恭合掌至心求。

师言：“善知识！总须诵取，依此修行。言下见性，虽去吾千里，如常在吾边。于此言下不悟，即对面千里，何勤远来？珍重[⑥]好去！”一众闻法，靡不开悟，欢喜奉行。

注释

①迷人：暗于事理之人也。

②三恶：贪、嗔、痴三毒，又云三恶。或云种恶、现前恶、不返恶，谓之三恶。又欲、恚、害，谓之三恶觉。又地狱、饿鬼、畜生，谓之三恶道。

③罪还在：有因必有果。造福善力强，先报其善，不善业仍在，终当报也。故云罪还在。

④无罪：见《顿悟入道要门论·下》：“人问：‘一心修道，过去业障得消灭否？’师曰：‘不见性人，未得消灭。若见性人，如日照霜雪。又见性人，犹如积草等须弥山，只用一星之火。业障如草，智慧似火。’曰：‘何得知业障尽？’师曰：‘现前心通前后生事，犹如对见前佛后佛，万法同时。’”

⑤一体：心佛众生本无差别，为心迷故，众生不能与佛同。今有此祖

祖相传之顿法，苟能见性则时时在觉无迷。佛觉众生觉，故同一体。

永嘉真觉大师《证道歌注》："一性如来体自同者，迥出外道六十二种异见，即与般若涅槃妙心冥合。故云体自同也。"

⑥珍重：见《僧史略·上》："临去辞日珍重者，相见已毕，情意已通，嘱曰珍重，犹言善加保重，请加自爱，宜保惜也。"

译文

"我有一首《无相颂》，如果能读诵受持，就能够在一句话下立即使你们累积多劫的迷惑罪业顿时一同消灭。"颂中说道：

迷惑人只知修福而不知修道，所以只说这修福就是在修道。
布施与供养可得到幸福无边，心中的三恶道却仍如原来造。
想以所修的福德来灭除业罪，来生里虽然得福而罪却仍在。
唯有向自己心中根除罪业缘，各于自然本性中实践真忏悔。
忽然顿悟大乘真正忏悔法门，除邪迷行正道即就没有业罪。
学道能够常从自性进行观照，就与那十方诸佛等同为一类。
我祖师只传下这顿悟大教法，普遍祝愿闻者见性与佛同体。
倘若要在后来寻觅得到法身，必须离诸法相而心灵如净洗。
努力自己见识本性莫要悠悠，后边念头忽然断绝此生便休。
若悟大乘真理能见自然本性，虔诚恭敬合掌用至诚心去求。

六祖说："善知识啊！大家都必须读诵这首颂，依照它来修行！能在一句话下便立即见到自然本性，虽然离开我有千里之遥，也如同常随在我的身边一样。若在这句话下不能够即刻开悟，那就是坐在对面也如同是远隔千里，又何必辛勤劳苦地远来求法呢？你们都各自好好保重地回去吧！"大家听了六祖这样说法后，没有不开悟的，都欢欢喜喜地奉持修行。

智慧解析

有人说：修行先从做人做起。太虚大师也讲："仰止唯佛陀，完成在人格。人成即佛成，是名真现实。"但为什么很多"善人"生活得很痛苦、很压抑，又很累呢？

有人回答：他的善跟恶对立。他不去跟世俗的恶苟同，不与其同流合污，但是又不能改变，所以这种"善"是消极的，他对社会的责任贡献，有是有，但是不大。他让自己很累，他也让自己身边的人很累，让自己的家人更累。

就因为他停留在善恶对立的层面，他想要让自我完满的善，不得不严谨地要求自己。他不能超越善恶的对立，所谓的"非礼勿行，非礼勿言，非礼

勿视”，故他的生命一定很痛苦、很压抑，又很累。

要达到随心所欲，超越善恶。现在一般的“迷人”是“修福”不“修道”，只是在世间善法的层面上修行，以为布施了、供养了，福就无边了，都是“心中三恶元来造”。

绝对不是否定广大的善男信女到寺院来做善事，做功德，做布施。不是否定，不是讽刺，只是层次还不够。人们到寺院布施，出了许多钱后，各种要求都提出来了——碑要刻得大，名字要放在正中间，有佛事提前给师父打招呼要在正中间的垫子上磕头，要当家师、知客师来招呼，不能只让小和尚来领——这是一种以自我为中心的修布施。这个功德有没有呢？有。但是用得多不多呢？已经被自己给用光了。

佛陀时代，有个非常贫穷的老太太，听说佛陀来了，她想供养佛陀，但实在没有钱，化得三个铜板就去买油供养佛陀。卖油的人说，你三个铜板能买多少啊？你又没有瓶子。这个老婆婆就说：“哎呀，店主，你就卖给我吧，我虽是一个贫穷的乞丐，可是我听说佛陀来了，内心对他充满了敬仰，就想像其他人一样供养他。”

卖灯油的人一看老婆婆这样诚心，就说：“好吧，你给我三个铜板，我就再给你三个铜板的灯油，不然的话根本不够垫油盏的底。”老婆婆就把用自己的三个铜板和老板送的三个铜板买的油拿去寺院点了一盏灯。

到了止息的时候，精舍里的罗汉要把灯全都熄灭。这个罗汉有神通，袖子一挥，就把所有的灯都灭了。但这个老婆婆的灯，怎么都灭不掉。罗汉觉得很好玩，就用各种神通去熄灭那盏灯，越灭不掉越用神通，用尽了神通结果还是灭不掉。最后，他去找佛陀。

罗汉说：“佛陀啊，这里有盏灯，为什么我用尽神通也灭不掉呢？”

佛陀笑笑说：“因为供养这盏灯的老婆婆，她的布施发心是没有任何所求的，所以你的神通灭不掉它。”

佛陀教罗汉说：“你不要有‘灭灯’的想法，再去灭灯。”

结果罗汉去了，一下就把灯熄掉了。

所以一般人总以为自己在寺院做事多，磕头多，数念珠多，以为这就是修道了。莫说这些便是“道”，这些离“道”十重关，甚至是百重关啊。这些只是福田，“心中三恶”——内心的贪嗔痴没有止息，只是换了对象——换成寺院、佛法而已。

“拟将修福欲灭罪”，一些贪官或者从不正道发财的人，带着一种想用修善法来“灭罪”的心理，虔诚修行，供养寺院，虽然他以“将功赎罪”的心来将功赎罪，但是因果不虚。

“后世得福罪还在。”得了“福”，但是“罪”并没有灭。

现在很多人以一种将功赎罪的心理来拜佛、礼佛、供养护持三宝。但这样是不对头的。应该怎么样呢？

“但向心中除罪缘”，在自己内心中把做过的恶事的因缘全去掉，然后在自心中除掉恶念。

“名自性中真忏悔”，第六品的前边已经讲到，“忏”是忏其已过，“悔”是不再二过，这是“真忏悔”。

“忽悟大乘真忏悔”，一念之间明白了清净本然的佛性，从来没有失去过、离开过。一下子发现，再怎么染，再怎么恶，“一灯能除万年暗，一智能灭万年愚”，就自然地除却了染和恶，这叫真的大乘忏悔。

“除邪行正即无罪”，除却邪的、恶的，行正、行直即无罪。

“学道常于自性观，即与诸佛同一类”，这才是握着祖师的手同行，与诸佛同一鼻孔出气。

“吾祖惟传此顿法”“吾祖”，我的师父，禅宗的东土的五祖，乃至西天的二十八祖，“惟传此顿法”，圆顿之法。

“普愿见性同一体。”“见性”，见到了真如佛性，缘起性空之性。我们见的都是一样的东西。

“若欲当来觅法身，离诸法相心中洗”，外离相而不染，内起心而不动。

“努力自见莫悠悠”，一定要“自见”，自悟自行。

“后念忽绝一世休”，一念不来就是隔世了，生死就开始了。

“若悟大乘得见性，虔恭合掌至心求”，若真的是明白这个，见性了，那成佛就是很快的事情了。

“师言：‘善知识！总须诵取，依此修行。言下见性，虽去吾千里，如常在吾边。于此言下不悟，即对面千里，何勤远来？珍重好去！’一众闻法，靡不开悟，欢喜奉行。”如果当时在六祖身边听到这样的话，谁都会心花怒放，头磕破了也无所谓。因为清静法身，圆满报身，和千百亿化身，竟然在我人这个色壳子包裹下的身心里，已然是没有一点点欠缺的，只是人被自己的妄见、高推圣境的想象、自己狭隘的知见给束缚住了。冤啊！

所以很多开悟的祖师一旦明白之后，大哭而特哭：啊，我怎么这么傻！就这么简单的一件事，到现在才明白！在《传灯录》中有记载，很多禅宗的祖师开悟都是这个样子的。

机缘品第七

一

经文

师自黄梅得法，回至韶州曹侯村，人无知者。有儒士刘志略，礼遇[①]甚厚。志略有姑为尼，名无尽藏，常诵《大涅槃经》。师暂听，即知妙义，遂为解说。尼乃执卷问字。

师曰："字即不识，义即请问。"

尼曰："字尚不识，焉能会义？"

师曰："诸佛妙理，非关文字。"

尼惊异之。遍告里中耆德[②]云："此是有道之士，宜请供养。"

有魏武侯[③]玄孙曹叔良及居民，竟来瞻礼。时，宝林古寺自隋末兵火，已废。遂于故基重建梵宇[④]，延师居之，俄成宝坊[⑤]。

师住九月余日，又为恶党寻逐，师乃遁于前山，被其纵火焚草木，师隐身挨入石中得免。石今有师趺坐[⑥]膝痕，及衣布之纹，因名"避难石"。师忆五祖怀会止藏之嘱，遂行隐于二邑焉。

注释

①礼遇：以礼相待也。

②耆德：年高德优之人曰耆德。

《周礼》："八十曰耆。"

《周雅释诂》："耆，长也。"

③魏武侯：见《魏志·第一》云："太祖武帝，姓曹氏，讳操，字孟德，追谥为武皇帝。"

④梵宇：谓佛寺也。

⑤宝坊：《翰墨大全发集·一》，"给孤长者，布黄金地为伽蓝。故寺字号为宝坊"。

《大集经·一》："尔时如来示现无量神通力，渐渐至彼七宝坊中"。又云，"诸大菩萨俱共发来，至娑婆世界大宝坊中。盖欲界色界中间有大宝坊，佛于此说涅槃经。"后称寺宇谓宝坊，即据此为美称也。

⑥趺坐：结跏趺坐也。《声论》云："以两足趺跏致两髀，如龙盘结。"《慧琳音义·八》："结跏趺坐略有二种。一曰吉祥，二曰降魔。凡坐皆先以右趾押左股，后以左趾押右股，此即左押右，左手在上，名曰降魔坐。诸禅宗多传此坐。依持明藏教瑜伽法门，即传吉祥为上，降魔坐有

时而用。其吉祥座，先以左趾押右股，后以右趾押左股，令二足掌仰于二股之上，手亦右押左，仰安跏趺之上，名为吉祥坐。如来昔在菩提树下，成正觉时，身安吉祥之坐，手作降魔之印。故如来常安此坐转妙法轮。”

嘉祥《法华义疏·二》：“结跏趺坐是诸佛常坐之法。作此坐者身端而心正世。”

译文

六祖自从在黄梅得受五祖顿教法门后，回到了韶州的曹侯村，没有多少人知道这回事。当时有位儒学之士名叫刘志略，用极优厚的礼敬来接待他。刘志略有一位姑母是比丘尼，法名叫作无尽藏，经常诵念《大涅槃经》。六祖大师一听，就知道了经文中的妙义，于是就替她讲解说明。无尽藏比丘尼便手拿着经书请问经卷中的文字。

六祖说道：“字我是不认识的，但意义上的事情可以问。”

无尽藏比丘尼便问道：“文字尚且不认得，怎么能够领会其中的意义呢？”

六祖大师回答说：“三世诸佛的微妙道理，跟文字没有关系！”

无尽藏比丘尼听了，感到非常惊讶，于是就到处去转告乡里中道德高尚的长者说：“这是一位有道行的高士，应当请来供养。”

有个魏武侯的玄孙子曹叔良以及当地的居民，都争先恐后地前来瞻仰、礼拜六祖。那个时候，宝林古寺自从经历隋朝末年的战乱火灾之后，已经成为一片废墟。于是，就在那古寺原来的地基上重建佛寺，延请六祖大师来居住，不久便建成一座宝坊。

大师在其中住了九个多月，又被恶棍党羽追逐跟寻，大师便逃遁隐避

在前山中，后来又被他们放火焚烧了前山中的草木，六祖勉强将身体挤进了大石头的缝隙中，才得幸免于难。那块石头现在还留有六祖结跏趺坐的膝盖痕迹，以及所穿的衣服的布纹，因此后人便称这块石头为“避难石”。六祖大师回忆起当年五祖曾说的“逢怀则止，遇会则藏”的话，于是就在怀集、四会二县的境内隐居了下来。

智慧解析

许多对禅宗不了解，或了解不深的人，常对禅宗的一些主张产生误解，这里的“诸佛妙理，非关文字”到底是什么意思呢？一个毫无学问，连字也认不了的人怎么能够理会佛经中博大精深的奥义呢？佛的三藏十二部都是文字，怎么会与诸佛的妙理无关呢？种种疑问，种种非难，都有他们的道理。但禅宗也有禅宗的道理，六祖一开始就说，“但用此心，直了成佛”，后来又说“自修自行，自成佛道”，除了劝大家诵读《金刚经》外，的确没有多少关于文字的理论发挥。在前面已经谈到，唐代佛教理论极为繁荣，到处都在讲经，但却忽视了修行的实践。为什么要学佛呢？是为了了生脱死，佛教理论可以帮助到有心修行的人，从而达到目的。但许多学佛的人却把理论当作目的，而把最终的目的给忘了，把理论当作一切，而在实际的证悟上毫无所觉。针对这种状况，禅宗才提出了“不立文字，教外别传，直指人心，见性成佛”的口号。

唐代夹山和尚，先是一位法师，早就领众说法了。有一次讲经时，有人问他什么是法身、法眼，他回答说：“法身无相，法眼无瑕。”唐代讲学之风

极盛，不论是法师还是禅师，讲经说法时都会遇到公开的提问，并引起现场辩论，这是很好的学习风气。

依教下来讲，夹山的回答是圆满的，可以得一百分，但却引起一个和尚——著名的道吾禅师的哂笑。夹山很虚心，他想，我的回答没有错，但别人笑我，总有他的道理吧，于是马上去请教。道吾说："你的回答也没有什么不对，只是没有遇到真正的老师。"夹山自己心里明白，他说法身无相，三藏十二部读完了也只能如此说，自己也不过捡了个现成答案，到底什么是法身，这个法身又有相无相，他自己也弄不清楚。——当时许多法师讲经，都存在这样的情况。这里我们就应注意了，诸佛的妙理，到底与文字有关呢，还是无关？夹山请道吾开示，道吾说："你的法缘不在我这里。离这儿不远有个华亭，江上有个船子和尚可以做你的老师。你去时不能小看他，他虽然上无片瓦，下无立锥之地，但却可以成为你满意的老师。"夹山是个有心的人，他把自己的道场散了，独自一人赶到华亭，在江边找到船子和尚。船子问他："你住哪个庙呢？"夹山也的确不凡，一回答就是双关语："寺即不住，住即不是。"大概夹山对《金刚经》有体会，见了船子和尚就打起机锋来了。一般爱看《灯录》的人都会说几句禅机，连《红楼梦》里的宝玉、黛玉、宝钗、妙玉都会，但是否开悟了呢？当然没有。所以船子和尚马上就紧逼他一句："不是，又是个什么？"夹山是有根底的人，他说："不是目前法。"船子和尚笑了笑，说："你是从哪里捡来的这些虚头套

语？”夹山又回答说：“非耳目之所能到。”对一般人来说，夹山回答的这些也是高妙难懂的，不是大行家，还会认为夹山早已开悟了。但船子和尚脸一沉，说：“一句合头语，万世系驴橛。”注意，合头语就是正确答案，但恰恰是这个正确的东西，正是常常栓系你、障碍你的绳索和牢笼啊！从这个意义来讲，诸佛妙理到底与文字有关还是无关呢？所以，对真理的探索，一定不要停留在一个现成的，哪怕是正确的答案上，要自己完成对它的认识。所谓正确的东西，往往比错误的东西更能蒙蔽你。

船子和尚再不与夹山摆弄口舌了，他把桡竿一举，问：“垂竿千尺，意在深潭，离钩三寸，子何不道？”这是什么意思呢？又该如何回答呢？夹山还没有回过神来，船子和尚一桡竿就把他打下水了，又把他从水里拉上船。夹山这时惊魂未定，船子和尚又接二连三地催他：“你赶快回答嘛！”夹山也不知该回答个什么，刚要开口，船子和尚又打。这么一打，夹山豁然开悟，于是不自觉地点头三下。注意，这时夹山并没有说什么，但船子和尚却满意地说：“竿头丝线从君弄，不犯青波意自殊。”这下夹山真的懂了，马上问：“抛纶掷钓，师意如何？”船子说：“丝浮绿水，浮定有无之意。”夹山马上接着说：“语带玄而无路，舌头谈而不谈。”这里，诸佛妙理到底与文字有关还是无关呢？这一下，船子和尚赞许说：“钓尽江波，金鳞始遇。”——我在这儿钓了那么多年，今天才钓到一条龙。但夹山此时反而掩耳不听，船子这一下才真正认可了他，说：“如是，如是。”——就该这样啊！这样就了结了吗？不！

夹山开悟后，船子和尚还嘱咐说："你今后要'藏身之处没踪迹，没踪迹处莫藏身。'"这里就进入禅宗的保任功夫了。第一步要把自己身语意三业的活动化解得无踪无影，也就是真正体证一切法空。第二步连这个无影无踪也要化解干净，不能陷在里面出不来，也就是不要执着于空，连这个空也必须空掉。大家注意，三藏十二部中有这样的问，有这样的答吗？这是禅宗特有的方法，就是"直下成佛"，就是"言语道断""言下顿悟"。再看下边：

夹山开悟了，告别船子行路。不知怎么的，好几次回过头来看他的老师。船子知道他心中还残留有一些疑问，说："不要以为离开这个还有别的什么。"于是就翻船落水，再也没有起来。而这一次，夹山就死心塌地，头也不回地走了。开悟的人是可以不要命的，船子和尚为了断夹山的疑，敢于把命都舍了。憨山大师对此曾有拈提说，假如夹山那时还停留在文字知解上，船子如何为他舍得命来！你要看他得，得的是什么？传，传的又是什么？这又是什么样的老师？你们这些老师为弟子舍得性命吗？夹山得到的是超生命的东西，船子和尚才舍得以命相授。夹山回去后，独自在山中闭关十多年，刻苦修行，长养圣胎，然后才又出世说法。道吾又派弟子去试探他，问答仍然是"如何是法身？""法身无相！"道吾于是说："这汉此回彻也！"同样地问，同样地答，第一次不对，第二次却对了，如果讲，这怎么讲得通。其实，问题不在表面的文字上，而在夹山的心上。夹山第一次答话，答虽对了，但心里却不知道到底对不对。第二次答话，不仅答对了，心里也

知道是对的。对个“对”，不是从逻辑判断和演绎中推理而来的，而是从“直了”和“见性”中来的。这是禅宗和佛教其他宗派在修行方法上的一个界线。所以在佛教中，传，传的什么？悟，悟的什么？只有在禅宗内才有这样的答案。大家可以用自己的心来想一想。

二

经文

僧法海，韶州曲江人也。初参祖师。

问曰：“即心即佛①，愿垂指谕。”

师曰：“前念不生即心②，后念不灭即佛；成一切相即心，离一切相即佛。吾若具说，穷劫不尽。听吾偈。”曰：

即心名慧，即佛乃定；

定慧等持[3]，意中清净。

悟此法门，由汝习性[4]；

用本无生，双修[5]是正。

法海言下大悟，以偈赞曰：

即心元是佛，不悟而自屈；

我知定慧因，双修离诸物。

注释

①即心即佛：见唐释慧海《入道要门·下》："有行者问：'即心即佛，哪个是佛？'师云：'汝疑哪个不是佛，指出看。'无对。师曰：'达即遍境是，不悟永乖疏。'"

《传灯录》："明州大梅法常禅师问如何是佛。祖云：'即心是佛。'师言下契，直入大梅山住二十年。祖令一僧去问：'和尚见马祖，得个什么，便住此山？'师云：'马祖向我道，即心是佛。'僧云：'马祖近日佛法又别。'师云：'作么生别？'僧云：'近日又道非心非佛。'师云：'这老汉惑乱人去。任他非佛非心，我只即佛即心。'僧回举似祖。祖曰梅子熟也。"

②前念不生即心：前念已过去，不可沾恋而再使之生，以全此心之清净圆明，即离一切相也。

③等持：别本作等等。《传灯》《会元》《正脉》皆作等持，即定慧均等修持之谓也。

《涅槃经》："定慧等学，明见佛性。"

《顿悟入道要门论·下》："僧问：'如何定慧等学？'师曰：'定是体，慧是用；从定起慧，从慧归定。如水与波，一体更无前后，名定慧等学。'"

《小止观·上》：见“《法华经》：‘佛自住大乘，如其所得法，定慧力庄严，以此度众生。’当知此之二法，如车之双轮，鸟之两翼，若偏修习，即堕邪倒。故经云：‘若偏修禅定福德，不学智慧，名之曰愚；偏学智慧，不修禅定福德，名之曰狂。狂愚之过，虽小不同；邪见轮转，盖无差别。若不均等，此则行乖圆备，何能疾登极果？’故经云：‘声闻之人，定力多故，不见佛性；十住菩萨，智慧力多，虽见佛性，而不明了；诸佛如来定慧力等，是故了了见于佛性。’”

④习性：研习修成之性也。《地持经》：“习种性者，从先来修善所得，是名习种性。”

⑤双修：定慧双修也。

译文

法海比丘，唐朝韶州曲江县人。第一次参见礼拜六祖大师的时候：

问道：“当下之心，就是佛陀的道理，希望和尚慈悲为我指示晓谕。”

大师说道：“前念生起不令妄想，当下就是真心；后念通达不令断灭，即是成就佛陀。能够变成一切法相的是心，能够脱离一切法相的是佛。我若是全部解说出来，就是用无穷劫的时间也是说不尽的。听我说的偈语：

无念之心名叫慧，离相即佛方为定；

定和慧平等修持，心意自然常清净。

能悟这顿教法门，也是由于你习性；

定体慧用本无生，定慧双修才是正。

法海在大师的开示之下，即时豁然大悟，于是就用偈颂来赞叹说：

即此心灵原本是佛，不悟自性空受委屈；

我知定慧真正原因，二者双修离开万物。

智慧解析

《六祖坛经》就是门人法海所集。法海这个名字，历史上出现过几次。

《白蛇传》里那个法师也叫这个名字，很多人都知道。

还有一个著名的法海。唐代有个著名的宰相裴休，帮助翻译润色《楞严经》。他把儿子送到沩山灵佑禅师座下出家，法名就是法海，他是六祖的第五代传人。

这是历史上著名的三个法海。

现在说的“法海”是六祖的十大弟子之一，记录《坛经》的人。

“初参祖师。问曰：‘即心即佛，愿垂指谕。’”

他一来，没有啰唆：师父，我如何磕头啊、摆香案啊、供香花啊、吃素啊。上来就说，“即心即佛”，师父告诉我吧。

“师曰：‘前念不生即心，后念不灭即佛。’”六祖立刻说：“前念不生即心，后念不灭即佛。”从空的角度去说，“前念不生”“后念不灭”中间一段，既没有大小，也没有方圆，也没有内外，也没有善恶，也没有是非，那不是清净的佛是什么？不是心的本体是什么？原本清净、湛然、明的佛性，自然显现。

“成一切相即心”“何期自性，能生万法”，假如不生万法，这颗心是死

心，是空心，是断灭之心。

“离一切相即佛”，你一旦执着那就是凡夫。即相而离相，无住而生心，这就是佛！

“吾若具说，穷劫不尽”，我若是详细地讲心佛二字，“穷劫不尽”。

“‘听吾偈。’曰：即心名慧，即佛乃定；定慧等持，意中清净。”“即心名慧，即佛乃定”，这就是，“定慧等持，意中清净”，内心完全清净了。

“悟此法门，由汝习性”，完全靠自性的显现。

“用本无生，双修是正”，以为动心起用，但是用并没有生灭，当下体会达到不生灭。打个比方，每个月看见圆月只有一天，但是其实圆月在初一、二十三，每一天都是具足的，只是因为地球的转动，光线被遮住了，事实上月亮从来没有缺过。真如佛性自性也是这样，“用本无生，双修是正”。

“法海言下大悟，以偈赞曰：即心元是佛，不悟而自屈。”太冤屈了！自甘堕落！

“我知定慧因，双修离诸物”，生一切法，不执一切法。

三

经文

僧法达，洪州[①]人，七岁出家，常诵《法华经》[②]。来礼祖师，头不至地。

祖诃曰：“礼不投地，何如不礼？汝心中必有一物，蕴习[③]何事耶？”

曰：“念《法华经》已及三千部。”

师曰：“汝若念至万部，得其经意，不以为胜，则与吾偕行。汝今负[④]此事业，都不知过。听吾偈。”曰：

礼本折慢幢[5]，头奚不至地；

有我罪即生，亡功福无比。

师又曰："汝名什么?"

曰："法达。"

师曰："汝名法达，何曾达法?"复说偈曰：

汝今名法达，勤诵未休歇；

空诵但循声，明心号菩萨。

汝今有缘故，吾今为汝说；

但信佛无言[6]，莲华从口发。

达闻偈，悔谢[7]曰："而今而后，当谦恭一切。弟子诵《法华经》，未解经义，心常有疑。和尚智慧广大，愿略说经中义理。"

注释

①洪州：隋置，旋废，唐复置。南唐建为南都，宋初复为洪州，旋改为隆兴府。今江西南昌县，即旧时州治也。

②《法华经》：即《妙法莲华经》。七卷、二十八品，后秦天竺沙门马辛摩罗什译。明释智旭云："此经乃如来究竟极谈，具明施设一代时教所以然之线索。如家业之有总账簿，如天子之有九鼎也。非精研智者大师《玄义》《文句》，不能尽此经之奥。仍须以荆溪尊者《释签妙乐》辅之。"

③蕴习：蕴，蕴蓄；习，积习。

④负：恃也。

⑤慢幢：幢，幢幡也。

《笔削记·一》："破邪见幢树。"

《正法宝净影双卷经疏》："我慢高胜，如幢上出。"

慢心之高举，譬如幢之高耸，故曰慢幢。

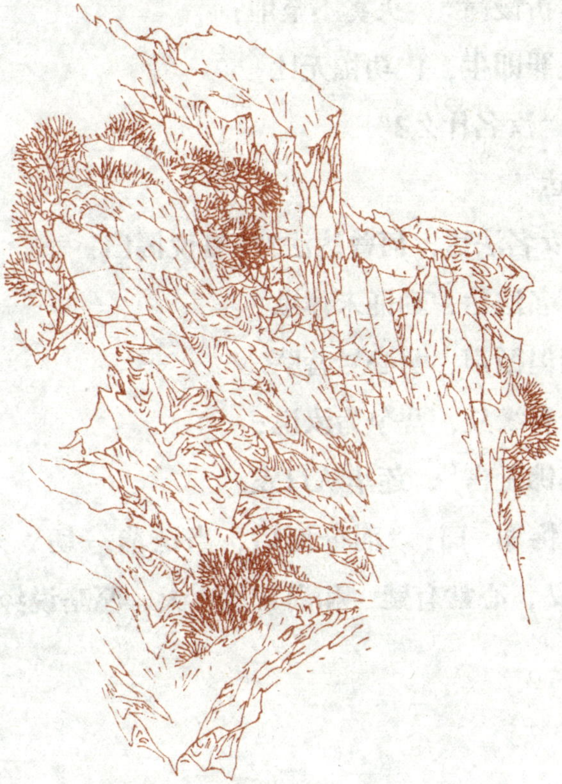

⑥无言：见《血脉论》："至理绝言。教是言语，实不是道；道本无言，言说是妄。"

《庄子》："终身言未尝言，终身不言未尝不言。"

⑦悔谢：忏悔谢罪也。

译文

法达比丘，洪州地方的人。七岁时出了家，常常诵念《妙法莲华经》。有一天，前来顶礼六祖大师，叩头却头不着地。

六祖便呵斥道："顶礼头却不着地，何如干脆不顶礼？你的心中必定背负着一个事物。你所蕴藏和积习的到底是什么事情呢？"

法达回答说:“我念诵《妙法莲华经》已经有三千部了。”

六祖说:“你若是念到了一万部,领悟了经文中的大意,而不自负以为胜过了他人,那就能够和我把臂同行。你今天竟然自负有这诵经千部的事业,一点都不知道自己的过失!现在且听我说偈:

礼本是折服慢心幢,为何叩头而不着地;

心存我慢罪业即生,心无求功福无可比。

六祖又说:“你的名字叫什么?”

法达说:“名字叫法达。”

大师说:“你的名字叫法达,何曾通达过妙法呢?”于是又说了一首偈句:

你现在名字叫法达,辛勤诵经不加停歇;

空在口头随声念诵,经义明心才称菩萨。

因你现在有此缘故,所以现在为你示说;

只要信佛本无言语,妙法莲华自从口发。

法达听了偈言后,对六祖忏悔谢罪说:“从今以后,必定谦虚恭敬地对待一切。弟子虽然诵持《妙法莲华经》,但并没有了解经中的意义,心中常常有疑惑。和尚智慧深广博大,愿请略为讲说经中的义理。”

智慧解析

《法华经》在中国很受欢迎,在佛教中极为重要,因为这是佛在最后、临近涅槃时所讲的。佛说了四十九年的法,说了很多很多,所以从表面上看,先后所说的法就有些不一致的地方,最明显的就是大乘法和小乘法上的差别。佛说《法华经》,就是要解决这些问题,要弟子们不要局限和满足于以前学的,还有更高的法啊!佛初说法时,因众生的根性不够,怕大家理解不了,所以以种种的方便,结合各种不同的根性,说了种种的法。但现在要做总结了,要把以前所讲的法归纳一下,算个总账,并且把佛的最根本的法说出来。

天台宗对《法华经》最有研究，并依据《法华经》作了五时判教，也就是把佛在不同时期说的种种法做了归纳，最高的就是《法华经》。因为在《法华经》里，三乘教义都有了归宗之处，用天台宗总结的几点就是："开权显实，开迹显本，会三归一，纯圆独妙"。这是什么意思呢？就是说，佛以前所说的法，是权宜随机而说的，而在《法华经》里说的才是最真正实在的法、最根本的法。在这个法里，大乘、小乘无上乘都归宗于此，所以是最圆最妙的，其他法都不可以与它相比。的确是这样，因为这部经是专门讲如何成佛的呀！从这一层意义上讲，佛所说的一切都是一乘法，没有什么三乘法，只是因为众生的根器不同，所讲的深浅有所不同而已。

下面简单谈一谈对机。祖师们接引参访的人叫接机。你看法达来礼六祖，头不着地，六祖马上呵斥他"礼不投地，何如不礼？汝心中必有一物"，这也是接机。接机不简单，洞山《宝镜三昧》说："意不在言，来机亦赴。"参学的人一来，你就要认识到他，发出的话，就要刚好对在他心里去，刚好对着他的病处，所以禅宗的答话，并不是随便的。六祖一见法达头不至地，就知道他毛病在哪儿，应该从哪儿下手。有这种手眼的老师实在是太少了！宗门里有个话叫"啐啄同时"，学生好比鸡蛋里要孵出来的小鸡，老师好比母鸡。小鸡要从蛋壳里出来了，在里面啄；母鸡呢，在外面啄。这里母鸡的那一啄很关键：啄早了不行，小鸡还没有成熟；啄迟了也不行，小鸡出来不了就会闷死在蛋壳里，所以必须"啐啄同时"。这需要多大的功夫啊，仅有书本上的

理论，你能做得到吗？所以“来机亦赴”是活的，要包括多少东西啊！

针对法达的毛病，六祖指出“空诵但循声”，仅仅做录音机是不行的，诵读哪怕上百万遍，佛经与你又有什么关系呢？所以必须明心见性。“明心号菩萨”，明心见性了，你就是菩萨，你就是佛，你自己就是一部经。唐代有人问投子大同禅师：“三藏十二部外还有奇特事无？”投子回答说：“有。”这三藏十二部是从哪里来的呢？能把这三藏十二部一部一部演出来的那个东西，你说奇特不呢？开悟了、见了道，你就是佛啊！你自己就是三藏十二部啊！所以六祖大师说：“但信佛无言，莲华从口发。”要知道，说了四十九年的法等于没有说，你一定要相信这个事实。你只有懂得佛无言，你才真正是在念《法华经》，而且声声如雷，声声都是莲华。所以发明了自心，就知道佛的道理并不在语言文字上。

四

经文

师曰：“法达！法即甚达，汝心不达。经本无疑，汝心自疑。汝念此经，以何为宗？”

达曰：“学人根性暗钝，从来但依文诵念，岂知宗趣！”

师曰：“吾不识文字，汝试取经诵一遍，吾当为汝解说。”法达即高声念经，至《譬喻品》。师曰：“止！此经元来以因缘出世为宗。纵说多种譬喻，亦无越于此。何者因缘？经云：‘诸佛世尊，唯以一大事因缘，出现于世。’一大事者，佛之知见[①]也。

“世人外迷著相，内迷著空。若能于相离相，于空离空，即是内外不迷。若悟此法，一念心开，是为开佛知见。

“佛，犹觉也。分为四门：开觉知见，示觉知见，悟觉知见，

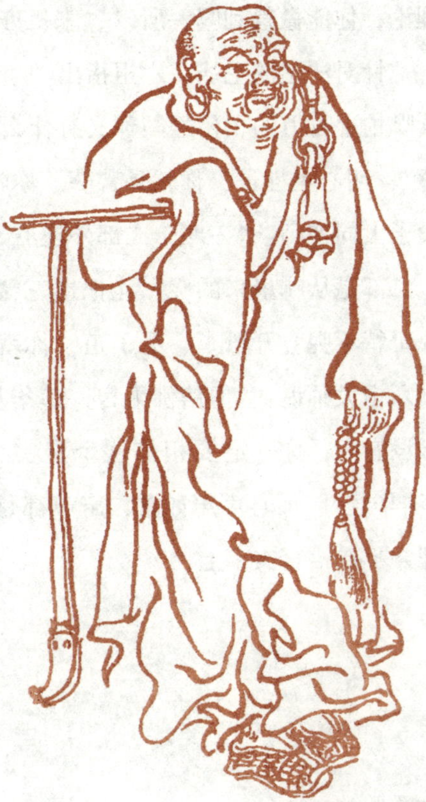

入觉知见。若闻开示，便能悟入，即觉知见，本来真性而得出现。

“汝慎勿错解经意：见他道开示悟入[2]，自是佛之知见，我辈无分。若作此解，乃是谤经毁佛也。彼既是佛，已具知见，何用更开？汝今当信佛知见者，只汝自心，更无别佛。盖为一切众生，自蔽光明，贪爱尘境，外缘内扰，甘受驱驰，便劳他世尊，从三昧起，种种苦口，劝令寝息[3]，莫向外求，与佛无二，故云开佛知见。吾亦劝一切人，于自心中，常开佛之知见。世人心邪，愚迷造罪，口善心恶，贪嗔嫉妒，谄佞我慢[4]，侵人害物，自开众生知见。若能正心，常生智慧，观照自心，止恶行善，是自开佛之知见。

“汝须念念开佛知见，勿开众生知见，开佛知见，即是出世。开众生知见，即是世间。汝若但劳劳[5]执念，以为功课[6]者，何异犛牛爱尾？”

注释

①佛之知见：见《法华要解》：“佛知见者，彻了实相真如真见也。在法名一佛乘，在因名一大事，在果名一切种智。故曰诸佛因一大事故出兴，为一佛乘故说法，欲令众生开佛见知，而究竟皆得一切种智也。此真知见，生佛等有，本来清净。惟人以妄尘所染，无明所覆，而自迷失。

《中峰广镜·一》曰：‘佛知见者，乃破生死根尘之利具也。’”

《法华文句·四》：“佛以一切种智知，佛以佛眼见。开此智眼，乃名佛知见。”

《法华玄义·九》：“灵知寂照，名佛知见。”

②开示悟入：见《法华合论·三》：“佛不言以佛知见授之众生，而言欲令众生开佛知见，示佛知见，悟佛知见，入佛知见；则知众生本自有之，不从他以得之也。虽不从他以得之，必藉善知识为之缘，以方便为开示，而使之悟入也。”

《法华要解》云：“开，破无明之封剖；示，指所迷之真体；悟，豁然洞视；入，深造自得，而证一切种智，是为佛知见道也。又以四门配释四位四智四教等者，详《天台文句》《文句记》及《法华科注》等。”

③寝息：寝，止也。寝息者，止其贪爱也。

④我慢：自恃高贵而慢他之谓也。

《法华经·方便品》：“我慢自矜高，谄曲心不实。”

⑤劳劳：劳，疲也，勤也。劳劳，言劳之至也。

⑥功课：功，功令。课，课程。每日限定时间做事，谓之功课。

译文

六祖大师说：“法达啊！佛法本来就很通达，只是你的心中自己不能通达。经义本来没有什么疑惑，只是你的心中自己生起了疑惑。你念这部经书，知道它以什么为宗旨吗？”

法达说：“弟子根性愚暗迟钝，向来只是依照经文诵念而已，哪里会知道以什么为宗旨呢！”

六祖大师说：“我不认识什么文字，你拿着经本读诵上一遍给我听听，我就为你讲说讲说。”

于是，法达就高声地诵念经文，念到了《譬喻品》。

六祖大师说道："停下来吧！这部经典原来是以佛为一大事因缘出现于世为宗旨的。之后纵使说了多种譬喻，也不会超越了这一宗旨。什么是因缘呢？经中说：

"诸佛世尊，都只为一大事因缘而出现于世间。所谓的一件大事，就是佛的真谛知见。世间的人，不是在外执迷着相，便是在内执迷着空。倘若能够悟得了这一法门，一念之间能够心地开朗，这就是打开了佛的知见。

"所谓的佛，意义犹如觉悟。可以分为四种法门：令众生打开'觉悟的知见'，令众生展示'觉悟的知见'，令众生解悟'觉悟的知见'，令众生进入'觉悟的知见'。如果在听闻开示的时候，便能够顿悟契入，也就是'觉悟的知见'——本来真性就能得以出现。

"你不要错误地去理解经文的意思！见他文中说什么打开、展示、觉悟、进入，便误以为那应该是佛的知见，没有我辈凡夫的份儿。倘若做了这样的见解，那就是在诽谤佛经、诋毁佛陀。他既然是佛，已经具有佛的知见了，何须再来打开呢？你现在应当相信：所谓的'佛的知见'，只是你自己的心，再也没有别的什么佛了！因为一切众生，自己蒙蔽了光明的心性，贪恋执着于六尘外境。外面有所攀缘而内心生起纷扰，甘心受着尘俗的鞭策驱使。所以才劳动了大觉的世尊，从他的正定中起来，苦口婆心地说了种种方便法门，劝令众生息止贪爱等妄想执着，不要向心外去妄求，原本就和诸佛无二无别，所以才说是'打开佛的知见'。我也常劝一

切人，在自己的心中要时常打开佛的知见。世间的人心地不正，愚昧迷执而造下了种种罪业。口说善言而心怀恶念，贪爱嗔恚而嫉贤妒能，谄媚佞言而自恃慢人，侵犯别人而损害他物，自然也就打开了众生的知见。如果能够匡正自己的心理，时常生出智慧来，观察反照自己的心灵，停止行恶而多做善事，自然也就打开了佛的知见。

"你必须一念一念打开佛的知见，不能打开众生的知见！打开了佛的知见，就是出了世间；打开了众生的知见，就是还在世间。你若是只晓得辛勤劳苦地执着念诵《法华经》文字，以为这就是日常应做的功课，这和那牦牛爱惜自己的尾巴又有什么不同呢？"

智慧解析

六祖有关《法华经》的开示极为重要。首先六祖借法达的名字发挥说：佛法本来是通达无碍的，是你自己把自己障碍住了。

佛经的道理本来是明白无疑的，是你自己的心在起疑啊！然后，六祖对《法华经》的主题做了精辟的开示。六祖认为，全部《法华经》说了那么多，其主题是"诸佛世尊，唯以一大事因缘，出现于世"。

这个最伟大的因缘是什么呢？就是佛的知见，就是要使一切众生开示悟入佛的知见、佛的智慧，也就是要让众生认识人生、宇宙和万法的真实相。

有了这个知见就是智慧，有了智慧就可以破烦恼，破了烦恼就可以出世。

自己解脱了不行，还要让众生解脱。要知道，佛的知见是人人都有的，不要以为只有佛才有，凡夫俗子就没有资格，决不要这样认为。所以六祖说，这样理解是“谤经毁佛”。为什么呢？佛既然已经是佛了，他自己还要开示悟入来干什么呢？佛还需要开佛的知见，乃至入佛的知见吗？当然不。所以，开示悟入是对众生而言的。为什么是对众生而言的呢？因为众生的无明烦恼把智慧遮障了，“自蔽光明，贪爱尘境”等，所以才需要开示悟入啊！但就这个佛的知见，不是别的，也不在外面，就是你自己，“汝今当信佛知见者，只汝自心，更无别佛”。六祖的话，真是干净透彻到了顶点。

佛就是自己用功，自己悟入的。这里谈一谈佛的慈悲。佛的慈悲是从哪儿来的呢？不是故意来的，也不是在外面找一个慈悲来行，而是自己一悟，就与万物一体了，就没有那个“我”了。

世人之所以不慈悲，就是心中有个“我”，于是天是天，地是地，你是你，我是我，一切都被分开了，分开后这个慈悲就有限了。心佛众生，宇宙万物本来是一体，但一分别开来，有了“我”，就有了烦恼。佛的知见是什么，就是把“我”连根斩了，没有佛的知见，那个我执是断不了的。

开佛的知见就是要断这个人的我执。人的我执一断，天地万物就一体了，大慈大悲也就出来了，并且是无条件的。

五

经文

达曰："若然者，但得解义，不劳诵经耶？"

师曰："经有何过，岂障汝念！只为迷悟在人，损益①由己。口诵心行，即是转经；口诵心不行，即是被经转。听吾偈。"曰：

心迷法华转，心悟转法华。

诵经久不明，与义作仇家②。

无念念即正，有念念成邪。

有无俱不计，长御白牛车。

达闻偈，不觉悲泣，言下大悟，而告师曰："法达从昔已来，实未曾转法华，乃被法华转。"再启曰："经云：诸大声闻乃至菩萨，皆尽思共度量，不能测佛智。今令凡夫但悟自心，便名佛之知见，自非上根，未免疑谤。又经说三车，羊鹿牛车与白牛之车[③]，如何区别？愿和尚再垂开示[④]。"

师曰："经意分明，汝自迷背。诸三乘人，不能测佛智者，患在度量也。饶伊尽思共推，转加悬远。佛本为凡夫说，不为佛说。此理若不肯信者，从他退席[⑤]。殊不知坐却白牛车，更于门外觅三车。况经文明向汝道：唯一佛乘[⑥]，无有余乘，若二若三，乃至无数方便，种种因缘、譬喻言词，是法皆为一佛乘故。汝何不省！三车是假，为昔时故；一乘是实，为今时故。只教汝去假归实，归实之后，实亦无名。应知所有珍财，尽属于汝，由汝受用；更不作父想，亦不作子想，亦无用想，是名持《法华经》。从劫至劫，手不释卷，从昼至夜，无不念时也。"

达蒙启发，踊跃欢喜[⑦]。以偈赞曰：

经诵三千部，曹溪一句亡。

未明出世旨，宁歇[⑧]累生狂？

羊鹿牛权设，初中后善扬[⑨]。

谁知火宅[10]内，元是法中王。

师曰："汝今后方可名念经僧也。"

达从此领玄旨[11]，亦不辍诵经。

注释

①损益：犹言增减。

②仇家：此言与《法华经》义相违也。

《起信论》："或为知友，或为冤家。"

③羊鹿牛车与白牛之车：羊车喻声闻，鹿车喻缘觉，牛车喻菩萨，白牛之车喻一佛乘。

④开示：启发之而示以佛道也。

⑤从他退席：见《法华经·方便品》："尔时世尊告舍利弗：'汝已殷勤三请，岂得不说？汝今谛听！善思念之。吾当为汝分别解说。'说此语时，会中有比丘、比丘尼、优婆塞、优婆夷五千人等，即从座起，礼佛而退。所以者何？此辈罪根深重，及增上慢；未得谓得，未证谓证。有如此失，是以不住。世尊默然，而不制止。"

⑥一佛乘：即人人自己之佛性，亦即佛之知见也，亦即人人自坐之白牛车也。

⑦踊跃欢喜：见《法华科注·二》："内解在心，名欢喜；喜动于形，名踊跃。"

⑧宁歇：安能止歇之意。

⑨初中后善扬：见《法华·序品》："演说正法初善、中善、后善，其义深远，其语巧妙，纯一无杂，具足清白梵行之相。"

扬：演说而举扬之也。

⑩火宅：比喻迷界众生所居住的三界。

《法华·譬喻品》:“三界无安,犹如火宅。”

⑪玄旨:深奥之义理也。

译文

法达听了说:“像这样的话,只要能够了解经义就好了,那就可以不须诵读经文了吗?”

六祖大师说:“经文本身有什么过失呢,难道障碍了你的诵念吗!只因为执迷和觉悟在于个人,损害或有益都由于自己。口诵经文而心能实行,就是能够转读得经文;口诵经文而心不实行,就是被经文牵引运转了。听我说首偈句:

心若执迷被《法华》转,心若领悟能转《法华》。

诵经长久经义不明,与经义相背作冤家。

无所执念念即是正,有所执念念即成邪。

有念无念都不较计,永远驾御大白牛车。

法达听闻了这首偈子,不禁悲感涕泣,于言下即时大悟,启告六祖大师说:“法达一直以来,实在未能转得《法华》,却被《法华》给转去了。”法达再次启问:“经上说:一切大声闻罗汉乃至菩萨,都尽其思维共同度量,也都不能测出佛的智慧。现在只令凡夫俗子但能觉悟到自己的心性,就说是

佛的知见了，我自然不是上等根性的人，不免就要生起疑惑和诽谤之心了。又经中说的三车，那羊车、鹿车、牛车与大白牛车究竟要怎样来进行区别呢？愿请和尚再次给予开示。”

六祖大师说：“经文的意义本来是很清楚的，只是你自己执迷而相违背罢了！一切三乘的修行人，之所以不能测知那佛之智，毛病就出在那个测度和衡量上！任凭他们费尽心思共同推测，距离反而更加远了。佛本来是为那些不觉悟的凡夫而讲说的，并不是为了佛而讲说的。倘若不肯相信这个道理，那就听任他退出会席。他却不知道自己就坐在那大白牛车上，却还要向门外去另寻那羊车、鹿车、牛车三车哩！何况那经文中明明白白地向你说道：毕竟只有一个佛乘，并无其他的教乘，或者说二乘或者说三乘，乃至说那无数的方便法门，以及种种的因缘、譬喻等言辞，这些法全部都是为了说明那一个佛乘。你为什么不注意省察呢！羊车、鹿车、牛车三车是佛假设的方便，是为昔时众生作的比喻；只有大白牛车这一乘是真实的，是为现今众生修持而设的。这只是教你去掉假的而归入真实的，归入真实的之后，便连实的名称也不立了。要知道所有珍贵的财物，全都属于你所有，任由你自己去享受使用；更不要作佛陀父亲想，也不作众生儿子想。更无财用宝藏之想，这才叫作真正在持诵《法华经》。这样也就等于说，从前劫到后劫，仿佛手中并没有放下经卷；从白昼到黑夜，竟是无时不在持诵《法华经》了。”

法达受了六祖的启迪开发，欢喜得踊跃起来，于是用偈句来赞叹说：

《法华经》已诵三千部，曹溪一句全数消亡。

过去不明出世宗旨，怎能息灭累劫心狂？

羊鹿牛三车是权设，初中后三善是发扬。

谁能知火宅之内人，原来就是法中之王。

六祖大师说：“从今以后，你可称为真正念经的僧人了。”

法达从此领悟到了深奥玄妙的义旨，也未停止他的诵经。

智慧解析

“无念念即正”，前面讲到的“无念为宗”“无住为本”“无相为体”，这“三无”，从始觉回到本觉上来，这是修行的次第。所以真正要“无念”，超越了有与无的对立，念才正。“有念念成邪”，这里“邪”的意思是“有念”，就是二法，不是一般说的“邪念”的意思。“有无俱不计，长御白牛车。”鹿车、羊车、白牛车，三车之喻，是《法华经》中著名的“法华八喻”。

“达闻偈，不觉悲泣。”真正的修行人，经历了许多折磨之后，自己内在已经很有功夫，只是仍然没有放下，而他一旦明了了心的本体是什么，那时的喜悦是忍不住的——喜极而泣啊！

“言下大悟，而告师曰：‘法达从昔已来，实未曾转法华，乃被法华转。’再启曰：‘经云，诸大声闻乃至菩萨，皆尽思共度量，不能测佛智。’”很多经典都说，当时佛在世时，所有的声闻菩萨、十大弟子，乃至长随的弟子，都不能测佛智。

佛有三十二相、八十种好，其中有一相是无见顶相。有一次，无尽意菩萨想要量一量佛的无见顶相到底有没有顶，但是他用尽了神通还是没有见到

顶。原因何在呢？和这里所说是一样的，“尽思共度量，不能测佛智”。

“今令凡夫但悟自心，便名佛之知见，自非上根，未免疑谤。又经说三车，羊鹿牛车与白牛之车，如何区别？愿和尚再垂开示。”很多宗派的人不了解“即心即佛”的道理，一听到这里，心中往往产生一些歧见，这对自己会有所伤害。

“三车之喻”是“法华八喻”里最著名的比喻。大意是说，一个老父亲他有好多孩子，在自己的大宅中玩耍，突然宅子里着火了，这时还有鬼神出没，但是孩子们玩心太大，不想出来。老父亲没办法就说：我有很多的玩具给你们，有羊车、鹿车、大白牛车。这些孩子一听：哇！宅中没有外面的车好玩，所以就跑了出去。老父亲说：既然你们都出来了，我就给你们每个人一辆大白牛车。这里老父亲就比如佛陀，孩子就比如众生。出来的就比如菩萨、声闻，还有缘觉、二乘圣人等。只要真正出来的给的都是大白牛车，这就是菩萨乘，没有二法，没有三法，没有一乘之法，没有区别。

“师曰：‘经意分明，汝自迷背。”经典的意思很明白，是你自己不了解。

“诸三乘人，不能测佛智者，患在度量也。”声闻、缘觉、菩萨，过患在思、议所在而不及之处——佛的智慧处。凡夫、声闻、缘觉、菩萨，都有“计度分别”，还无法跟心的本体——无分别智相应。

所以“饶伊尽思共推，转加悬远”，即便以人们所有的智慧来测量还是不能测量，因为心的本体超越有限的计量，越计量就离得越远。认知世界的时候，有形有相的都有一定的局限性，都无法回到当下的本体——“无分别智”。

“佛本为凡夫说，不为佛说。”佛的知见不需要再开了，佛是为我们凡夫“开示悟入”“佛之知见”的。

“此理若不肯信者，从他退席。”这又是引用《法华经》中的典故。

佛讲《法华经》还没有开讲，五百比丘中有人认为佛讲的有变化了，就退席了。佛也没有留他们，“焦芽败种，机缘不成”。六祖这里也是说，如果不相信，那你就退席，因为那是机缘不到。

“殊不知坐却白牛车，更于门外觅三车。”骑牛找牛，本来就坐在自家宝

藏上，还总是惦记外面的，这就是“心外求法”。

“况经文明向汝道：唯一佛乘，无有余乘，若二若三，乃至无数方便，种种因缘、譬喻言词，是法皆为一佛乘故。汝何不省!”《法华经》讲，所有的因缘比喻，无非回到当下的一心，直指人心，见性成佛，你怎么会不醒悟呢!

“三车是假，为昔时故；一乘是实，为今时故。”既然你已经出离火宅了，“一乘是实”，都是自性的真如本性，都是大白牛车，也就是涅槃妙家。

“只教汝去假归实，归实之后，实亦无名。”《金刚经》：“须菩提，如来所说法，如阀喻者，法尚应舍，何况非法?”法都舍了，还有什么不能舍呢?今天，有些人抛弃世间的功名利禄，却执取佛教所说的“六波罗密”——布施、持戒、忍辱、精进、禅定、般若，修行达到一定程度后，又被“追求解脱”，被“佛法”限制住，没办法去修行。但是祖师所说的不是那样，而是“归实之后，实亦无名”。

“由汝受用；更不作父想，亦不作子想，亦无用想。”既然如此，别当自己是佛，也别当自己是众生，也别想是谁在用佛法，当下了了，了得干干净净。随用随了，随了随用；寂而常照，照而常寂。那个状态被称为什么都已经完全不重要了。

六

经文

僧智通，寿州安丰[①]人，初看《楞伽经》约千余遍，而不会三身四智[②]。礼师求解其义。

师曰：“三身[③]者，清净法身，汝之性也；圆满报身，汝之智也；千百亿化身，汝之行也。若离本性，别说三身，即名有身无智。若悟三身无有自性，即明四智菩提[④]。听吾偈。”曰：

自性具三身，发明成四智[5]。

不离见闻缘，超然登佛地。

吾今为汝说，谛信[6]永无迷。

莫学驰求者，终日说菩提。

通再启曰："四智之义，可得闻乎？"

师曰："既会三身，便明四智，何更问耶？若离三身，别谈四智。此名有智无身，即此有智，还成无智。"复说偈曰：

大圆镜智性清净[7]，平等性智心无病[8]，

妙观察智见非功[9]，成所作智同圆镜[10]。

五八六七果因转[11]，但用名言无实性[12]，

若于转处不留情[13]，繁兴永处那伽定[14]。

通顿悟性智，遂呈偈曰：

三身元我体，四智本心明；

身智融无碍，应物任随形。

起修皆妄动，守住匪真精；

妙旨因师晓，终亡染污[15]名。

注释

①寿州安丰：唐之寿州，今之寿县，安丰县故城，在今寿县西南。

②三身四智：见《永嘉证道歌》："三身四智体中圆。"注云："三身四智者，乃觉性功用得名也。所言三身者，法身、报身、化身也；四智者，大圆镜智、平等性智、妙观察智、成所作智也。"

③三身：见《顿悟入道要门论·上》："问：'束四智成三身者，几个智共成一身，几个智独成一身？'答：'大圆镜智独成法身，平等性智独成报身，妙观察智与成所作智共成化身。此三身亦假立名字分别，只令未解

者看。若了此理，亦无三身应用。何以故？为体性无相，从无住本而立，亦无无住本。’”

④四智菩提：即四智之智慧也。

⑤四智：见《顿悟入道要门论·上》：“问：‘转八识成四智，束四智成三身，几个识共成一智，几个识独成一智？’答：‘眼耳鼻舌身，此五识共成成所作智；第六是意，独成妙观察智；第七心识，独成平等性智；第八含藏识，独成大圆镜智。’”

⑥谛信：谛，审实不虚义。信，更无疑念也。

⑦大圆镜智性清净：自性清净，唤为镜智。

唐释慧海云：“湛然空寂，圆明不动，即大圆镜智。”

《三藏法数·十四》：“一、大圆镜智。谓如来真智，本性清净，离诸尘染，洞彻内外，无幽不烛，如大圆镜，洞照万物，无不明了，是名大圆镜智。”

⑧平等性智心无病：见唐释慧海曰：“能对诸尘，不起爱憎，即是二性空。二性空，即平等性智。”

《三藏法数·十四》：“二、平等性智。谓如来观一切法，与诸众生皆悉平等，以大慈悲心，随其根机，示现开导，令其证入，是名平等性智。”

有隔碍相，则为有病。若无隔碍，万法流通，更无滞着，故为无病。

⑨妙观察智见非功：见唐释慧海云：“能入诸根境界，善能分别，不

起乱想，而得自在，即是妙观察智。”

《三藏法数·十四》：“三、妙观察智。谓如来善能观察诸法圆融次第，后知众生根性乐欲，以无碍辩才，说诸妙法，令其开悟，获大安乐，是名妙观察智。”

案：六识、七识，历历事行，炼磨纯熟，应机接物，任运不涉计度，顿时观察明了，不假功成，故云非功也。

⑩成所作智同圆镜：应所成办，唤为成所作智。

唐释慧海云：“能令诸根随事应用，悉入正受、无二相者，即是成所作智。”

《三藏法数·十四》：“四、成所作智。谓如来为欲利乐诸众生，故普于十方世界，示现种种神通变化，引诸众生，令入圣道，成本愿力所应作事，是名成所作智。”

⑪五八六七果因转：五者，八识中之前五识也。如眼之能见色，耳之能闻声，鼻之能辨臭，舌之能别味，身之能知冷热，对于色声香味触之五尘，能起五种识之性也。

八者，八识中之第八识也，又名阿赖耶识，又名藏识。凡为世间万物之本之种子，皆收藏于此识之中也。前五识及第八识，皆属于果。

六者，八识中之第六识也。因前五识之感觉，而起分别判断之作用，故名意识。

七者，八识中之第七识也，名曰末那识。因六识分别五尘好恶，而由此识传送相续执取，故又谓之我见识。第六识及第七识，皆属于因。

果因转者，即憨山大师所谓“六七二识因中先转，五八一体至果乃圆也。”

⑫但用名言无实性：见《人天眼目·下》注：“但用名言无实性，转名不转体也。”

《传灯录·五注》：“但转其名，而不转其体也。”

此言转八识成四智，在文字上则谓之转，在实性（又名自性，又名自

心、自本性、真如）上则无所谓转也。迷则为识，悟则为智。在实性固无所改变也。

⑬若于转处不留情：心迷则为识，心悟则为智。一悟悟至极处，不再退转，即所谓不留情也。

⑭繁兴永处那伽定：见《起信论法藏·序》："虽复繁兴鼓跃，未始动于心源。"

《笔削记·一》："繁，多也；兴，起也。繁则染净多途，兴则新新生起。"

欲长保其寿，俟弥勒佛出世，以此为愿力者，名曰那伽定。

《人天眼目·下注》云："那伽定者，此曰龙定。龙常静思念摄，故有定力，能现大变。佛有四威仪而常在定，故喻龙也。"

⑮染污：见马祖道一禅师云："道不用修，但莫污染。何为污染？但有生死心，造作趣向，皆是污染。"

译文

智通比丘，是寿州安丰人，一开始阅读《楞伽经》差不多有一千多遍，还不能领会三身和四智的意义，于是就来顶礼六祖大师恳求解说经中要义。

六祖大师说："所谓的三身，那清净的法身，就是你的本性；圆满的报身，就是你的本智；千百亿的化身，就是你的本行。倘若离开了本性，另外还有三身，这就是有身而没有智了。倘若悟得了三身都没有自然的本性，这就叫作四智菩提正觉。听我说偈。"偈说：

自然本性本具三身，由三身发明成四智。

不必屏绝见伺外缘，就是超然直登佛地。

我今为你所说之法，你要深信永不再迷。

莫学他人外驰觅佛，整天口中徒说菩提。

智通再启请说："四智的意义，可以请求讲给我听闻吗？"

六祖大师说："既然领会得了自性三身之义，自然就能明白四智之义了，何以又要问这个问题呢？倘若离开了自性的三身，而另外去谈说四智。这就叫作有智而无身，即使这样算是有智，还是等于无智一样。"六祖再次说偈道：

大圆镜智本身就是清净，平等性智就是心中无病，

妙观察智就是超脱利功，成所作智就如同大圆镜。

五八识果转六七识因转，只用转名言而非有实性，

若于悟转处不再去留情，染净虽多却永在那伽定。

智通听偈后顿然领悟性智，于是呈偈说：

三身原来在我体内，四智本于自心澄明；

三身四智融合无碍，应物随缘任意现形。

起智修心皆是妄动，执守身智非是真精；

身智妙旨因师晓悟，终究全无污染假名。

智慧解析

什么是四智呢？四智是佛才具有的最圆满、最无上的四种智慧，就是妙观察智、平等性智、成所作智和大圆镜智。以唯识学的理论来看，修行成佛后第六识就转为妙观察智，就能善于观察人生宇宙的一切现象；第七识就转为平等性智，再没有人我、法我的执着，也就没有了那些差别、不平等的种种分别见，万法与我都平等和谐地处于一体之中，也就是时时处处都在"不二"之中；前五识就转为成所作智，意志所到，运行无碍，而成就一切功德；第八识就化为大圆镜智，无量大千世界，若有情，若无情，无论巨细，皆可同时显现，一一照了。这四智如果从理论上讲，可以无穷无尽，但大致可以归结为这四个要点。常人看来，的确是"至矣，尽矣，不可以复加矣"，但禅宗把天下至难至繁的事精纯得至简至易。六祖在这里，全归在自己的自性之

中，把佛教从天上拉回到人间，在佛菩萨和凡人之间架起了一座桥梁，使这一切都回归到我们的心上，这就是禅宗的伟大之处，也就是我们今天要讲《坛经》，提倡禅宗的原因。

有一位禅师讲平等性智就是报身，妙观察智就是化身，大圆镜智就是法身。其实，三身四智就是一体，仍然不二。所以六祖把它们全归在自性之中，并且进一步指出："五八六七果因转，但用名言无实性。"在这上面，你仍然不要执着，这些都是"名言"，而无"实性"的。你如果把这一切执为"实性"，那你就永远见不到这个三身四智了。所以智通大彻后说："三身元我体，四智本心明。"大家用功，到那一天你见了道，就会亲眼看到这决非虚语。还有一点要指出，虽然教下常说"六七因中转，五八果上圆"，但转的只是名相，本体是动都没有动的，自性还是你那个自性，并没有变成另外一个什么东西，它可是"不生不灭，不垢不净，不增不减"的啊！是"体同而用异的"啊！

但这终究是禅宗的讲法，若依唯识来讲，就大不一样了。六祖所谈的这些，若粗略简单一看，不精通唯识的人还以为与唯识相同，其实他们之间是大不一样的，完全不同的。唯识宗认为，三身四智，是各有各的"体"，这个"体"是不同的。如前面所谈到的，成所作智与前五识同体；妙观察智与第六识同体；平等性智与第七识同体；大圆镜智与第八识同体。《八识规矩颂》就认为：哪怕你前五识成就了，有了化身，但并不等于能解释真如果中犹自不诠真，解释真如是第六识成就的事，六识成就为妙观察智后，才能解释真如。

但哪怕你第六识、第七识都成就了，你仍然证不了法身，“六七因中转”——只不过是在因位中转了身而已，要证法身，必须在第八识上，当大圆镜智成就后，连同报化身一起转，这才“五八果上圆”，这样三身四智才能彻底成就。可见三身四智是各有其体，不能含混的。

所以唯识宗认为众生不能全部成佛，玄奘大师在印度学到了这样的理论后对他的老师戒贤说：如果这样讲，可能中国人不易接受，中国人喜欢的是《涅槃经》所说的“一切众生皆有佛性，皆可成佛”。而戒贤说：你们中国人懂什么，这是根本大法，不容许有丝毫的修改。玄奘回国后严守师法，但其宗仅四传而绝。唯识宗为什么这样主张呢？他们认为，一切众生的第八识中，所含藏的种子是不同的。有的是人天种子，有的是地狱、畜生种子，有的是缘觉种子，有的是菩萨种子，没有菩萨种子的是不能成佛的。所以，有的人因其种子不完满，三身四智也就不可能完满。但中国的天台、三论、华严、禅宗这几大派都不承认唯识宗的这些说法。严格来说，台、论、严、禅这四大宗派的根本都是中观派。这几大派对唯识宗都有批评。如华严宗判教，就把唯识学贬得很低，认为只是“大乘始教”，决不愿把它列入“大乘圆教”。禅宗历代祖师说教，历来倾向于与华严结合，与唯识却谈不到一块儿。而学唯识的反过来修禅宗，难度却很大。有的祖师初学唯识，往往都是对唯识发生怀疑后，再投入禅宗门下以决其疑的。当然，这里只是提出问题，并没贬低唯识学，唯识学精深博大的体系，亦非其他宗派所能比拟。但中观唯识千年来争执的一大公案，必待以后大菩萨来了断。

七

经文

僧智常，信州贵溪①人。髫年②出家，志求见性。一日参礼。

师问曰："汝从何来，欲求何事？"

曰："学人近往洪州白峰山礼大通和尚，蒙示见性成佛之义，未决狐疑。远来投礼③，伏望和尚慈悲指示。"

师曰："彼有何言句，汝试举看④？"

曰："智常到彼，凡经三月，未蒙示诲。为法切故，一夕独入丈室⑤，请问如何是某甲⑥本心本性。大通乃曰：'汝见虚空否？'对曰：'见！'彼曰：'汝见虚空有相貌否？'对曰：'虚空无形，有何相貌？'彼曰：'汝之本性，犹如虚空，了无一物可见，是名正见；无一物可知，是名真知。无有青黄长短，但见本源清净，觉体圆明，即名见性成佛，亦名如来知见。'学人虽闻此说，犹未决了，乞和尚开示。"

师曰："彼师所说，犹存见知，故令汝未了。吾今示汝一偈。"曰：

不见一法存无见，大似浮云遮日面。

不知一法守空知，还如太虚生闪电。

此之知见瞥然兴，错认何曾解方便。

汝当一念自知非[7]，自己灵光[8]常显现。

常闻偈已，心意豁然，乃述偈曰：

无端起知见，著相求菩提，

情[9]存一念悟，宁越昔时迷。

自性觉源[10]体，随照枉迁流[11]，

不入祖师室，茫然趣两头[12]。

智常一日问师曰："佛说三乘法，又言最上乘，弟子未解，愿为教授[13]。"

师曰："汝观自本心，莫著外法相。法无四乘，人心自有等差。见闻转诵是小乘[14]，悟法解义是中乘[15]，依法修行是大乘[16]。万法尽通，万法俱备，一切不染，离诸法相，一无所得，名最上乘[17]。乘是行义[18]，不在口争，汝须自修，莫问吾也。一切时中，自性自如。"

常礼谢执侍，终师之世。

注释

①信州贵溪：信州，唐置，元为路，明改广信府，今江西上饶为其旧治也。

贵溪，县名，唐置，故城在今江西贵溪市西。

②髫年：小儿垂发辫时也，又为年幼者之称。髫，音迢。

③投礼：五体投地而行礼也。

④看：语助词，姑一试之也。

⑤丈室：丈室又云方丈，禅林主持之正寝也。相传维摩诘居士之石室方一丈，丈室之名即本于此。

《传灯录·禅门规式》："长老既为化主，即处于方丈，同净名之室。"

⑥某甲：某以代姓，甲以代名，指人指己于文字上皆可用之。

⑦自知非：自知见之与知，俱不是也。

⑧灵光：人人固有之佛性，灵灵照照，而放光明者。

《五灯会元·三》："百丈禅师上堂：'灵光独照，迥脱根尘。体露真常，不拘文字。心性无染，本自圆成。但离妄缘，即如如佛。'"

⑨情：私意也。

⑩源：见圭峰禅师云："源者是一切众生本觉真性，亦名佛性，亦名心地。"

⑪随照枉迁流：随照，随见知照也。枉，劳而无功。迁流，念念迁谢，如水之流注。

⑫两头：存无见、守空知也。

⑬教授：教法授道也。

《楞伽经·一》："现方便而教授。"

《辅行·四之三》："宣传圣言名之为教，训诲于义名之为授。"

⑭小乘：仅据目之所见、耳之所闻，而诵读经典者，是知其然而不知其所以然也。

⑮中乘：仅能悟佛法，解经典中之意义，虽知其所以然，尚未能行实践者。

⑯大乘：既悟六度万行之理，能依法实践者。

⑰最上乘：见《入道要门论·上》："问：'大乘、最上乘，其义云何？'答：'大乘者，是菩萨乘。最上乘者，是佛乘。'又问：'云何修而得此乘？'答：'修菩萨乘者，即是大乘。证菩萨乘，更不起观，至无修处，湛然常寂，不增不减，名最上乘，即是佛乘也。'"

⑱乘是行义：见《笔削记·一》："乘者就喻彰名，运载为义，如世舟车，可以运重致远。"

乘以运载为义，故云行义，能行即是乘。但口说而不行，便非乘也。

译文

智常比丘，信州贵溪人。在孩童时代就出了家，志在求得明心见性。有一天来参礼六祖。

大师问他："你从哪里来？想要求学什么事呢？"

回答说："学生我最近到那洪州的白峰山参礼大通和尚，虽然承蒙他开示了见性成佛的文义，但还是不能够解决心中的疑窦。我从遥远的地方来投拜顶礼，祈望和尚慈悲为我指示一下。"

大师说："他有什么话语呢？你试为我说出来听听看！"

智常说："智常我到了那边，大约住了三个月光景，都不曾得到他的

开示教诲。我因为求法心切，有一天晚上就单独进入了方丈住室，请问他道：‘怎么样才是我的本心本性呢?’大通便说道：‘你见到虚空了吗?’我回答说：‘见到了。’他却问道：‘你所见的虚空有没有相貌呢?’我回答说：‘虚空是无形的，哪里有什么相貌可言呢?’他说：‘你的本性，就如同虚空，了然没有一物可见时，就叫作正确的见解；没有一件事物可知，就叫作真正的知识；没有青黄长短等形色的区别，但见得本源的清净无染，觉悟心体的圆融澄明，就称为见性成佛了，也叫作如来的知识和见解。’学生我虽然听闻了这种说法，却还是不能解决内心的疑问，所以恳求和尚给予开示。”

六祖大师说：“那位师父所说的，仍然存在‘见解的知识’，所以未能使你明了。我现在指示给你一首偈颂。”偈说：

不见一法而犹心存无见，极像浮云遮蔽日光上面。
不知一法而犹执守空知，仍如太虚空中生出闪电。
这知见瞬间起而暂时见，误认知见却怎能解方便。
你当一念自知其中之非，那就是自性灵光常显现。

智常听了此偈后，心意立刻开朗起来，便述说了一偈：

无端之间心起知见，着了相却追求菩提，
心情之中存一念悟，岂能超越旧时之迷。
自性本是觉心源体，随照见知徒枉迁流，
要是不入祖师之室，茫然无知见趋两头。

智常有一天问六祖大师说：“佛讲说了三乘的教法，又说那圆顿的最上乘。弟子不了解，愿求和尚给予教授。”

六祖大师说道：“你应该观照自己的本性真心，不要执着心性之外的法相。佛法并没有四乘之分，人心却自有其各等的差别。能在目见耳闻下传诵经典的人是小乘人，能悟解佛法意义的人是中乘人，既能悟解法义又能依法修行的人是大乘人。万法全部通达，并且具足完备；一切不染不着，远离一切法相，终于丝毫无所获得的人，这就叫作最上乘人。乘是运

载行动的意思，不是在口头上争说得的。你必须自己依法去实修，不需要来问我！自性在一切时中，没有不自然如如不动的。”

智常礼拜叩谢了，从此侍奉六祖，一直到大师谢世。

智慧解析

智常这段机缘，大通禅师对智常开示的那段话很好，与六祖在《般若品》中讲的差不多，为什么六祖还说他是“犹存见知”呢？但是如果把六祖下面的偈子看了，才知道还有另外一面。常人执着于“有”，把“有”当作实在。通过善知识的开示和自己用功，知道执“有”不对，那个“有”是“空”，但又不自觉地把这个“空”作为实在而执着了。通过善知识的开示和自己的用功，知道执“空”也不对，还有个“非空非有”，又把这个“非空非有”当作实在而执着了……

总之难啊！六祖这里，不为知见留一点余地，就是为了让你要做到“汝当一念自知非，自己灵光常显现”。

德山禅师的老师是龙潭崇信，龙潭崇信的老师是天皇道悟。龙潭崇信出家前的家就在天皇寺附近，他家是卖烧饼的，他每天都去供养天皇道悟十个烧饼。天皇道悟吃烧饼时都留下一个烧饼还送给他，说：“这是我给你的恩惠，可以泽及子孙。”时间久了，龙潭崇信心里想：“饼子是我送去供养的，

为什么老和尚要反送我呢？里面有什么奥妙呢？”有一次他就把这个疑问说给了天皇道悟听，天皇道悟说：“是你自己送来的，我又反送给你，这样又有什么不对呢？”龙潭崇信听了有所省悟，于是就跟他出了家去当侍者。一天他问：“我出家这么久了，你怎么没有给我指示心要呢？”天皇道悟说：“我天天都在指示你呀！你端菜来，我就接过手了；你送饭来，我就吃了；你顶礼时，我给你还礼，处处都在指示，怎么会不指示你呢？”龙潭崇信正在考虑，天皇道悟说：“要见直下便见，你去寻思就错了。”龙潭崇信言下大悟。这则公案说明了什么？法是活泼泼的，在生活中就可以见，若在理论上钻牛角尖，却往往难见。在这个公案里，你明白什么是自性了吗？再举一则：

石霜庆诸禅师初参道吾时，有一次他问道吾：“什么是触目菩提呢？”道吾没有理他，却唤了一个小沙弥去给净瓶添水。过了一会儿，道吾问石霜：“刚才你问的什么呢？”石霜正要重说一遍，道吾却起身回方丈去了，石霜庆诸这下豁然大悟。在这则公案里，你明白什么是自性了吗？明白什么是菩提吗？唐宋许多著名的禅师，大都在理论上用过功夫，但在走投无路之时，在修行中——恰恰在生活的琐事中引发机关，触动了自己的自性。所以，若起个什么思想来求佛性，求自性，就错了！要抓个什么东西来求也不行，自性本身就是觉性，万法本无，不需要你在上面挖什么窟窿，也不需要你在上面添什么东西。

八

经文

僧志道，广州南海人也。请益曰：“学人自出家，览《涅槃经》[1]十载有余，未明大意，愿和尚垂诲。”

师曰：“汝何处未明？”

曰："'诸行无常，是生灭法；生灭灭已，寂灭为乐。'于此疑惑。"

师曰："汝作么生疑？"

曰："一切众生皆有二身，谓色身法身也。色身无常，有生有灭；法身有常，无知无觉。经云：生灭灭已，寂灭为乐者，不审[②]何身寂灭？何身受乐？若色身者，色身灭时，四大[③]分散，全然是苦[④]，苦不可言乐。若法身寂灭，即同草木瓦石，谁当受乐？又法性[⑤]是生灭之体，五蕴是生灭之用；一体五用，生灭是常。生则从体起用，灭则摄用归体。若听更生[⑥]，即有情之类，不断不灭。若不听更生，则永归寂灭，同于无情之物。如是，则一切诸法被涅槃之所禁伏，尚不得生，何乐之有？"

师曰："汝是释子，何习外道断常邪见，而议最上乘法？据汝所说，即色身外别有法身，离生灭求于寂灭。又推涅槃常乐，言有身受用。斯乃执吝生死，耽著世乐。汝今当知佛为一切迷人，认五蕴和合为自体相，分别一切法为外尘相，好生恶死，念念迁流，不知梦幻虚假，枉受轮回，以常乐涅槃，翻为苦相，终日驰求。佛愍

此故，乃示涅槃真乐，刹那[7]无有生相，刹那无有灭相，更无生灭可灭，是则寂灭现前[8]。当现前时，亦无现前之量，乃谓常乐。此乐无有受者，亦无不受者，岂有一体五用之名？何况更言涅槃禁伏诸法，令永不生，斯乃谤佛毁法。听吾偈。”曰：

无上大涅槃，圆明常寂照[9]。
凡愚谓之死；外道执为断；
诸求二乘人，目以为无作[10]；
尽属情所计，六十二见本[11]。
妄立虚假名，何为真实义？
惟有过量人[12]，通达无取舍。
以知五蕴法，及以蕴中我，
外现众色象，一一音声相，
平等如梦幻，不起凡圣见；
不作涅槃解，二边三际[13]断。
常应诸根用，而不起用想[14]；。
分别一切法，不起分别想。
劫火烧海底，风鼓山相应，
真常寂灭乐[15]，涅槃相如是。
吾今强言说，令汝舍邪见，
汝勿随言解，许汝知少分。

志道闻偈大悟，踊跃作礼而退。

注释

①《涅槃经》：《大般涅槃经》译本有两种。一种北凉昙无谶译，凡四十卷，名北本《涅槃经》。一种刘宋慧严等再治，凡三十六卷，名南本

《涅槃经》。此本《涅槃经》，系指北本《涅槃经》而言。

②不审：犹云未知。

③四大：见《对法论·一》："云何四大种？谓地界、水界、火界、风界。何等地界？谓坚劲性；何等水界？谓流湿性；何等火界？谓温热性；何等风界？谓轻动性。"

④苦：见《大智度论·十五》："受此四大五众身，应有种种苦分，无有受身而不苦者。"

⑤法性：见《起信法藏疏》："法性者，明此真体普遍之义，通与一切法为性，即显真如，遍于染净，通情非情深广之义。故《智论》曰：'在众生数中，名为佛性。在非众生数中，名为法性。'"

⑥更生：复生也。

《山海经》："无綮之国，其人无男女，穴居食土，死即埋之，其心不朽。死一百二十岁，乃复更生。"

⑦刹那：谓极短时也。

《大藏法数》："一念中有九十刹那，一刹那中有九百生灭。或云壮士一弹指间有六十刹那。"

⑧寂灭现前：见《笔削记·五》："分明显了，更无暗昧，故曰现前。"

黄檗《传心法要·下》："声闻人见无明生无明灭。缘觉人但见无明灭，不见无明生。念念证寂灭，诸佛见众生终日生而无生，终日灭而无灭；无生无灭，即大乘果。"

⑨圆明常寂照：一物不欠，故云圆。妙净明心，故云明。无始无终，

故云常。无有散乱，故云寂。灵鉴不昧，故云照。

⑩无作：见《大智度论·九十三》："邪见者，所谓无作见。虽六十二种皆是邪见，无作最重。所以者何？无作言不应作功德求涅槃。若言天作，若言世界始来，虽是邪见而不遮作福德。以无作大恶，故不生。"

⑪六十二见本：以上所云之死断无作，即为见之本。

《大般若经·佛母品》："开十四难而为六十二。先计色蕴有常等之四句。一、色为常，二、色为无常，三、色为常无常，四、色为非常非无常。他之受等四蕴亦然。合为二十句，此计过去之五蕴者也。又，计色有有边无边等四句。一、计色为有边，谓空之十方上下边际有穷极也；二、计色为无边，与上相反；三、计色为有边无边；四、计色为非有边非无边。他之四蕴亦然，合为二十句；此于现在五蕴之所执也。又，计色有如去不如去等四句。一、计色为如去，谓人来而生于此间，去而至于后世，亦如是也；二、计色为不如去，谓过去无所从来，未来亦无所去也；三、计色为如去如不去，谓身神和合而为人，死后神去而身不去也；四、计色为非如去非不如去，见有第三句过，而计此句也。计他之四蕴亦然，合为二十句；此于未来五蕴之所见也。三世合而有六十句。于此加身与神之一异二见而为六十二见。此六十二见，但为断常有无之边见也。"

⑫过量人：非常人所能量度之人也。

⑬二边三际：二边，有无也。

《贤首法数·一》："二边，有边无边。"

三际，过去、未来、现在也，又外内与中间也。

《清凉观师心要笺》："一念不生，前后际断。照体独立，物我皆如。"

《顿悟入道要门论·下》："又问：'佛法在于三际否？'师曰：'见在无相，不在其外；应用无穷，不在于内；中间无住处。三际不可得。'"

⑭不起用想：知识尽捐，心同太虚；有叩斯响，如谷应声，随类感通也。

⑮真常寂灭乐：如来所得之法，真实常住，故云真常。

《楞严经·四》："独妙真常。"

《起信捷要·上》："究竟乐者，亦有二义。一者，无上菩提觉法乐；二者，无上涅槃寂灭乐。"

《涅槃经》："生灭灭已，寂灭为乐。"

译文

志道比丘，广州南海县人。有一天向大师请教说："我自从出家以来，阅读《涅槃经》有十多年了，还不明了经中的大意，希望和尚垂慈教诲。"

六祖大师说："你什么地方不明白呢？"

志道说："'诸行皆为无常，就是生灭之法；生灭全部灭了，是为寂灭快乐。'对于这首偈句有所疑惑。"

六祖大师说："你是怎样生出疑惑的呢？"

志道说："一切众生都有二身，也就是所说的色身和法身。色身是无常的，是有生有灭的；法身却是永恒的，是无知无觉的。经中说的'生灭全部灭了，是为寂灭快乐'的话，不知是哪一身入于寂灭？哪一身受此真乐？假如说是色身，色身在坏灭之时，地水火风四大和合的肉体也就一时分散了，这完全都是痛苦，而痛苦就不可说是快乐了。假如说法身入于寂灭，则就如同草木瓦石一样的无知，哪个当来受此真乐呢？又法性是生灭法中的实体，五蕴是生生灭法中的妙用；一体具有五用，生灭应当是永恒的。生就是从性体而生起妙用的，灭就是摄妙用而归还性体的。如果听任其有复苏更生的说法，那么有情含识的众生，也就不会断绝、不会灭亡了；如果不听其有复苏更生的说法，就将永远归于寂灭，而无异于没有情识的东西了。这样一来，万法就都被涅槃所拘禁制伏住了，生且不能得生，哪还有什么快乐之处可言呢？"

六祖大师说："你是释门的子弟，为什么学习外道的断灭和永恒的邪见，而随便议论最上乘的大法呢？根据你所说的，也就是色身之外另有法

身，离了色身的生灭而另求法身的寂灭。又推测涅槃永恒快乐，说是有身体在享受使用。这是执着贪吝生命的生死，过于贪着世间的快乐。你现在应当知道！佛因为一切迷执的众生，虚妄地认为五蕴假和合的色身为‘自体’的本相，分别妄计一切法为‘外尘’的本相，贪生厌死，一念一念地迁徙流亡，不知道人生如梦似幻、虚假不实，枉受着那生生死死的轮回，将永恒快乐的涅槃反而看成苦相，而整天忙碌着奔驰营求。佛因怜悯此等众生之故，才开示涅槃的真正快乐。刹那生而没有生起之相可见，刹那灭而没有灭去之相可寻，更没有什么生灭可以寂灭的，这就是涅槃寂灭在眼前的显现。当这样的寂灭出现在眼前之时，也没有寂灭显现之度量可得，于是乃称为永恒快乐。这种永恒快乐本没有什么承受的人，也没有什么不承受的人，哪里会有一体五用的名称呢？何况你还说‘涅槃是拘禁制伏一切法使之永不受生’呢？这就是毁谤佛法了。听我所说的偈。”偈语说：

至高无上大般涅槃，圆融净明常寂灵照。

凡夫愚人说涅槃死；外道执着涅槃为断；

所有追求的二乘人，亦误视以为应无作；

都是识情分别所计，六十二边见的根本。

妄立种种虚假的名，哪有什么是真实义？
唯有非常能量度者，通达涅槃不取不舍。
因而知道五蕴的法，以及五蕴中的自我，
外境所现种种色象，一切各种音声的相，
一切平等而如梦幻，不起凡圣分别见解；
亦不作涅槃之见解，二边三际都被除断。
常顺应六根的作用，而心不生使用思想；
因物质分别一切法，而不起分别诸思想。
纵使劫火烧干海底，灾风鼓动诸山相应，
真实永恒寂灭快乐，仍是涅槃真相如是。
我现在勉强说涅槃，命你舍弃邪恶识见，
你若不随言生见解，许你知佛法一少分。

志道听了偈语后得大开悟，欢喜踊跃地作揖礼谢而退。

智慧解析

佛经里曾讲到了佛陀的本生，当时他还是个菩萨，想要求闻佛法。这时，帝释天化作一个夜叉，说："我有佛法，但是我要吃人，否则没有力气说。"菩萨说："那没办法，你就吃我吧，但是你要说完一半再吃我。"夜叉同意了，菩萨就答应从悬崖上跳下去给他吃。菩萨跳之前，夜叉先说了前半句，就是"诸行无常，是生灭法"，菩萨一听感到心生知解，但是觉得还不究竟——离开了又在哪里安住呢？可是因为答应了夜叉，他就跳下去了。

这时帝释天也现出了身份，说了下半句："生灭灭已，寂灭为乐。"菩萨就开悟了。开悟有不同层次的开悟，佛陀在那一世做菩萨的时候，便因为这四句偈开悟。

"经云：'生灭灭已，寂灭为乐者，不审何身寂灭？何身受乐？"这段话把色身、法身割裂开推演，将它与哲学的认知作比较的话，很多哲学学说中的

"存在"问题就都有解答了。

"若法身寂灭，即同草木瓦石，谁当受乐？"这里把"法身寂灭"，无知无识的"寂灭"——佛法上的"寂灭"不是哲学的和其他教法的"寂灭"——当成断灭的空。所以"谁当受乐？"色身法身都不"受乐"，又把"受乐"全都推翻了。

"若不听更生，则永归寂灭，同于无情之物"，他看不到"寂灭"中的那种能动鲜活，只看到了死寂。

"如是，则一切诸法被涅槃之所禁伏，尚不得生，何乐之有？"为什么很多的修行人一脸沉寂？因为他认为"涅槃"就是死寂、断灭之空，什么都可以放下，所以彻底地把不负责任的态度全部放下。

拿圆月和弯月打个比方，圆月是寂灭，弯月就是生灭。正生灭之时，圆月不欠缺一分啊！只不过被地球转动挡住了光线、看不到而已。事实上，不圆中就具备了圆满，生灭中具备了寂灭。

"又推涅槃常乐，言有身受用，斯乃执吝生死，耽著世乐。汝今当知佛为一切迷人，认五蕴和合为自体相，分别一切法为外尘相。"这是《楞严经》中

所讲的，一切的众生，错“认五蕴和合为自体相，分别一切法为外尘相”。

“好生恶死，念念迁流，不知梦幻虚假，枉受轮回”，一旦识得本心，“轮回”顿息。

涅槃谁受乐，谁又受生死？修行人不将此了透，就是“执吝生死”。

九

经文

行思禅师，生吉州安城[1]刘氏，闻曹溪法席盛化，径来参礼。

遂问曰：“当何所务，即不落阶级[2]？”

师曰：“汝曾作什么来？”

曰：“圣谛亦不为。”

师曰：“落何阶级？”

曰：“圣谛尚不为，何阶级之有？”

师深器之，令思首众。一日，师谓曰：“汝当分化一方，无令断绝。”

思既得法，遂回吉州青原山[3]，弘法绍化。谥弘济禅师。

注释

①吉州安城：见《大清一统志·二百四十九》："吉州，唐武德五年置。明曰吉安府，清因之，属江西省。安城，唐之安福县也，属吉州。"

②阶级：阶之层次也。

《虚堂集一评》云："实际理地，宁有阶差？"

③青原山：见《大清一统志·二百四十九》："青原山在庐陵县东南十五里，山上有净居寺。"

译文

行思禅师，生在吉州安城地方的刘家，听说曹溪六祖说法度化极为盛大，便直接来参礼六祖。

开口便问："应当做什么事情，才能够不落阶级？"

六祖大师说："你曾做过些什么事情来着？"

行思说："我连佛所说的神圣真谛也不去做。"

六祖大师说："那落到哪个阶级了？"

行思说："连神圣的真谛都不去做，那还有什么阶级呢？"

六祖深为器重他，就命他做寺院僧众的首席。有一天，六祖对他说

道："你应当分担一个区域的教化，不要使那正法断绝！"

行思既然已经承受了顿门大法，便回到吉州的青原山去，弘扬正法，绍隆教化。死后追谥为弘济禅师。

智慧解析

怎样领会青原这则机缘呢？"当何所务，即不落阶级？"依教下来讲，从凡夫到佛是有许多层次的，从凡夫修成佛要经过许多阶段，总共有四十一位，即四十一个修行阶段：十住、十行、十回向、十地和佛果。如果把十住中的第一信心位所修信等十心为十信，于十地之后再加一个顿觉，就成了五十二位，即五十二个修行阶段。这五十二位，需要多少时间才能功行圆满呢？时间要"三大阿僧祇劫"，这是数以万亿年计的超天文学的数字，一般学佛的人看到这样的功课表会吓得缩不回舌头。而禅宗则不讲这些，只讲顿悟成佛，所以不论阶段。修行真正的功夫不在理论上，甚至也不在禅定上。禅宗最重见地，前面讲过沩山与仰山的一则公案，沩山说"只贵子眼正，不贵子行履"，就是这个意思。圣谛就是四谛法，证了四谛就是证了涅槃，也就脱离了生死。"圣谛亦不为"，没有悟入，没有达到自肯自休的境地，你敢说这个话

吗？行思是已经悟入的人了，他是来求六祖印证的，对答虽仅几句，但却透出了炉火纯青的功夫。那些仅仅在理论上懂一些，或会说一些口头禅、八股

禅的，到了关键时候，是绝不敢如此承当的。

德山禅师常对弟子们说："你们谁念佛，就请自己挑水把禅堂洗了。"有人问他什么是菩提，他说："出去，不要在这里。"有人问他什么是佛，他说："佛是西天老比丘。"这些都是"圣谛而不为"，并且"不落阶级"的境界。再如：洞山有病，他的侍者问他："您老人家病了，还有不病的那个吗？"洞山说："有。"侍者问："那这个不病的还看您不？"洞山说："老僧看他有分，我看他时，是看不见病的。"把这些懂了，那圣谛也就懂了。要知道，圣凡是二，不是不二，只要有圣解，就仍然是凡情。"不病的"是圣，病是凡，如果分而为二，哪里能见祖师的作略呢？洞山的意思是：我来看它才真正是它来看我，没有一切，才有一切。这里的妙处大得很。修行没有真正的见地，能说得出这样的话吗？

再如德山有病时，也有个和尚问他，还有不病的那个吗？德山说："有啊！""那什么是那个不病的呢？"德山大声呻吟说："唉哟，难受啊！"这里是凡圣融为一体，洞山那里是回互照用，两位祖师，各有各的风光。

黄金很贵重，人人都想要，但放在眼睛里谁受得了呢？圣谛固然是人所追求的，但真的进入了圣谛，"本来无一物，何处惹尘埃"，只要有一点点放不下，哪怕是对这个圣谛放不下，那就与凡情放不下的性质一样。老修行们有一句名言："无需求真，但须去妄。"你不要去管圣谛如何，只要把凡情妄想扫干净就行了。就如《金刚经》里所讲的那样，不要落在罗汉、菩萨甚至佛的境界里，"凡所有相，皆是虚妄"，做不到这点，那就是凡情未尽，偷心未死，"圣谛亦不为"。真是斩钉截铁地把执着去得干干净净。

十

经文

怀让禅师[1]，金州[2]杜氏子也。初谒嵩山安国师，安发之曹溪参扣。让至礼拜。

师曰："甚处来?"

曰："嵩山。"

师曰："什么物，恁么来?"

曰："说似一物即不中。"

师曰："还可修证[3]否?"

曰："修证即不无，污染即不得。"

师曰："只此不污染，诸佛之所护念[4]。汝既如是，吾亦如是。西天般若多罗谶：'汝足下出一马驹[5]，踏杀天下人。'应在汝心，不须速说!"

让豁然契会，遂执侍左右一十五载，日臻玄奥。后往南岳[6]，大阐禅宗。

注释

①怀让禅师：见《五灯会元》："南岳怀禅师者，姓杜氏，金州人也。于唐仪凤二年四月八日降诞。年十岁时，惟乐佛书。时有三藏玄静过舍，

告父母曰：‘此子若出家，必获上乘，广度众生。’至垂拱三年，方十五岁，辞亲往荆州玉泉寺，依弘景律师出家。又云，坦然劝师谒嵩山安和尚。安启发之，乃直指曹溪参六祖。”

②金州：属陕西，于后汉为西城郡，于魏为魏兴郡，西魏置为金州，明改为兴安州，清升为兴安府，民国废。今安康县其旧治也。

③修证：修行证理也。《像法决疑经》曰：“一切众生本是佛，今亦修证还成佛。”

④护念：按《大祜略解》云：“护谓覆护，不使魔娆；念谓忆念，不令退失也。”

⑤马驹：指马祖而言，江西道一禅师，姓马氏，时号马祖。受法于怀让禅师。同参者九人，唯马祖密受心印。

⑥岳：山之大者曰岳。南岳：衡山也。

译文

怀让禅师，是金州地方杜家的儿子。最初拜见嵩山的惠安国师，惠安便打发他去曹溪参学叩拜。怀让到了曹溪，顶礼膜拜。

六祖大师问他：“你从什么地方来?”

怀让答道：“从嵩山来。”

六祖问："什么东西是那样来的呢？"

怀让说："说他像一个东西就不行了。"

六祖说："还可以修行印证么？"

怀让说："修行印证就不是无，杂念污染就不可得了。"

六祖说："唯此虚灵不污染的心，才是诸位佛祖所保卫护念的。你既然是这样，我也是这样。西天竺的般若多罗有过预言：'你的足下会跳出一匹小马驹，践踏杀遍天下人。'这就照应在你的心中，不要过早地说出来！"

怀让当下豁然契心领会，于是就在六祖左右服侍了十五年，日渐达到那深奥的玄妙处。后来，他来到南岳衡山，大大地阐扬了禅宗。

智慧解析

再看怀让这则机缘。六祖问怀让"什么物，恁么来"，并不是今天问你是什么身份，当官的吗，当经理的吗，是坐飞机来的吗，坐火车、汽车来的吗。不是这些意思，六祖这里是直下问他的本来面目。怀让的回答极好："说似一物即不中。"这个本来面目是什么呢？是善吗，恶吗？是大吗，小吗？正如在《般若品》中看到的，"心量广大、犹如虚空，无有边畔，亦无方圆大小，亦非青黄赤白"，乃至"无是无非，无善无恶，无有头尾，诸佛刹土，尽同虚空"。这里，你能说它到底产什么吗？《金刚经》说：若以色求我，以音声求我，是人行邪道，不得见如来。你说，这个"我"到底又是什么呢？"说似一物即不中"，正是印证了这境界后从内心中自然流露出来的，不是一般人"想"得出来的。禅宗内答话，如此干净彻底的也不多见。六祖又问他："还可修证否？"怀让说："修证即不无，污染即不得。"从禅宗的根本立场上说，这个东西是本来就有的，原用不着修证，若欲修证，就把它当作外面的，不是自具自备的了。从另一角度上说，修证也是需要的，不修行，你又怎么能悟入，怎么能知道这个"说似一物即不中"的东西呢？但怎么个修法呢？"污

染即不得”这样的答话，真是天衣无缝，所以六祖赞许说：“只此不污染，请佛之所护念。汝即如是，吾亦如是。”这里两镜交光，丝丝入扣。

后来石头希迁参行思，也与这则机缘相类似。行思问石头希迁：“你从哪儿来？”石头说：“我从曹溪来。”行思又问：“你在曹溪得到什么东西来呢？”石头说：“这个东西啊，我未到曹溪前也没有失掉它嘛。”行思又问：“既然这样，你还到曹溪去干什么呢？”石头说：“不到曹溪，我就不会知道失不失的道理了。”

禅宗的修行，当然应“不落阶级”，但就这个“不落阶级”也是有一定层次的。云门大师说过：二十年前，山是山，水是水；十年后看山不是山，看水不是水；今天又不同了，山还是山，水还是水。人们修行，起初看到山时，认为有个实在的山，悟了以后，证了空性，懂得了“因缘所生法，我说即是空”的道理，山就不是山，水也不是水了。修行再进一步，“亦说为假名，亦为中道义”，说有说空，都是你的心在那儿扯怪，并不妨碍万法圆融无碍啊！又何必把那个“空”死死地背在身上呢！于是山仍然是山，水仍然是水。

十一

经文

永嘉玄觉禅师，温州[①]戴氏子，少习经论，精天台止观法门。因看《维摩经》，发明心地[②]。偶师弟子玄策相访，与其剧谈[③]，出言暗合诸祖。

策云："仁者得法师谁？"

曰："我听方等经论[④]，各有师承。后于《维摩经》，悟佛心宗，未有证明者。"

策云："威音王已前即得，威音王已后，无师自悟，尽是天然外道。"

曰："愿仁者为我证据。"

策云："我言轻，曹溪有六祖大师，四方云集，并是受法者。若去，则与偕行。"

觉遂同策来参。绕师三匝[⑤]，振锡[⑥]而立。

师曰："夫沙门者，具三千威仪，八万细行[⑦]。大德自何方而来，生大我慢？"

觉曰："生死事大，无常迅速。"

师曰："何不体取无生，了无速乎？"

曰："体即无生，了本无速。"

师曰："如是！如是！"

玄觉方具威仪礼拜，须臾告辞。

师曰："返太速乎？"

曰："本自非动，岂有速耶？"

师曰："谁知非动？"

曰："仁者自生分别⑧。"

师曰："汝甚得无生之意。"

曰："无生岂有意耶？"

师曰："无意谁当分别⑨？"

曰："分别亦非意。"

师曰："善哉！少留一宿。"

时谓"一宿觉"。后著《证道歌》，盛行于世。

注释

①温州：温州唐置，隋时为永嘉，明清二代名温州府。今浙江永嘉县，其旧治也。

②心地：心为万法之本，能生一切诸法，故云心地。又修行者依于心而近行，故云心地。又三业中心业最胜，故云心地。

《心地观经·八》："三界之中以心为主。能观心者，究竟解脱；不能观者，究竟沉沦。众生之心犹如大地，五谷五果从大地生。如是心法，生世出世、善恶五趣、有学无学独觉菩萨及于如来。以此因缘，三界惟心，心名为地。"

③剧谈：畅谈也。

④方等经论：方者，理之方正。等者，平等也。方等二字，本十二部内方广之别称，乃大乘法藏之总名也。近代诸师，分大乘显教经藏为五部，于华严、般若、法华、涅槃四部外，立方等部。凡对小名大及泛明诸佛菩萨因果事理行位智断者，皆此部收，非同流俗伪传谓八年所说也。

方等部内以《大宝积经》《大方等大集经》为最广之部。《大宝积经》一百二十卷，妙义不可胜述；此外《般若三昧》等经，为修定之要门；《占察善恶业报经》为因果之行相；《三千佛名经》等，广赞诸佛及药师、弥勒、文殊等菩萨功德；《楞伽经》《密严经》《深密经》，开陈唯识；《维摩经》《金光明经》《思益经》，发明心性；《投身饲虎》以下诸经，多说地上菩萨之事；《大乘同性经》《诸法无行经》以后数种经，专明大乘无相之义；《缘起圣道》等经，明十二因缘之义；《法身经》以后，多陈如来功德，及诸杂行。

昔龙树菩萨以诸佛妙法，般若为母；而般若经文，凡数百卷。因约般若中道要义制《无畏论》；又述《中论》《十二门论》以为先导；《提婆》本之，复制《百论》。古师谓《中论》为方等之要归，众经之心髓。以上诸论，方等论也。

⑤绕师三匝：见《贤首五戒经》："三匝表敬三尊，为灭三毒。绕，旋绕也。"

《要览·中》："旋绕，此方称行道。归敬之至也。"

三匝，三周也。

⑥振锡：锡杖梵语隙弃罗，译曰声杖、智杖，简称为锡。僧侣修验者等所携之杖也。上部以锡为之，中部木为之，下部牙或角为之。头如塔婆形，有一大环，于其环周附小环数枚。僧侣行时，环发响声以警恶兽毒蛇者。

《锡杖经》："佛告比丘：'汝等应受持锡杖。所以者何？过去未来现在诸佛皆执故。又曰智杖，又名德杖，彰显智行功德本故。圣人之表帜，贤士之明记，道法之幢。'迦叶白佛：'何名锡杖？'佛言：'锡者轻也。倚依是杖，除烦恼、出三界故。锡，明也，得智明故。锡，醒也，醒悟苦空结使故。锡，疏也，谓持者与五欲疏断故。'"

《五百问》："持锡有多事？能警恶虫毒兽故。"

振锡而立者，锡杖不着地，举起使离地而立也。案：言僧人之持锡曰振锡曰飞锡，日卓锡曰驻锡，皆言其用锡杖当使立也。

⑦三千威仪，八万细行：见《楞严经》："三千威仪，八万微细，性业遮业。"

对于具足戒之二百五十，该称其他之细行而云三千威仪。三千者，但显数之多。如《三千威仪经》，法数者强凿成三千之数量也。

三千之威仪者，小乘比丘之事。大乘之菩萨，有八万之威仪。按：八万者，八万四千之略。是亦仅示数之多量。然法数者作说谓三千威仪配身

口七支，成二万一千。此约贪嗔痴之三毒与三毒等分而成八万四千。见《大藏法数·六十八》。

《撰择集》："不犯威仪有二，一、大乘谓有八万，二、小乘谓有三千。"

《法界次第·下之上》："三千威仪，八万律行。"

三千威仪约二百五十戒，各有四威仪，合为一千。三世转为三千。三千威仪，分配身口七支，则为二万一千。复约对治三毒及等分，则成八万四千。见《翻译名义集·四》。

⑧分别：见《唯识述记·七末》："言分别者，有漏三界，心、心所、法，以妄分别为自体故。"

《慈恩寺传·七》："菩萨以分别为烦恼，而分别之惑，坚类金刚。惟此经所诠无分别慧，乃能断除。"

黄檗曰："心若不生，自然成大智者。决定不分别佛与众生，一切尽不分别，始得入我曹溪门下。"

⑨分别：即善能分别诸法相，于第一义而不动也。第一义不动，即非意也。

译文

永嘉玄觉禅师，温州戴家的儿子，在少年时就研习经典论藏，尤其精研天台宗的止观法门。因为阅读《维摩经》，得以明发心地。偶然一次，六祖大师的弟子玄策禅师前去拜访，和他畅然谈论起来，玄觉所说的都与诸位祖师的意旨暗合。

玄策便问他："仁者师从何人？"

玄觉说："我听大乘方乘等经典论藏，每部都各有师法承传；后来我于《维摩经》中悟得佛教心宗，但还没有能给我做证明的人。"

玄策说："在威音王佛未出世以前说无师自通的人还可以，在威音王

佛出世以后说无师自悟的人，都是天然的外道。”

玄觉说：“希望仁者能够为我做个印证！”

玄策说：“我人微言轻，曹溪有位六祖大师，四方的法众如云聚集，并且都是受得正法的人。你如果要去，可以与我一同前往。”

于是，玄觉便与玄策一同来参谒六祖，绕着大师行走了三周，后持着锡杖而立。

大师说：“出家的人，应该具有三千种威仪和八万种细行。大德从什么地方来，而生起这么大的自傲之心呢？”

玄觉说：“生存与死亡的事情很大，无常的到来很迅速啊！”

大师说：“为什么不体认取得无生无死的真理，以了悟那无常迅速的东西呢？”

玄觉说：“体认了就不会无生无死，了悟了也就没有迟速可言。”

大师说：“是这样的！是这样的！”

玄觉这时才具备了威仪来顶礼拜谢。须臾之间，他便向六祖告辞。

大师说：“回去得太迅速了吧？”

玄觉说：“自己本来并没有动，哪里有什么迟速可言？”

大师说："什么人知道不是动?"

玄觉说："是仁者你自己心中生起了分别。"

大师说："你已经深深地悟得了无生无死之意。"

玄觉说："无生无死难道还有意义吗?"

大师说："没有意义谁来分别呢?"

玄觉说："能够分别的也没有意义啊!"

大师说："很好啊!再小住上一晚吧!"

当时就有人称他为"一宿觉"。后来，他著的《证道歌》盛行于世。后圆寂于龙兴别院，被朝廷追谥为"无相大师"，当时都称其为真正的觉悟者。

智慧解析

永嘉大师这则机缘，历来为禅人所乐道。你看他与六祖机锋往来，可以说是针扎不进、水泼不进，如果你把自己放进去，你能如永嘉大师那样穷追到底吗?或者能如六祖大师那样顺水推舟，接引不露半点痕迹吗?在《坛经》中，甚至在《机缘品》中，谈到了不少"开悟"的机缘，若认真勘验，有的则只能称为解悟，有的则可称为证悟，如行思、怀让和永嘉当然是有所证悟的，不同于其他。

解悟是什么呢?那是顺着理路来的，依据佛的经教，穷究苦习而有所悟人，一般经论的注疏，大体都属于解悟。证悟则不然，证悟虽不离思维之路，但实悟的一刹那必然是言语道断。所悟之境，又不离思维路数，但又非思维路数所能范围。你看六祖与永嘉的那一席话，似有思路可寻，又无思路可寻。永嘉绕六祖三匝，"振锡而立"，六祖斥责他"生大我慢"，这是见面时的机缘之触。如法达礼六祖时头不着地。而永嘉平空落下一句"生死事大，无常迅速"——没有时间来礼拜你，太忙了啊!六祖随锋一转："何不体取无生，了无速乎?"永嘉说："体即无生，了本无速。"六祖赞叹说："如是!如是!"他们的对答一反一复，再反再复，到了最后，永嘉说："分别亦非意。"遇到

了永嘉大师，若非六祖，其他人是吃不消的。这恰恰是洞山《宝镜三昧》“意不在言，来机亦赴”的最佳标范。宗门问答，应答在问处，问在答处，层层透底：虽“意不在言”，但必须“来机亦赴”；虽“来机亦赴”，但又必须“意不在言”。意若在言，那就有理路可寻，任何人都可以回答，教下的法师们可以说个天花乱坠，但禅宗之所以是禅宗而非教下，就是要“言语道断”，虽有其“言”，但“言”却不能限制这个“意”；有这个“意”，并且借“言”来表示，这个“言”却又非常规常情所能规则。这样的“言”把“意”一一表示出来，没有开悟的人是不懂的。永嘉这里，一方面体现了对教理的精悉，同时又体现了证悟的自在，所以能在六祖的钳锤下表现得那样江河自如。你看，他告辞时，六祖说：“返太速乎？”这本是平常客气的问话，但永嘉毫不含糊，答话就是见地：“本自非动，岂有速耶？”六祖轻轻一指：“谁知非动？”永嘉却把话头还给了六祖：“仁者自生分别。”于是六祖赞叹说：“汝甚得无生之意。”永嘉却不上当，也是见地明白，所以又毫不含糊地说：“无生岂有意耶？”

十二

经文

禅者智隍，初参五祖，自谓已得正受[①]。庵居长坐，积二十年。师弟子玄策，游方至河朔[②]，闻隍之名，造庵问云："汝在此作什么？"

隍曰："入定[③]。"

策云："汝云入定，为有心入耶，无心入耶？若无心入者，一切无情草木瓦石，应合得定；若有心入者，一切有情含识之流，亦应得定。"

隍曰："我正入定时，不见有有无之心。"

策云："不见有有无之心，即是常定，何有出入？若有出入，即非大定[④]！"

隍无对。良久，问曰："师嗣谁耶？"

策云："我师曹溪六祖。"

隍云："六祖以何为禅定？"

策云："我师所说，妙湛圆寂，体用如如[⑤]。五阴本空，六尘非有。不出不入，不定不乱。禅性无住，离住禅寂。禅性无生，离生

禅想。心如虚空，亦无虚空之量。”

隍闻是说，径来谒师。

师问云：“仁者何来?”

隍具述前缘。

师云：“诚如所言，汝但心如虚空，不著空见，应用无碍，动静无心，凡圣情忘，能所俱泯，性相如如[⑥]，无不定时也。”

隍于是大悟，二十年所得心[⑦]，都无影响。其夜河北士庶闻空中有声云：“隍禅师今日得道!”隍后礼辞，复归河北，开化四众。

译文

①正受：禅定。

《探玄记·三》：“纳法在心，名为正受。”

《观经玄义分》：“言正受者，想心都患，缘虑并亡。三昧相应，名为正受。”

因前思想渐微细，觉想俱亡，唯有定心，与前境合，名为正受。

②河朔：黄河之北岸曰河朔。

③入定：入于禅定也。定心于一处，止息身口意之三业，谓之禅定。

《观无量寿经》曰：“出定入定，恒闻妙法。”

④大定：大定、大智、大悲为佛之三德，佛心证明，谓之大定。以大定能断一切之妄惑，是为断德。

⑤体用如如：见黄檗《传心法要》：“如如之体，内如木石，不动不摇；外如虚空，不塞不碍；无能所，无方所，无相貌，无得失。”

《大乘义章·三》：“言如如者，是前正智所契之理。诸法体同，故名为如。就一如中，体备法界恒沙佛法，随法辨如，如义非一，彼此皆如，故曰如如。”

⑥如如：见《顿悟入道要门·上》："问，如如者云何？答，如如是不动义。心真如故，名如如也。是知过去诸佛行此行，亦得成道；现在佛行此行，亦得成道；未来佛行此行，亦得成道。三世所修，证道无异，故名如如也。"

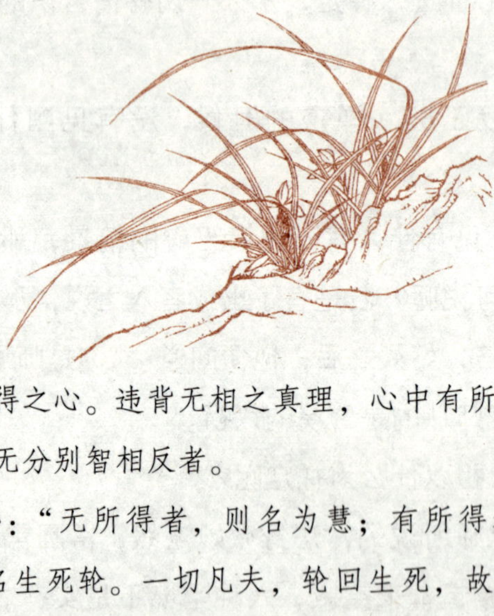

⑦所得心：有所得之心。违背无相之真理，心中有所执着也。有所分别，谓之有所得，与无分别智相反者。

《涅槃经·十七》："无所得者，则名为慧；有所得者，名为无明。"又云，"有所得者，名生死轮。一切凡夫，轮回生死，故有所得。菩萨永断一切生死，是故菩萨名无所得。"

《仁王良贲疏中·二》："有所得者，取相之心也；无所得心者，无分别智也。"

译文

修禅的智隍，最初参礼过五祖，自称已经得到了真正的禅定功夫了。曾居住在庵堂里长习静坐，达二十年之久。六祖大师的弟子玄策，云游到河北朔方一带时，听到了智隍禅师的声名，就造访他的庵堂，请问他："你在这里做什么呢？"

智隍说："我在进入禅定。"

玄策说："你所说的进入禅定，是有心而进入呢，还是无心而进入呢？如果说是无心而进入的，那么一切没有情识的草木瓦石，也应该进入禅定了。如果说是有心而进入禅定，那么一切有情含识的众生之流，也应该得到禅定了。"

智隍说："我正进入禅定的时候，没有见到什么有心或者无心的情景。"

玄策说："不见有什么有心或者无心的情景，那就是永恒的禅定，哪里还有什么出入可说呢？若是有了出或者入之说，那就不是大定了。"

智隍无言对答，好久之后，他便问道："你是师承什么人的法呢？"

玄策说："我师从的是曹溪的六祖。"

智隍说："六祖以什么为禅定呢？"

玄策说："家师所说的，法身微妙湛然，常圆常寂，性相体用都是一样如不动。五阴缘起本来空寂，六种尘境不是实有。心本不出也不进入，也不禅定也不散乱。禅性本来无有所住，所以离开住禅的寂灭。禅性本来无有寂灭，所以离开生禅的思想，心灵好比虚空，也没有虚空的思量可得。"

智隍听他说后，就直接来拜见大师。

大师问他说："仁者你是从什么地方来的呢？"

于是智隍就把前边的因缘完全述说了出来。

大师说："诚然如他所说，你只要心中如虚空那样，更不要执着于虚空的见解，应用之时自在无碍，或动或静都无关心，凡心与圣情都已经忘却，能够与所为都已经泯绝，如此性相一如，就没有不禅定的时候了。"

智隍于是彻底开悟，二十年来的有所得心，至此全都没有了影响。当天夜里，河北地区的士人庶民都听到了空中传来声音说："智隍禅师今天得到大道了！"智隍后来顶礼辞别了六祖，再次回到河北去，教导开化僧俗四众弟子。

智慧解析

智隍一开始拜五祖为师，自以为已经得到正果，便在庵中长坐禅定达二十年之久。但他一见到玄策，被问得无话可对，才知道自己的境界并不彻底，所以去拜见六祖。

在禅宗与佛教徒中，的确有着这样的问题，那就是禅定的确可以出一些功夫，比如说什么特异的五眼六通等。但这功夫到底是不是佛教或者禅宗的真谛呢？修行者到底应该以什么为自己的目的呢？许多大师说：那些功能越高的人，如果不能够得到真正的觉悟，就会下地狱如箭。可见，这功能不能贪着，禅定亦不可执着。

玄策问智隍修禅入定，是有心去入呢，还是无心去入呢。如果是无心去进入禅定，那么一切草木瓦石等无情之物都应该得到禅定，因为它们都无心。

如果说是有心去进入禅定，那么一切蠢灵含动的有情之物都应该得到禅定了，因为他们都有心。

如果说进入禅定中没有有心与无心的思想，那么就是永恒的禅定了，自然也不应该有什么进入与不进入的说法了。如果说自己还有进入与不进入的分别，就说明他还没有得到真正的大定。

而六祖的说法则是：本来就是定，圆满寂灭，没有分别，所以修行者应该不出不入，不定不乱。心性本来如同虚空，也没有什么虚空不虚空的概念，所以不应该再生出什么禅定的思想，更不应该有什么进入与不进入的分别了。否则，永远得不到安宁。见到了六祖，自然得到的印证：心相本空。所以无时不在定中，何必再生执着呢？一念开悟，便得大道。

十三

经文

一僧问师云："黄梅意旨，甚么人得？"

师云："会佛法人得。"

僧云："和尚还得否？"

师云："我不会佛法。"

师一日欲濯所授之衣，而无美泉。因至寺后五里许，见山林郁茂，瑞气盘旋[①]，师振锡卓地，泉应手而出。积以为池，乃跪膝浣衣石上。忽有一僧来礼拜，云："方辩是西蜀人。昨于南天竺国，见达磨大师，嘱方辩速往唐土：吾传大迦叶正法眼藏，及僧伽梨[②]，见传六代，于韶州曹溪，汝去瞻礼。方辩远来，愿见我师传来衣钵。"

师乃出示。次问："上人攻何事业?"

曰："善塑[③]。"

师正色曰："汝试塑看。"

辩罔措[④]。过数日，塑就真相，可高七寸，曲尽其妙。

师笑曰："汝只解塑性，不解佛性。"

师舒手摩方辩顶。曰："永为人天福田。"

注释

①瑞气盘旋：瑞气，祥瑞之气。盘旋，犹言缭绕。

②僧伽梨：僧伽梨为比丘三衣之一，割截之更重合之而成。其义译有种种之名，为三衣中之最大，故曰大衣；以条数最多，故曰杂碎衣；入王宫聚落乞食说法，必服之，故曰入王宫聚落时衣。（余详第一品《付汝衣法注》。）

③善塑：工于塑佛像也。

④罔措：言手足无所措也。

译文

有一僧人请问六祖大师："黄梅五祖的佛法意旨，到底是什么人得到了呢?"

六祖大师说："领会佛法的人得到了。"

那僧又问："大师您得到了吗？"

六祖说："我没领会佛法。"

六祖大师有一天想洗一下五祖传授给他的法衣，但找不到洁净美好的泉水。因而，他就来到了寺院后面五里远的地方，看见那里的山林草木青翠茂盛，而且有祥瑞之气缭绕盘旋，于是六祖大师就举起锡杖朝地上一扎，泉水便立即应手涌出，逐渐积累起来成为水池。于是，六祖曲膝跪下来，在石头上浣洗法衣。忽然，有一位僧人前来顶礼膜拜，说："我方辩是西蜀地方的人。昨天在南天竺国，遇见了达磨大师，他嘱咐我方辩说：'迅速赶往唐国去！我所传授的大迦叶的正法眼藏和僧伽梨法衣，现传给了韶州曹溪的第六代祖师手上。你去瞻仰礼拜吧！'方辨我从很远的地方赶来，希望能看到达磨祖师所传授的衣钵。"

六祖大师就把衣钵拿出来指示给他看。然后再问他道："你擅长什么事业呢？"

方辩说："善于塑像。"

六祖大师端正了自己的神色说："你试着给我塑造一个看看！"

方辩一时手足无措。过了几天，他便塑成了一尊六祖的真身像，大约有七寸高，塑得惟妙惟肖。

六祖大师笑着说："你只理解了塑像的特性，却没有理解佛性。"

六祖伸出手来抚摩着方辩的头顶，对他说道："永远做人间天上的种福之田！"

智慧解析

方辩善于雕塑人像，只是一种技能。但惠能临机开示，指点迷津，说他尽管塑得非常好，却不理解佛性。可见，他所塑造出来的，只能是惠能的外表偶像，而不是惠能真的觉悟境界。因为大师的境界，是无法用形象来表达的。

这里至少说明了一个问题：人们进入那庄严肃穆的佛教寺庙，映入眼帘的便是那些仪态端详慈悲的佛菩萨之像，而那些善男信女们则非常虔诚地跪拜祈祷求福。他们是不是真能够得到佛菩萨的保佑呢？依照惠能的说法，那塑像塑造得再好，都无法把真正的佛性表现出来，可见那些偶像只能是一堆泥巴、木头而已。那些求福的人，能够向泥巴和木头求些什么呢？

当然，有的人说，自从到了庙里拜佛之后，感觉到心里顺多了，运气也来了，好事也多了，所以一定是佛菩萨在保佑着自己。这样的理解并没有错，人们拜佛求神，目的是为了给自己壮胆，保持心理的平衡。只要心理能够平衡，你就是不到庙里去，也一样感到是佛菩萨在保佑着你。真正的佛菩萨，就是你自己的自然本性。

拜佛的时候，心灵一定是很虔诚的，自然的本性刹那之间会打开一些，就会调整自己的心灵境界，运气也许就随之变了。这就是中国人常说的：精诚所至，金石为开。能够创造不可思议之奇迹的，正是自我的精诚。说到底，佛像并不是佛性之所依托，所以最好不要执着。

十四

经文

有僧举卧轮禅师偈曰：

卧轮有伎俩[①]，能断百思想[②]。

对境心不起[③]，菩提日日长。

师闻之，曰："此偈未明心地。若依而行之，是加系缚[④]。"

因示一偈曰：

惠能没伎俩，不断百思想；

对境心数起[⑤]，菩提作么长？

注释

①伎俩：犹云技能也。

②思想：思，谓令心造作为性；想，谓于境取像为性。断思想，如槁木死灰也。

③不起：调伏心念令不起也。

④系缚：烦恼缠绵于身心而不自由，故曰系缚。

⑤心数起：见《顿悟入道要门论·上》："经云：'从无住本，立一切法。'又云，'喻如明镜，镜中虽无像，而能现万像。何以故，为镜明故，能现万像。学人为心无染故，妄念不生，人我心灭，毕竟清净。以清净故，能生无量知见。'"

译文

有一僧人举述卧轮禅师所作的偈句说：

卧轮禅师有那伎俩，能够断除百种思想。

面对外境心不生起，菩提觉性日日增长。

六祖听了，就对他说："这首偈句还没有明了他自己的心地。倘若依此去实行，是自我束缚。"

因而指示一首偈句说：